Geneviève Lüscher
Achmetaga

Geneviève Lüscher

ACHMETAGA
Ein Patrizierleben zwischen
Griechenland und Bern

Dokuroman

Stämpfli Verlag

Dank

Für die finanzielle Unterstützung danken wir herzlich:
Kanton Bern, Amt für Kultur
Stadt Bern, Swisslos / Kultur Kanton Bern
Burgergemeinde Bern
Heinz Winzenried, Lyss und Hofwil

Impressum

Bibliografische Information der Deutschen Nationalbibliothek:
www.dnb.de

© Stämpfli Verlag AG, Bern, www.staempfliverlag.com · 2018

Lektorat	Benita Schnidrig, Stämpfli Verlag AG, Bern
Inhaltsgestaltung	Sandra Bühler und Sandra Schmid, crealicious, Zürich
Cover	Nils Hertig, clicdesign ag, Bern
Umschlagbild	Vorderseite: griechischer Tempel und Porträts von Emma und Charles
Rückseite: Hofwil, Burgerbibliothek Bern (Jürg Bernhardt), Gr.C. 165

ISBN 978-3-7272-7907-2

Inhalt

Prolog	7
Emma und Charles in Achmetaga – April 1844	11
Hofwyl, das Institut für Söhne höherer Stände	21
Charles, Carlo und Edward im Institut – 1826	24
Griechenland und der Philhellenismus	38
Edward und Fritz fahren nach Griechenland – 1832/33	41
Schlechte Nachrichten – Hofwyl, Winter 1833/34	55
Griechenland 1830 bis 1834	62
Fanny in Achmetaga – 1838	65
Streit in Achmetaga –1839	82
Landrechte in Griechenland	86
Warten auf Charles – Hofwyl, 1842	88
Hochzeit in Hofwyl – August 1843	95
Griechenland 1836 bis 1844 – König Otto I.	101
Emma reist – November 1843	102
Emma in Achmetaga – 1843/44	108
Guter Hoffnung – März 1844	113
Alltag auf dem Gutshof – April 1844	118
Kirchweih – 21. Mai 1844	128
Magnesit, gestern bis heute	134
Sommer in Achmetaga – 1844	136
Geburt und Tod – Herbst 1844	142
Amalia, Königin von Griechenland	150
Emma entdeckt Athen – Winter 1844/45	152
Eine noble Hochzeit, ein königlicher Ball – Februar 1845	159
Emma auf Besuch – Frühling 1845	171
Ludwig Ross (1806–1859)	177
Erbteilung in Hofwyl – Frühling 1846	178
Nikolaos Kriezotis (1785–1853)	186
Zurück in Achmetaga – 1846/47	187
Griechenland, Megali Idea	199

Besuch in Achmetaga – März 1848   201
Wiedersehen in Hofwyl – 1849   210
   Chaos in Griechenland   216
Die Katastrophe – Achmetaga, 1855   217
   Ein neuer König für Griechenland 1863   225
Ablösung in Achmetaga – 1866   226

Epilog   235

   Quellen   245
   Bildnachweis   247
   Stammbäume   248
   Karte Euböa   250

Prolog

Works of fiction live only by the amount of truth which they contain.
Lord Byron

«Achmetaga» basiert auf einer wahren Geschichte, ist aber ein Roman, ein sogenannter Dokuroman. Tatsächlich bewirtschaftete in der Mitte des 19. Jahrhunderts auf der griechischen Insel Euböa der Berner Patrizier Karl (Charles) Müller zusammen mit dem Engländer Edward Noel ein grosses Landgut namens Achmetaga. Die beiden Freunde waren in Hofwyl bei Bern im Fellenberg-Institut für höhere Söhne erzogen worden. Charles heiratete Emma, eine der Töchter des berühmten Pädagogen Emanuel von Fellenberg. Das frisch getraute Ehepaar zog nach Griechenland, lebte einige Jahre auf Achmetaga, kehrte aber schliesslich nach Hofwyl zurück.

Auf diese Geschichte bin ich gestossen, als ich 2002 die in Buchform erschienene Dissertation von Denise Wittwer Hesse für die «NZZ am Sonntag» rezensierte. Basierend auf einer umfangreichen Korrespondenz, befasste sich die wissenschaftliche Arbeit mit der ganzen Familie von Fellenberg und den Schulen von Hofwyl; das Griechenlandabenteuer der Fellenberg-Tochter Emma und des Schwiegersohns Charles wurde lediglich gestreift. Allerdings verwies Wittwer Hesse einerseits auf weitere Briefe, die in der Burgerbibliothek in Bern schlummerten, und andererseits auf ein Buch von Barbro Noel-Baker, «An Isle of Greece – The Noels in Euboea», das im Jahr 2000 in Griechenland erschienen war. Ich beschaffte mir das Werk. Noel-Baker beleuchtet darin die Geschichte ihrer Familie und des Gutshofs Achmetaga – noch heute im Familienbesitz – aus ihrer ganz persönlichen Sicht.

Seither hat mich Achmetaga nicht mehr losgelassen. Wie kam ein gutbetuchtes Berner Ehepaar dazu, sich im «wilden» Griechenland niederzulassen, in einem Staat, der erst seit 1823 existierte und mit heftigen Kinderkrankheiten zu kämpfen hatte? Im 19. Jahrhundert emigrierte man nach Übersee, zum Beispiel nach Brasilien oder Kanada, in die USA, nicht nach Griechenland. Und wie ist es den beiden auf dieser Insel wohl ergangen?

Mit meinem Lebenspartner Felix Müller unternahm ich dann eine erste Reise nach Euböa, einer Insel, die ausserhalb der Schweizer Archäologenszene kaum jemand kennt, obwohl sie nach Kreta die zweitgrösste Griechenlands ist. Auf Euböa, genauer im antiken Eretria, ist seit vielen Jahren die Ecole Suisse d'Archéologie tätig. Ihr Direktor, Karl Reber, ein Studienkollege, war ebenfalls auf die Verbindung Bern–Euböa gestossen und hatte im gleichen Jahr wie Barbro Noel-Baker in der «Familienforschung Schweiz» eine aufschlussreiche Studie veröffentlicht: «Briefe aus den Familienarchiven ‹von Fellenberg› und ‹von Wild› als Quelle genealogisch-historischer Forschung» Sie hat meine Neugier weiter angestachelt.

Unsere Reise führte uns selbstredend nach Achmetaga respektive Prokopi, wie das Dorf heute heisst. Dort lernten wir Barbro Noel-Baker persönlich kennen, die uns bereitwillig ihr Anwesen zeigte. Euböa – vor allem der Norden, wo Achmetaga liegt – ist landschaftlich berückend schön, und in uns keimte der Wunsch, einmal längere Zeit dort verbringen zu können. 2015 zogen wir dann für ein Jahr auf die Insel Euböa. In dieser Zeit entstand auch das vorliegende Buch.

Die kursiven Briefausschnitte im Buch stammen hauptsächlich aus den drei genannten Publikationen. Sowohl Denise Wittwer Hesse als auch Karl Reber haben mir weitere, von ihnen transkribierte, jedoch unpublizierte Korrespondenz überlassen, wofür ich ihnen nicht genug danken kann. Daraus habe ich geschöpft, was für meine Geschichte verwendbar war. In schriftstellerischer Freiheit habe ich diese Dokumente zusammengefasst, gekürzt, ich habe Abschnitte verschoben, mehrere Briefe zu einem verdichtet, Erklärungen eingefügt und sie schliesslich dem heutigen Sprachgebrauch angepasst. Ihre Authentizität bleibt jedoch stets gewahrt.

Die auf Deutsch und Französisch verfassten Dokumente liegen zum grössten Teil in der Burgerbibliothek Bern, genauer in den beiden Familienarchiven von Fellenberg und von Wild. In Absprache mit der Burgerbibliothek habe ich auf die genauen Zitate und Signaturen verzichtet, denn – wie gesagt – «Achmetaga» ist und bleibt ein Roman; es handelt sich nicht um eine historische Abhandlung.

Weitere von Barbro Noel-Baker veröffentlichte Briefe, die ich selbst aus dem Englischen übersetzt habe, befinden sich heute im Archiv der British School of Athens.

Ein Brief schliesslich, ein Schreiben der griechischen Königin Amalia an ihren Vater in Oldenburg, stammt aus Herbert Speckners Broschüre von 2013, wo auch weitere Berichte der Königin zu finden sind.

Die Briefzitate habe ich mit Episoden aus dem Leben von Charles und Emma verbunden. Diese Szenen sind zwar einerseits frei erfunden, andererseits habe ich sie aus anderen Korrespondenzen (wie den Briefen von Emmas Schwester Olympe Leutwein-von Fellenberg, die in den fünfziger Jahren des 19. Jahrhunderts ebenfalls in Griechenland lebte) abgekupfert oder mich von zeitnahen, authentischen Berichten (zum Beispiel von Christina Lyt, Bettina Schinas, Fredrika Bremer) inspirieren lassen.

Die dazwischengeschalteten Kapitel beinhalten historische Begebenheiten, Kurzporträts und Wissenswertes aus der griechischen Geschichte; sie sollen erlauben, meinen Roman in die damals aktuellen Geschehnisse einzubetten.

Mein Dank richtet sich an viele Personen, allen voran an Felix Müller für jedwede Unterstützung. Grosser Dank geht an Denise Wittwer Hesse, Bern, an Karl Reber, Eretria/Lausanne, und in Prokopi an Barbro Noel-Baker († 2004), ihren Sohn Philip Noel-Baker und ihre Schwester Gun Hallonsten.

Weiteren Dank schulde ich Fanny Hartmann, Bern; Nadja Heimlicher, Biglen-Arni; Gudrun Heinrich, Ottobrunn; Georges Herzog,

Bern; Gurli Jensen, Bern; Amalia Kakissis, British School of Athens, Athen; Katerina Kalavri und ihren Eltern Yannoula und Kostas, Nerotrivia; Eleni Kalogera, Grenchen; Anastasios Kalogirou, Bern; Béa Lüscher, Pieterlen; Aris Papangelou, Semele-Nerotrivia; Murielle Schlup, Schloss Jegenstorf, Jegenstorf. Heinz Winzenried, Lyss.

Ohne die Hilfe der Burgerbibliothek allerdings wäre das Buch nicht zustande kommen. Ihr schulde ich grossen Dank.

Gedankt sei auch dem Stämpfli Verlag. Martina Frei hat das Buch umsichtig betreut und begleitet, Benita Schnidrig hat ihm ein sorgfältiges Lektorat angedeihen lassen.

Geneviève Lüscher
Bern, im Januar 2018

Emma und Charles in Achmetaga

April 1844

Emma fröstelte. Eigentlich hatte sie geglaubt, in ein warmes Land zu ziehen. Sie legte ihre Handarbeit beiseite, stand auf, um das Fenster zu schliessen. Noch immer hatte sie sich nicht daran gewöhnt, dass in ihrer neuen Heimat so plötzlich und so heftig kalte Windböen aus den Bergen niederfahren konnten. Sie hatte gedacht, hier blühe ewig der Oleander, dufte der Jasmin. Und doch: Noch vor ein paar Wochen hatte sie eigenhändig Orangen und Zitronen gepflückt. Was für ein Gefühl das gewesen war, diese runden Früchte in der Hand zu halten, die knubbelige Schale zu reiben, das Aroma einzuatmen. Überhaupt, die Gerüche. Soeben hatte ein Hauch würzigen Piniendufts ihre Nase gestreift.

Emma blieb am Fenster stehen, sah hinaus, schaute den grauen Wolken zu, die es endlich über den Bergkamm des Kandili geschafft hatten und nun wie Lava ins Tal hinunterflossen. Sie durfte sich nicht erkälten, jetzt, in ihrem Zustand. Sollte sie Marie rufen, damit sie Holz nachlegte? Nein. Hinter dem Gewölk, weit am Horizont, rissen ja bereits wieder kleine blaue Himmelsfenster auf. Auch musste sie das einzige Zimmermädchen, das sie aus der Schweiz mitgenommen hatte, ein wenig schonen. Es hatte Heimweh, lief oft mit verheulten Augen herum und dachte wohl, sie merke es nicht. Aber sie kannte dieses Gefühl der Verlorenheit, gut sogar. Sie nahm dem Mädchen deshalb kleinere Arbeiten ab, erledigte vieles selbst; zu Hause in Hofwyl, mit den vielen Mägden und Knechten, war das anders gewesen. Emma schloss für einen Moment die Augen: Hofwyl ...

Ein heftiger Windstoss rief sie in die Realität zurück, liess ihr keine Zeit für sentimentale Gedanken. Er zerrte an ihren Locken, zerzauste ihr kastanienbraunes Haar, das sie mit der Hand zu bändigen versuchte. Gerade trabte unten ein Reiter in den Hof, begleitet vom wütenden Bellen des Wachhundes. Sie kannte ihn nicht, aber Charles, den sie aus dem Nebengebäude eilen sah, begrüsste ihn freudig und wies den Hund mit ein paar scharfen Worten in die Schranken. Ihr

Mann schien den Fremden erwartet zu haben, wohl ein Geschäftsmann aus Chalkida, der Inselhauptstadt. Der Grieche mit schwarzem Kraushaar und imposantem Schnurrbart, gekleidet in die traditionelle Fustanella, den weiss gefältelten, kurzen Rock, sprang elegant vom Pferd und warf die Zügel dem Jungen zu, der hinter Charles aufgetaucht war.

Gesprächsfetzen drangen zu Emma hinauf, Begrüssungsworte, so viel Griechisch hatte sie schon gelernt. Sie hörte Charles lachen, er nahm einen Packen Briefe entgegen, also kam der Mann tatsächlich aus Chalkida und war zehn Stunden über die Berge geritten. Sicher brachte er Nachrichten von zu Hause. Endlich! Wie sie sich freute. Ihr Mann, er überragte den auch nicht gerade kleingewachsenen Griechen fast um Hauptes länge, sah die Briefe rasch durch. Emma konnte sehen, wie sich sein Gesicht verdüsterte. Als ob er ihren Blick gespürt hätte, hob er den Kopf und sah hoch. «Post aus Bern», rief er und lächelte wieder, aber seine Gedanken schienen woanders zu sein. Charles zögerte. «Auch etwas aus England, Edward hat geschrieben.» Emma nickte. «Das ist doch gut, wir haben schon lange nichts mehr gehört.» Charles stopfte die Briefe in seine Tasche. «Übrigens, Petros wird hier übernachten und erst morgen zurückreiten. Wenn du ihm also Antworten mitgeben willst, musst du sie noch heute schreiben. Und lass bitte das Gästezimmer richten.»

Ein Anflug von Ärger stieg in Emma hoch. Charles musste sich endlich daran gewöhnen, dass es jetzt ihre Aufgabe war, sich um das Haus zu kümmern, nicht seine, auch wenn er das jahrelang getan hatte. Sie wusste durchaus, welche Vorkehrungen zu treffen waren, wenn Gäste eintrafen. Und, seit sie hier das Zepter führte, waren die Gästezimmer in Achmetaga immer bereit, das wusste er doch. Ihr Gutshof war stets die erste Station für alle Reisenden aus Chalkida, seien das nun Forscher, Maler, Botaniker, Archäologen oder einfach Nachbarn, die weiter in den Norden von Euböa reisen wollten. Es gab sonst keine Übernachtungsmöglichkeit für Menschen, die europäischen Komfort gewohnt waren. Die griechischen Herbergen, die sogenannten Chane, so man überhaupt welche fand, waren schauderhaft.

Die Männer entfernten sich in Richtung Scheune, Charles wollte dem Gast sicher die neuen Pflüge zeigen, die letzte Woche aus England angeliefert worden waren. Er hatte sich gefreut wie ein Kind an Weihnachten und konnte es kaum erwarten, sie einzusetzen. Nun, er würde sich damit gedulden müssen, die Ochsen hatten sich erst noch an die modernen Maschinen zu gewöhnen. Und die sonst so stoischen Tiere konnten ganz flink werden, wenn ihnen etwas nicht passte.

Emma schloss das Fenster, setzte sich an ihren kleinen Schreibtisch. Die Gartenarbeit, die sie für heute Nachmittag geplant hatte, musste warten, auch wenn die Gemüse- und Blumenbeete in einem desolaten Zustand waren. Fanny, Edwards junge Frau, hatte für das Werken an der frischen Luft wohl nicht viel übrig gehabt. Und drinnen hatte es nicht besser ausgesehen. Emma dachte ungern an ihre Ankunft hier im letzten Dezember, an ihre ersten Monate in Achmetaga, den schneereichen Winter. Als frischgebackene Ehefrau hatte sie Hofwyl so voller Enthusiasmus verlassen, sie hatte sich auf ihr neues Zuhause gefreut, auf die Herausforderung in der Fremde, auf die neuen Eindrücke und Erlebnisse. Sie war zudem neugierig gewesen auf dieses Hellas, das sie aufgrund der Erzählungen ihres Vaters und von Charles so bewundert hatte. In Hofwyl hatte man den Freiheitskampf der Griechen aufmerksam verfolgt, hatte mitgefiebert. Sie erinnerte sich gut an die Besuche von Gleichgesinnten, die Diskussionen, Pamphlete, Aufrufe, Sammelaktionen, auch wenn sie damals ein kleines Mädchen gewesen war. Und hatte nicht Englands grösster Dichter Byron die Freiheitsdurstigen in lyrischen Worten besungen? Wunderbar musste dieses Land sein, ihre neue Heimat.

Dann der Schock: Nach der entsetzlichen Seereise das vernachlässigte Haus. Charles hatte ihr nicht gesagt, dass es bei weitem noch nicht fertig gebaut war. Die Unordnung, der Schmutz überall. Er hatte ihr das vor ihrer Hochzeit ganz anders geschildert. Auch er schien ein wenig erschrocken, hatte aber wohl so etwas geahnt. «Du schaffst das schon», hatte er trocken gemeint. Leer geschluckt hatte sie nur, sie war ja noch nicht guter Hoffnung gewesen. Mit Maries Hilfe hatte sie ein paar Zimmer so weit in Ordnung gebracht, dass man darin wohnen konnte, ohne vom Ungeziefer gepiesackt zu werden. Sie fegten, schrubbten, wuschen. Die ganze Plackerei lenkte sie von ihrem wachsenden Heimweh ab, das sie dann schliesslich doch überwältigte. Die Stille. Es war diese Stille gewesen, die sie fast nicht ertragen hatte. Nach dem quirligen Leben in Hofwyl, umgeben von ihren vielen Geschwistern und deren Familien, den Lehrern, den lebhaften Schülern, den Besuchern aus aller Welt, den Knechten und Mägden, bedrückte sie die Einsamkeit und Abgeschiedenheit hier; ihr fehlten Menschen, mit denen sie reden, mit denen sie sich austauschen konnte. Und dann die unerwartete Kälte, der Regen und Schnee. Aber von alldem wollte sie nun nicht schreiben.

    Emma kramte in ihren Papieren und zog einen langen Brief an ihre Lieblingstante Lise hervor, die eigentlich Rosina Elisabeth Tscharner-von Fellenberg hiess. Schon im Februar hatte sie ihn begonnen, aber immer wieder beiseitegelegt, weil ihn in diesem klirrend kalten Winter doch niemand nach Chalkida hätte bringen können. Einen ganzen Monat waren sie von der Aussenwelt abgeschnitten gewesen, so viel Schnee war gefallen, das war ja schlimmer als in der Schweiz. Emma seufzte, nein, auch darüber wollte sie nicht schreiben, nicht schon wieder etwas Trauriges. Sie legte weitere dünne Papierbögen zurecht und spitzte die Feder, draussen rüttelte der Wind an den Fensterläden. Von der langen Reise nach Achmetaga hatte sie bereits berichtet, Emma überflog rasch die Zeilen und blickte sich um. Ja, ihr neues Heim, das könnte interessieren:

Unser Haus ist geräumig. Wenn es dann einmal fertig eingerichtet ist, werden hier zwei Familien wohnen können. Charles arbeitet daran, wenn es ihm die Zeit erlaubt, einmal als Glaser, dann als Maler oder Zimmermann. Es gibt hier keine Handwerker. Man betritt das Haus von Süden, vom Dorf kommend durch eine breite Türe, die in einen weiten, hellen Korridor führt. Gleich rechts befindet sich der Salon, gefolgt von einem Raum, der noch nicht ganz fertig ist. Gegenüber liegen das Esszimmer und die alte Küche. Gleich dahinter bauen wir eine neue grössere und ein weiteres schönes Zimmer. Oben haben wir vier grosse Schlafzimmer. Im Salon wärmt uns ein grosses

Cheminée vis-à-vis vom Fenster, von dem aus wir auf das Dorf sehen können. Gegenüber dem Entree führt eine Glastür auf eine kleine Terrasse. Darunter liegt mein zukünftiger Garten. Ein grosser, ovaler Tisch steht im Salon, darum herum zwölf gepolsterte Stühle; drei Sessel und Tische unterschiedlicher Grösse befinden sich ebenfalls noch im Raum. Schwere rot-weisse Vorhänge, ein guter Teppich, eine Pendule auf dem Kaminaufsatz und einige Bilder in vergoldeten Rahmen an den weiss getünchten Wänden machen unser Heim gemütlich. Liebe Tante, Euch dünkt das vielleicht alles recht gewöhnlich und nicht der Rede wert, aber in Griechenland ist das ein komfortables, ja luxuriöses Haus. Hier auf dem Land fehlt es an allem, auch an dem, was wir als das Allernötigste empfinden würden, nämlich einen Kamin in jedem Raum sowie Türen und Fenster, die ordentlich schliessen.

Zu meiner Überraschung habe ich hier viele Bücher vorgefunden, deutsche, englische und französische. Es fehlt also nicht an Lesestoff, wenn die Arbeit einmal getan ist. Allerdings habe ich mich gefragt, wer das alles gelesen hat. Charles jedenfalls nicht. Du weisst, er ist kein Stubenhocker. Er meinte, Edward habe halt viel hinter den Büchern gesteckt.

Ich will Euch noch rasch unseren Tagesablauf schildern: Wir stehen zwischen halb sieben und sieben auf, jeder geht seiner Arbeit nach, um neun Uhr gibt es Frühstück. Es besteht aus Kaffee und einigen Gerichten, zum Beispiel Omeletten, kaltem Fleisch, Teigwaren, Honig (der ausgezeichnet ist, wir verwenden ihn zum Einkochen von Konfitüre statt dem Zucker). Kuhmilch haben wir keine, man könnte stattdessen Schaf- oder Ziegenmilch nehmen, aber auch das nur zwei Monate im Winter, ihr Geschmack sagt mir aber eh nicht zu. Um fünf Uhr gibt es Abendessen, immer eine dicke Suppe, gebratenes Fleisch, Teigwaren, Reis oder Kartoffeln. Als Gemüse essen wir zurzeit nur Kabis, gekocht oder als Salat, es hat – ausser Zwiebeln – nichts anderes, die Vorratskammer war leer, als wir kamen. Zum Dessert gibt's herrliche, eingemachte Orangen oder getrocknete Feigen oder Trauben. Zwischen acht und neun am Abend trinken wir Tee, lesen etwas in der Bibel und gehen zu Bett. Es sind friedvolle Tage.

Emma schüttelte ihr Handgelenk, sie hatte rasch geschrieben und sich in der zunehmenden Abendkühle ein wenig verkrampft. Der Brief musste fertig werden, wenn dieser Petros ihn morgen in aller Frühe mitnehmen sollte. Jetzt aber riefen die Pflichten in der Küche, sonst würde das Abendessen nicht rechtzeitig auf dem Tisch sein. Spyros, ihr griechischer Koch, war es nicht gewohnt, pünktlich zu kochen, das musste er noch lernen. Vor allem für ihr Anliegen, dass einerseits alle Gerichte eines Ganges miteinander auf den Tisch kommen sollten und sich andererseits die Gänge folgten, hatte er kein Verständnis. Seiner Meinung nach ass man, was in der Küche halt eben gerade fertig gekocht war.

Im Speisezimmer hatte Marie alle Wandkerzen angezündet und den grossen Kirschholztisch hübsch gedeckt, die beiden Männer standen vor dem prasselnden Kaminfeuer und unterbrachen ihr leises Gespräch, als Emma eintrat. Sie hatte ihr wollenes Alltagskleid gegen eine schlichte dunkelblaue Seidenrobe eingetauscht, von der sie wusste, dass sie gut zu ihren dunklen Locken und den braunen Augen passte. Ein feiner hellblauer Merinoschal, ein Hochzeitsgeschenk von Tante Lise, umhüllte ihre dezent entblössten Schultern. Wegen der vielen Kerzen, deren flackerndes Licht im Silberbesteck und in den Kristallgläsern funkelte, war es aber recht warm, und sie legte ihn über eine Stuhllehne. Mit einem diskreten Blick kontrollierte sie die Gedecke, rückte ein Messer zurecht, wartete, bis Spyros den Kopf zur Türe hereinstreckte, um zu melden, dass alles bereit sei. Man setzte sich, Emma und Charles an die Tischenden, der Gast an die Längsseite.

Marie servierte den ersten Gang, eine kräftige Kohlsuppe. Auch der Gast hatte sich für das Essen umgezogen und trug jetzt zur Fustanella eine bunt bestickte schwarze Seidenweste mit goldglänzenden Messingknöpfen über einem weissen Hemd, dessen weite Ärmel sich bauschten. Er erkundigte sich höflich und in passablem Französisch nach Emmas Befinden. Ob es ihr in Achmetaga gefalle. Und ob sie auch Griechisch lernen würde. Emma bejahte. «Allerdings ist es eine schwierige Sprache. Ich übe jeden Tag Vokabeln, vor allem solche, die mit dem Haushalt zu tun haben. Schliesslich muss ich mich in der Küche verständlich machen, ohne ständig meinen Mann holen zu müssen.» Emma blinzelte Charles schelmisch zu. «Wie Sie ja wissen, ist er schon zehn Jahre hier und spricht fliessend Griechisch, hat aber Wichtigeres zu tun, als dem Koch verständlich zu machen, was abends auf den Tisch kommen soll.» Charles lachte. «Ja, einmal hat sie den armen Spyros recht erschreckt. Sie wollte ihm klarmachen, dass er ein Huhn schlachten solle, aber das griechische Wort für das Federvieh wollte ihr partout nicht einfallen, da hat sie ihn einfach laut angegackert.» Der Gast schmunzelte. Marie stellte die mit Thymian etwas zu reichlich gewürzten, gebratenen Lammkoteletts, einen Teigwarenauflauf, Huhn mit Kartoffeln und Quittenmus auf den Tisch. Ausser den verkochten Kartoffeln war alles recht gut gelungen. Emma nahm sich vor, Spyros ein Kompliment zu machen. Das Gespräch plätscherte dahin. Nach dem Käse und dem Joghurt mit Honig, alles vom eigenen Gut, wie Emma betonte, zog sie sich zurück, um ihre Briefe fertig zu schreiben, die Männer wechselten in den Salon hinüber.

Petros und Charles machten es sich in den beiden Sesseln vor dem Kamin bequem. Charles beugte sich vor, um das Feuer zu schüren, griff dann nach der Karaffe mit Cognac, die auf dem Beistelltischchen stand, und füllte zwei Gläser mit der goldgelben Flüssigkeit. «Lieber Petros», wandte er sich an den Gast, «nun, da meine Frau sich zurückgezogen hat, erzählen Sie mir doch ein wenig, wie sich letztes Jahr diese Revolution – am 3. September war es, nicht wahr? – auf unser Euböa ausgewirkt hat. Ich hab ja alles verpasst, weiss aber nicht, ob ich darüber froh sein soll oder nicht.»

«Ach, seien Sie Ihrem Schicksal dankbar! Es war sicher angenehmer in der Schweiz auf...», Petros hob sein Glas und prostete Charles zu, «... Freiersfüssen zu wandeln, als sich hier vor herumschwirrenden Gewehrkugeln zu ducken.» Charles nickte zustimmend.

«Von der Revolte gegen König Otto in Athen haben wir hier auf der Insel freilich nicht viel mitbekommen», fuhr Petros fort, «sie war ja auch ganz unblutig, Gott sei Dank. Er ist halt nicht überall beliebt, dieser König aus Bayern. Und dass er schliesslich klein beigeben musste und wir Griechen nun endlich ein Parlament haben werden, das wissen Sie ja wohl längst.» Petros nippte am Cognac. «Es sind die Freischärler, die uns hier auf Euböa das Leben schwer machen. Dieser ewiggestrige Kriezotis kann es nicht lassen. Ihm sind Ottos Konzessionen nicht genug, er will alle Bayern draussen haben, alle! Vor allem in Chalkida hat er gewütet, niemand traute sich mehr auf die Strasse. Er hatte es nicht nur auf die dort stationierten bayerischen Truppen abgesehen, nein, alle, deren Nase ihm nicht passte, versetzte er in Angst und Schrecken, er benahm sich wie ein Pascha, verteilte Stockprügel und hohe Geldstrafen für irgendwelche erfundenen Vergehen.»

«Aber ich hab gehört, dass er in dieses neue Parlament nach Athen will – als Vertreter Euböas.»

«Stimmt! Gleichzeitig ist der Schlaumeier auf Stimmenfang, kauft die Leute und verteilt grosszügige Geldgeschenke. Deswegen hat sich die Lage hier zwar gebessert, aber seien Sie dennoch auf der Hut, wenn Sie nach Chalkida reiten.»

«Das werd ich. Als wir im Dezember auf dem Weg von Athen hierher kurz dort Halt gemacht hatten, war zum Glück alles ruhig. Haben Sie was von meinem Landsmann Emanuel Hahn gehört?»

Petros zögerte, es war offensichtlich, dass ihm das Thema nicht behagte. «Nun ... der König hat ihn ja letztes Jahr zum Kommandanten von Navarino gemacht und ihn für seine Tapferkeit mit Auszeichnungen überhäuft. Kein Wunder also, dass er jetzt bei der Revolte im September auf der Seite des Monarchen stand.» Er hielt kurz inne. «Aber merkwürdig ist es schon. Er war doch Philhellene der ersten Stunde, kämpfte für die Befreiung der Griechen. Und jetzt ist er Monarchist! Man nimmt ihm das übel.»

«Ich weiss auch nicht ... ich kenn ihn nicht besonders gut. Seine Familie gehört in Bern nicht zur Oberschicht, sein Vater war Kaufmann, er selber hat nur eine Bäckerlehre gemacht, was ihm offenbar zu wenig war. Er scheint recht ehrgeizig zu sein. Hier in Griechenland hatte er die Möglichkeit genutzt, in der Armee Karriere zu machen.» Charles stand auf, um ein Holzscheit ins glimmende Feuer nachzulegen, der intensive Duft von Pinienharz breitete sich im Raum aus. «Wir, also Emma und ich, sind dem Herrn auf unserer Durchreise nur kurz in Athen begegnet. Aber mein Schwager Carlo Leutwein, dem ich oft schreibe, ist ein guter Freund von ihm, ich werd ihn mal fragen. Der Hahn ist ja jetzt fast unser Nachbar hier auf Euböa. Es wär schon gut, zu wissen, mit wem man es zu tun hat.» Charles hielt inne. Er wusste natürlich, dass Petros wie die meisten Griechen nicht Monarchist war. Dass man den Hellenen einen bayerischen König vor die Nase gesetzt hatte, stieg denen noch immer sauer auf. «Hat man denn gehört, was Hahn auf seinem Gut machen will: Olivenöl, Wein, Seidenraupen, Hundezucht?»

Petros nahm einen Schluck Cognac und rollte ihn genüsslich im Mund. «In Chalkida geht das Gerücht, dass er sein Landgut schon wieder verkaufen will, ich weiss aber nicht, was da dran ist.»

«Aha, das würde mich nicht wundern. Ich hab gleich gemerkt, dass ihn die Landwirtschaft eigentlich gar nicht interessiert; er ist ja ein Militär. Und ein grosser Hundefreund. Ich frage mich, warum er es überhaupt gekauft hat?»

«Man munkelt, dass Baron Des Granges daran interessiert sei.»

«Hach, das wundert mich noch weniger, der kauft ja alles auf Euböa, was es zu kaufen gibt, und sicher nur, um es teuer weiterzuverkaufen!»

«Keine Angst, der Preusse wird's nicht bekommen.» Petros war Charles' Missbilligung nicht entgangen. «Wenn es wahr ist, was man weiter erzählt, so will Hahn seinen Besitz aufteilen und direkt an die Bauern verkaufen, nicht an einen neuen Gutsherrn. Da schimmert dann doch wieder der alte Griechenfreund durch, nicht wahr?» Petros hob anerkennend sein Glas.

Charles nickte. Er hatte verstanden. Doch nicht im Traum würde ihm so etwas einfallen: Achmetaga an seine Bauern verkaufen! Er und Edward hatten das Gut erworben, um etwas Neues aufzubauen. Die Landarbeiter hier waren ja nicht einmal in der Lage, einen kleinen Gemüsegarten selbst zu bewirtschaften. Sie hatten vorher fast als Leibeigene für einen osmanischen Grossgrundbesitzer gearbeitet, hatten Anordnungen empfangen und ausgeführt und hatten keine Ahnung, was moderne Landwirtschaft war und wie Eigenverantwortung funktionierte. Er wusste, dass die Regierung ihren grossen Besitz mit Argwohn betrachtete und es lieber hätte, wenn sie verkaufen würden. Die Erde hier gehöre

Griechen, nicht Ausländern. Aber sie beide hatten ihr Land legal erworben und bezahlt, auch wenn der Waldbesitz rechtlich noch immer nicht ganz abgesichert war. Er hatte kein schlechtes Gewissen.

Petros gähnte verstohlen, stellte sein leeres Glas auf das Beistelltischchen und stand auf. «Wenn Sie mich nun entschuldigen wollen, ich muss morgen in aller Frühe aufbrechen. Ihre Frau – grüssen Sie sie bitte von mir und richten Sie ihr meinen Dank für die vorzügliche Gastfreundschaft aus –, sie soll mir ihre Briefe vors Zimmer legen.»

Charles begleitete den Gast zur Türe und kehrte zu seinem Sessel zurück. Auf dem Kaminsims lagen noch immer ein paar Briefe, Emma hatte die beiden dicken Umschläge aus Hofwyl bereits an sich genommen. Im Vorbeigehen griff er nach dem Packen, setzte sich und sah ihn durch. Das Kuvert aus England. Was mochte Edward schreiben? Charles starrte ins glimmende Feuer, das wegen der starken Windböen nicht recht brennen wollte. Mit der Zange schob er die schwelenden Scheite zusammen, legte Zweige und Pinienzapfen nach. Es knisterte und knackte, bläuliche Flammen züngelten lustlos auf. Charles verlor das Interesse am Feuer, seine Gedanken kehrten in die Schweiz zurück, als sie beide, er und Edward, Schüler im Institut von Hofwyl gewesen waren. Wie sie unter der strengen Fuchtel seines heutigen Schwiegervaters Emanuel von Fellenberg gelitten hatten. Aber dessen philanthropische Ideen, die hatten sie verinnerlicht, hatten auch dessen schwärmerische Liebe zu Griechenland übernommen. Diese Visionen hatten ihnen Halt gegeben, hatten ihnen ein idealistisches Lebensziel vermittelt, für das es sich einzusetzen lohnte. Gute zehn Jahre war das nun her – nur zehn Jahre. Was war aus den Idealen geworden? Er drehte den dünnen Brief hin und her, stand auf und legte ihn zusammen mit den anderen wieder auf den Kaminsims zurück.

HOFWYL, DAS INSTITUT FÜR SÖHNE HÖHERER STÄNDE

Charles Müller war dreizehn Jahre alt, als seine Mutter Charlotte Müller-von Wild ihn, seinen jüngeren Bruder Eduard (1816–1892) und seine ältere Schwester Elizabeth (1807–1889) 1823 nach Hofwyl brachte. Das vor den Toren Berns gelegene Institut für Söhne höherer Stände genoss europaweit einen ausgezeichneten Ruf. Es zog nicht nur die Sprösslinge des Berner Patriziats an, zu dem die Müllers gehörten, sondern auch adlige Jünglinge aus Deutschland, England, Russland.
Charles' Vater, Offizier der englisch-ostindischen Kompanie, war 1815 in Kalkutta verstorben. Charles hatte seine ersten Lebensjahre dort verbracht, war dann mit seiner Mutter und den beiden Geschwistern zuerst nach England und 1822 in die Schweiz gekommen.
Die Hofwyler Schule entstand im Zug der gesellschaftlichen Veränderungen, welche die aristokratischen Führungsschichten der Schweiz im ausgehenden Ancien Régime durchliefen, durchlaufen mussten. Die politischen Ereignisse nach 1798 zwangen sie, ihren Lebensstil und ihr Selbstverständnis zu überdenken. Nach traditioneller Auffassung waren im Patriziat einzig die Beschäftigung mit Politik oder Landwirtschaft sowie das Engagement in fremden Diensten angemessen. Für fortschrittliche Geister hingegen, die nicht den alten Zeiten nachhingen, eröffneten sich nun neue Wirkungsfelder.
Der Berner Patrizier Emanuel von Fellenberg (1771–1844) war offen für diese modernen Strömungen. Eine Begegnung mit dem Pädagogen Johann Heinrich Pestalozzi sollte seinen Lebensweg entscheidend beeinflussen. Zusammen mit seiner Frau Margarethe Tscharner (1778–1839) beschloss er, den Kampf gegen den allgemeinen Sittenzerfall aufzunehmen und sich der Erziehung von Kindern zu widmen. Mit Hilfe dieses sogenannten «vie pédagogique» hatte er nichts weniger als die «Rettung der Menschheit» vor Augen. Diesem Ziel widmete er sein Leben, das nicht nur dasjenige seiner Frau und seiner Kinder miteinschloss, sondern schliesslich auch das Leben seiner Schwiegertöchter und Schwiegersöhne. Seine Grossfamilie sollte Modell und Vorbild in allem sein.
Vier Leitgedanken prägten Fellenbergs Wirken: Herausführen der Oberschicht aus der Dekadenz; Überwinden des Hungers durch Produktivitätssteigerung in

der Landwirtschaft; Heben der Unterschicht durch Landarbeit und Schulung; Stärken der Mittelschicht durch bessere Ausbildung.

Das Gut Hofwyl bei Münchenbuchsee hatte bereits Fellenbergs Vater gekauft. 1799 übernahm Emanuel den Hof und richtete vorerst ein landwirtschaftliches Mustergut ein. 1808 erweiterte er den Landwirtschaftsbetrieb um eine Schule. Das Institut, einem heutigen Gymnasium vergleichbar, fand bald starken internationalen Zuspruch. Fellenberg baute mehrere neue Gebäude, 1821 zählte die Schule bereits über hundert Schüler aus ganz Europa, sie wurden von dreissig Lehrern unterrichtet.

Fellenberg war ein Visionär, ein Enthusiast und Idealist, aber kein Revolutionär. Sein Ziel war es nicht, die Klassenunterschiede aufzuheben. In Hofwyl entstanden drei verschiedene Schulen, welche die sozialen Unterschiede bewahrten, jedoch durch eine enge Verflechtung gewisse, durchaus erwünschte, Berührungspunkte erlaubten. In der Armenschule sollten die Schüler lernen, sich aus eigener Kraft durchs Leben zu bringen; Arbeit, Erziehung und Unterricht wurden gleichermassen gepflegt. In der Mittel- oder Realschule sollte der besitzende Teil der Landbevölkerung lernen, sich pflichtbewusst am neuen demokratischen Staatsleben der Schweiz zu beteiligen; der Unterricht war aber weniger kopflastig als in der dritten Schule, dem Institut für Söhne höherer Stände. Hier schliesslich sollten die aristokratischen Sprösslinge lernen, die Macht der sozialen Vorrechte und des Besitzes verantwortungsvoll mit humaner Bildung zu verbinden. Es war Fellenbergs Versuch, «den Völkern Väter und Führer zu erziehen».

Obwohl Fellenberg seine eigenen Töchter umfassend erzog und nicht grundsätzlich gegen weibliche Bildung eingestellt war, blieb für die systematische Erziehung von Frauen in Hofwyl kein Platz. In dieser Hinsicht war Fellenberg Traditionalist. Eine Mädchenschule, die arme Waisen zu Mägden erziehen sollte, und eine Kinderpflegeschule wurden nach wenigen Jahren wieder geschlossen. Allerdings lebten immer auch einige Pflegetöchter in Hofwyl, meist Schwestern von Zöglingen.

Charles Müller sollte bis 1830 in Hofwyl bleiben. Als Patrizier genoss er hier nicht nur eine vorzügliche Erziehung, er fand auch Familienanschluss, was mit zum Konzept des Hauses gehörte. Das Mittagessen wurde stets gemeinsam mit der vielköpfigen Fellenberg-Familie eingenommen.

Ausserhalb des eigentlichen Schulunterrichts, zu dem auch Musik in Theorie und Praxis gehörte, gab es für die adligen Sprösslinge Reit- und Fechtstunden, Schiessmanöver, Ausritte in die Umgebung, Turnübungen, Ballspiele, Schwimmunterricht im institutseigenen Freiluftbad, Rudern im nahen Moossee. In mehrtägigen Wanderungen wurde zudem die Schweiz erkundet.
Mit zu Fellenbergs pädagogischem Konzept gehörte, dass die vornehmen Jünglinge in allen Sparten der Landwirtschaft des Mustergutes mittun mussten, die grobe Feldarbeit allerdings wurde den Taglöhnern und Taglöhnerinnen der Umgebung überlassen. Jeder Schüler erhielt zudem eine kleine Parzelle, wo er selbst Pflanzen zu hegen und zu pflegen hatte. Auch Handwerke wie Tischlern oder Buchbinden wurden in eigenen Ateliers gelehrt.
Tanzstunden mit den Töchtern und Pflegetöchtern Fellenbergs vervollkommneten die feinere Bildung. Und an den monatlichen Soireen wurden Manieren und der Umgang mit dem anderen Geschlecht eingeübt. Man gab dann lebende Bilder, Sprichwortdarstellungen, Scherze und Produktionen aller Art zum Besten, veranstaltete Konzerte und Singabende. Auch auswärtige Musiker gastierten in Hofwyl, gelegentliche Opernbesuche im Hôtel de Musique in Bern waren Höhepunkte im Jahresablauf.
Als Charles 1823 in das Institut eintrat, waren die Fellenbergs schon zu einer grossen Familie angewachsen: Wilhelm, geboren 1798; Fritz, 1800; Elise, 1801; Olympe, 1804; Adele, 1806; Emil, 1807; Emma, 1811; Marie, 1819; und Berta, das Nesthäkchen, geboren 1822. Emma war also zwölf Jahre alt, als Charles sie kennenlernte.

Charles, Carlo und Edward im Institut
1826

Charles und Carlo trockneten sich rasch ab, es würde wohl das letzte Mal in diesem Jahr gewesen sein, dass sie im Moossee schwimmen waren, ein Privileg der älteren Schüler. Sie hatten das Bad redlich verdient. Das Ausgraben der Kartoffeln heute hatte sie ins Schwitzen gebracht. Weil aber alle Schüler dazu abkommandiert waren, hatte die Fron nicht allzu lange gedauert; zudem hatten sie nur einen schmalen Streifen ernten müssen, den grossen Rest hatten die Taglöhnerbuben übernommen. Charles und Carlo fröstelten. Ausser ihnen hatte keiner ihrer Mitschüler noch Lust auf einen Sprung ins Wasser gehabt. Der Herbst, der nach einem prächtigen Spätsommer nun doch endlich Einzug gehalten hatte, brachte kalte Nächte, die dem kleinen, moorigen See rasch die Wärme entzogen. Über den Jurakamm im Norden wallten bereits Wolken, der Wind rauschte in den Weiden und jagte das Wasser in flachen Wellen vor sich her. Es roch nach Gewitter. Die seit Wochen anhaltende Trockenheit würde ein Ende haben, die verbrannte Erde sich für ein paar Monate ausruhen können.

Keine Ruhe, das wussten die beiden Jünglinge, herrschte hingegen jetzt gerade in Hofwyl oben. Dort bereitete man sich auf hohen Besuch aus England vor: Lady Byron wurde erwartet, sie brachte ihren Neffen Edward Noel ins Institut. Es war unter den Schülern bekannt, dass die Lady schon länger in Korrespondenz mit Emanuel von Fellenberg stand und offensichtlich seine Erziehungsmethoden so sehr schätzte, dass sie nun selbst angereist kam, um ihm Edward anzuvertrauen. Carlo und Charles beeilten sich, sie durften nicht zu spät kommen, Papa Fellenberg schätzte so etwas gar nicht, sein Jähzorn war gefürchtet. Das letzte Stück mussten sie rennen, denn sie sahen das Empfangskomitee schon bereitstehen, die Frauen vor dem Haupthaus, die älteren Schüler und alle drei Söhne Fellenbergs beim Gartenzaun, beidseits der Einfahrt.

Der Schuldirektor hatte es sich nicht nehmen lassen, selbst nach Bern zu reiten, um Madame von dort nach Hofwyl zu geleiten, obwohl er, seit er in den Grossen Rat gewählt worden war, fast keine Zeit mehr für das Institut hatte. Bevor er auf sein Pferd gestiegen war, hatte er die älteren Schüler speziell ermahnt, sich des neuen Zöglings anzunehmen. Edward war nämlich bereits über fünfzehn Jahre alt. Üblicherweise nahm Fellenberg nur jüngere Söhne auf, nach den neuen Regeln durften sie höchstens zehn Jahre alt sein.

Keuchend erreichten Charles und Carlo die Wartenden. Die Kutsche aus Bern habe Verspätung, informierte sie der zweitälteste Fellenberg-Sohn Fritz. Carlo lehnte sich erschöpft an den Gartenzaun und sah die Kirschbaumallee hinunter, wo die Karosse jeden Moment auftauchen musste. «Ein so alter Schüler! Natürlich kriegt Madame eine Extrawurst!», sagte er noch ganz atemlos.

«Eigentlich könnt uns das ja egal sein, aber wie soll der sich noch in unsere Welt einfügen, frag ich mich. Nicht mal Deutsch kann der.» Charles strich sich das verschwitzte, hellbraune Kraushaar aus der Stirn.

Neben ihm stand der neunzehnjährige Emil, Fritz' Bruder, und meinte geringschätzig: «Schon vergessen? Du warst auch schon dreizehn, und dein Englisch war wesentlich besser als dein Hochdeutsch!» Und fügte nach einer kurzen Pause hinzu: «Aber im Prinzip hast du ja Recht, ich finde das auch riskant, Papa verehrt sie halt. Er hat ihr das nicht abschlagen können. Sie hat selber nur eine Tochter, diese Ada, dieses verrückte Huhn, und so bringt sie ihm eben ihren Neffen oder Grossneffen oder wie man dem auch immer sagt.»

«Er ist ein Neffe zweiten Grades. Und sie hat seine Erziehung übernommen, weil seine eigene Mutter zu wenig Geld hat», sagte Fritz ruhig.

«Ach, ich dachte, er sei reich, ein Erbe», rief Carlo.

«Nein, sein Vater war nur der illegitime Sohn von Lord Noel und damit natürlich ohne jedes Erbrecht. Er hatte selbst fünf Kinder, Edward ist das jüngste. Und nur der hatte das Glück, Protegé seiner reichen Verwandten zu werden.» Fritz, der seinem Vater bisweilen als Sekretär aushalf, war über die familiären Verhältnisse Edwards bestens informiert. «Lady Byron ist bekanntlich eine grosse Wohltäterin», dozierte er weiter. «Für Edward hegt sie ganz bestimmte Pläne, sie interessiert sich vor allem für den landwirtschaftlichen Zweig unseres Instituts. Mit Papa hat sie vereinbart, dass er speziell in diesen Belangen ausgebildet werden soll. Es wird von ihm erwartet, dass er später selber eine solche Schule gründet, wenn möglich in Griechenland. So, jetzt wisst ihr alles.»

«Mit Lord Byron ist der also gar nicht verwandt? Schade», meinte Carlo enttäuscht. «Wäre doch toll gewesen, einen leibhaftigen Sohn von Byron hier zu haben, dem Helden von Missolonghi!» Wie alle älteren Schüler in Hofwyl schwärmte Carlo für den berühmt-berüchtigten Dandy, Dichter und Philhellenen.

«Du bist wieder mal schlecht informiert», sagte Emil. «Lord Byron ist schon 1824 verstorben, zwei Jahre vor dieser Schlacht, an einem banalen Fieber. Von wegen Held!»

«Weiss er ja, ist aber doch egal.» Charles klopfte seinem Freund auf die Schulter. «Lord Byron ist trotzdem ein Held, einer, der den Mut hatte, nicht nur zu dichten, schöne Worte von sich zu geben, sondern nach Griechenland zu reisen, um dort für seine Überzeugung zu kämpfen. Nicht bloss reden und schreiben, handeln!» Und nachdenklich fügte er hinzu: «Viele, auch einige aus der Schweiz, haben es ihm nachgemacht, der Hahn aus Ostermundigen zum Beispiel, letztes Jahr ist er abgereist.» Er hielt inne. «Wenn ich alt genug wär ...»

«Lass das nicht Papa hören, er hat andere Pläne mit dir ... wie mit uns allen.» Emil senkte den Blick, Charles sah ihn mitleidig an. Alle wussten, dass Emil unter den Aufgaben und Pflichten litt, die ihm sein Vater aufbürdete. Auch seine beiden älteren Brüder, Wilhelm und Fritz, mussten oft gegen ihren Willen mithelfen. Fellenberg hielt es für selbstverständlich, dass die Söhne seinen Idealen nacheifern und in seine Fussstapfen treten würden. Die beiden älteren unterrichteten in der Schule nicht nur die Kleinen, sondern auch ihre Schwestern in verschiedenen Fächern; Emil, der jüngste, musste in der Landwirtschaft arbeiten, wäre jedoch lieber an die Akademie nach Bern gegangen, um Sprachen zu studieren. Dafür hatte der Alte aber kein Gehör, Studien an der Universität hielt er für überflüssig, es sei denn welche an einer landwirtschaftlichen Weiterbildungsanstalt.

Und Emil hatte nicht die Kraft, sich gegen seinen Vater aufzulehnen. Seinen beiden Brüdern ging es ähnlich. Besonders Wilhelm hatte mit seinen 28 Jahren genug von der väterlichen Dominanz. Es war kein Geheimnis, dass er mit dem Gedanken spielte, Hofwyl den Rücken zu kehren.

Charles betrachtete ihn von der Seite. In letzter Zeit war Wilhelm allerdings ruhiger geworden, er legte plötzlich mehr Wert auf sein Äusseres, auch heute. Er trug eine nachtblaue Samtweste und eine elegant geschnittene hellgraue Wollhose. Sicher nicht zu Ehren von Lady Byron. Es war ja offensichtlich, und die Schüler machten sich darüber lustig: Willi war verliebt ... in Virginie. Das Mädchen stand bei den Frauen an der Freitreppe und lächelte verstohlen zu Wilhelm herüber. Ob da schon mehr lief? Virginie Boch war fast zehn Jahre jünger als Wilhelm, im besten Heiratsalter. Ihr Vater war mit ihr aus dem Saarland nach Hofwyl gekommen, um seinen jüngeren Sohn Viktor ins Institut zu bringen, der ältere war schon seit ein paar Jahren da. Sie war den Sommer über geblieben und sollte nun bald zurückreisen. Na ja, ich würd's ihm gönnen, dachte Charles. Eine gute Partie. Virginie stammte aus einer vermögenden Familie von Keramikfabrikanten. Er selbst fand sie ja ziemlich langweilig. Zugegeben: Hübsch war sie, aber sie schien ihm ein wenig einfältig. Da war ihm Emma schon lieber, die gleich neben ihr stand. Keine Schönheit, nein, aber sie hatte Witz und war klug. Als einziges von den Fellenberg-Kindern hatte sie die dunklen Haare und braunen Augen ihrer Mutter geerbt. Charles hatte kürzlich begonnen, ihr das Schachspiel beizubringen, sie lernte rasch und war für ein Mädchen erstaunlich fintenreich. Er musste bereits aufpassen, dass sie ihn nicht schlug. Er hörte schon ihr triumphierendes «Schachmatt»! Dann war da noch Olympe, ihre Schwester, die er auch gut mochte, aber sie war schon über zwanzig. Gerade war sie aus Leukerbad zurückgekehrt, wo sie ein Augenleiden kuriert hatte. Und wenn ihn nicht alles täuschte, so schenkte sein Freund Carlo ihr seit kurzem mehr Aufmerksamkeit. Er konnte das nicht recht verstehen; Olympe hatte strenge Gesichtszüge, kleine Augen – vielleicht wegen des Augenleidens? – eine schmale, gerade Nase und einen ebenso schmalen, geraden Mund. In letzter Zeit sah er die beiden oft zusammen, und zwar ohne Begleitung. Ob Mama Fellenberg das guthiess? Olympe hatte von Leukerbad ein Herbarium zurückgebracht, angeblich mit über dreissig ihr unbekannten Alpenpflanzen, die sie selbst gesammelt hatte, wie ihm Carlo begeistert berichtet hatte. Seit wann interessierte der sich für Botanik?

Charles blickte wieder die Allee hinunter. Akkurat ausgerichtet standen die alten Kirschbäume Spalier und bildeten mit ihren Ästen und belaubten Zweigen fast einen Tunnel. Noch immer war nichts zu sehen, nur der Wind trieb erste trockene Blätter über den Fahrweg. Von Norden her drängte die Wolkenwand näher, in der Ferne zuckten Blitze, grollte der Donner.

«Ob wir wohl auf unser Ballspiel heute Abend verzichten müssen? Was meinst du Carlo?» Der blickte auf die sich gelbgrau aufplusternden Gebilde über dem Jura.

«Ja, ich denk schon, aber nicht wegen dem Wetter, sondern wegen dem Neuen. Wir sollen uns ja explizit um ihn kümmern. Du sowieso, als Einziger, der hier fliessend Englisch spricht. Und ich möcht schon gern etwas mehr von ihm wissen, über Lord Byron, über Griechenland, so aus erster Hand, ist doch spannend.» Carlo zögerte und fuhr nach einem raschen Seitenblick auf Emil leise fort: «Und vielleicht weiss er was über diesen ... äh ... Skandal mit Byrons Schwester, du weisst schon ...»

«Halbschwester», korrigierte ihn Emil. Er hatte natürlich zugehört. «Und du solltest dich nicht mit solchen Skandalgeschichten abgeben», wies er ihn scharf zurecht.

«Aber gerade das ist interessant!» Michail war zur Gruppe getreten. «Ich hab gehört, dass es da sogar eine Tochter geben soll – Medora. Er hat also mit der Schwester eine Tochter gezeugt, das ist doch der Hammer!» Der russische Aristokratensohn aus der alten Familie Obodovskij war unter den Mitschülern berüchtigt für seine schlüpfrigen Interessen. «Und, Carlo ... hast du mein Buch endlich fertig? Ich muss es unbedingt wieder zurückbringen, wenn ich Weihnachten nach Sankt Petersburg fahre, sonst merkt mein Alter, dass es weg ist.»

«Verbreitest du wieder Schundliteratur?», fragte Emil verärgert. Nachdem Michail mit einem Exemplar von Casanovas Memoiren erwischt worden war, hatte Emil den Auftrag, nach derartigen Büchern zu fahnden und sie sofort aus dem Verkehr zu ziehen. Es gelang ihm nur selten, die Werke zirkulierten hinter seinem Rücken, die Schüler hielten dicht. Alle älteren Burschen wussten davon, aber man sprach in seiner Gegenwart natürlich nicht darüber, Michail musste es gerade rausgerutscht sein. Dieser sah nun betont gelangweilt in die Allee und bemerkte lapidar: «Noch immer keine Kutsche in Sicht.» Emil zuckte mit den Schultern, eigentlich hatte er keine Lust, den Gendarmen zu spielen. Wenn Vater Obodovskij solches Zeug in seiner Bibliothek stehen hatte, musste man sich nicht wundern, wenn der Sohn damit hausieren ging.

Carlo war ganz nahe an Michail herangetreten. «Liegt schon lang beim Alphons, frag den ... hast du nichts Neues?» – «Doch, doch», flüsterte Michail und spähte an Emil vorbei in die Allee. «Corbillon oder Crébillon oder so ähnlich, natürlich ein Franzose ... sehr aufregend ... mit Bildern ... ich bin damit noch nicht ganz fertig, das Französisch, du weisst, ich bin da nicht so gut ... aber du kriegst es bald.»

Endlich. Eine Staubwolke kündigte die Kutsche aus Bern an, Bewegung kam in die wartenden Gruppen, alle reihten sich der Einfahrt entlang auf. Fritz, Emil, Michail, Charles und Carlo lösten sich vom Gartenzaun und standen stramm. «Wir sehen uns heute nach dem Abendessen zum Ballspiel», sagte Charles noch rasch. «Nur wenn's nicht regnet, versteht sich, ich bring diesen Edward dann gleich mit.» Die Kutsche kam vor den hohen Ulmen zum Stehen. Fellenberg glitt von seinem Schimmel, um den Schlag zu öffnen und der Dame den Arm zu reichen. Nur von mittlerer Statur, machte der Schulleiter seine mangelnde Grösse wie immer durch Eleganz und Geschmeidigkeit wett. Sein Anzug aus grauem Flanell war einfach, aber gepflegt, seine Manieren tadellos. Weltmännisch und mit ernster Miene half er der zierlichen, in schwarze Seide gehüllten Lady Byron aus der Kutsche. Ihr folgte ungelenk ein blond gelockter, magerer Jüngling mit pickeligem Gesicht.

«Was Byron an der wohl gesehen hat?», wisperte Carlo enttäuscht. «Sie muss sehr reich sein, anders kann ich mir das nicht erklären.»

«Pst», zischte Wilhelm und sah Carlo böse an.

«Kein Wunder, suchte er sich was anderes», fuhr Carlo unbeirrt fort und kicherte leise. Charles runzelte die Stirn. Lady Byron sah doch gar nicht schlecht aus, und verglichen mit Olympe ...

«Die Ehe dauerte ja auch nur ein Jahr, dann hatte sie genug von seinen Skandalen. Sein Name darf in ihrer Gegenwart nicht erwähnt werden, merkt euch das!», flüsterte Fritz.

Fellenberg hatte sich unterdessen umgewandt und Charles mit einem herrischen Wink herbeizitiert. Der trat vor und hiess den neuen Mitschüler artig auf Englisch willkommen. Edward blieb stumm, schaute sich nur ängstlich nach Lady Byron um. Die ging aber bereits mit Mama und Papa Fellenberg in Richtung Schloss. Die Menge zerstreute sich, alle eilten zu ihrer Arbeit, die sie des hohen Besuchs wegen hatten liegen lassen müssen.

«Wir werden sie zum Abendessen wiedersehen», sagte Charles ruhig und legte, als Edward nicht reagierte, seinen Arm um die Schultern des schmächtigen Burschen. «Du wirst dich hier wohl fühlen. Mir ging's ähnlich, ich glaubte mich gottverlassen, aber das vergeht rasch.» Er konnte sich gut erinnern, wie er vor drei Jahren von seiner Mutter in Hofwyl abgeliefert worden war. Damals hatte er seine Tränen nur mühsam zurückhalten können, obwohl er nicht allein, sondern mit seinen Geschwistern, Eduard und Elizabeth, angereist war.

«Komm, ich zeig dir ein paar von den wichtigeren Sachen hier, dann gehen wir in den Schlafsaal, wo du dich ein wenig ausruhen kannst. Abendessen ist um acht Uhr im sogenannten Schloss, so nennen wir das Hauptgebäude mit den hohen Säulen, in das deine Tante grad gegangen ist. Wir werden mit der Glocke gerufen. Die älteren Schüler werden auch dort sein, die anderen essen in ihren Schulhäusern ringsum.» Edward blickte sich unsicher auf dem grossen, offenen Platz um, es gab hier so viele Gebäude. Die Unterrichtszeit war vorüber, überall sah er Knaben verschiedenen Alters spazieren, lesen, Ball spielen, aber auch Erwachsene promenierten und sahen sich neugierig die Anlagen und Sportgeräte an. Charles ging ein wenig voraus. «Das grössere Haus, an dem ihr mit der Kutsche vorhin vorbeigefahren seid, ist das Lehrerhaus; dort wohnen einige der Professoren. Es ist gleichzeitig unser Gästehaus, und Lady Byron wird dort übernachten», erklärte er. «Da vorne links, beim Eingang zum Institutsgelände, siehst du die Reitschule, rechts hat es verschiedene Werkstätten, die Wäscherei, die Bäckerei, die Pferdeställe, das alles braucht dich aber vorläufig nicht zu interessieren. Wir gehen jetzt zum sogenannten Grossen Haus, dort wohnen und lernen wir – und mit wir meine ich die älteren Schüler.»

Sie bogen um das Schloss herum, Edward schien schon ein wenig munterer zu werden. «Was ist das?», fragte er, als sie an einem kleinen, flachen Haus vorbeigingen, aus dessen offenen Fenstern abgehackte, wilde Schreie ertönten. Charles lachte.

«Das ist der Fecht- und Tanzsaal. Jetzt sind offenbar die beiden Ungarn zugange, komm, wir schauen rein.» Sie spähten durch das Fenster und erblickten zwei Fechter, die einander auf der Mensur kunstvoll umkreisten, bis der eine plötzlich einen Ausfall machte und gekonnt einen Stich platzierte, nicht ohne einen lauten Schrei auszustossen. «Oh, Bravo! Ein Schwadronshieb, das war gut!», murmelte Edward anerkennend.

Charles schaute ihn verblüfft an: «Du fechtest?»

«Ja, sehr gerne sogar. Allerdings schreie ich nicht so dabei.» Edward lächelte zum ersten Mal. Das hätte Charles von dem dünnen Jungen nicht erwartet. Die Ungarn waren beides Muskelprotze, und er konnte sich nicht vorstellen, wie Edward gegen sie antreten sollte. Er selbst focht nur selten, das Kriegshandwerk behagte ihm nicht. Nun gut, Edward war offenbar kein Schwächling, auch wenn er auf den ersten Blick so aussah. Das würde ihm hier helfen. Nicht nur die landwirtschaftlichen Fächer waren körperlich anstrengend, auch die Turnstunden hatten es in sich. Es gehörte zum Konzept des Instituts, die Schüler abzuhärten.

«Melde dich möglichst rasch beim Fechtlehrer. Der wird dich prüfen und einer Gruppe zuteilen. Er reist jeden Dienstag aus Bern an, wie übrigens auch der französische Tanzlehrer, der am Freitag kommt. Tanzstunden sind Pflicht, und einmal im Monat gibt es einen Ball mit allem Drum und Dran. Was die Fechterei betrifft: Nimm dich vor den Ungarn in Acht, sie sind die Besten hier und wollen das sicher auch bleiben.»

«Das werde ich, danke für die Warnung.»

«Gern geschehen. Ich mag das Brüderpaar, es sind Zwillinge, nicht besonders. Sie halten wie Pech und Schwefel zusammen, aber wenn sie ein Schaufechten veranstalten, dann sind sie beeindruckend. Und die Damen im Publikum haben halt ihre Freude. Sie sind sehr wohlhabend. Wir haben auch Fürstensöhne hier und andere reiche Sprösslinge aus ganz Europa. Aber im Institut sind wir alle gleich, es gibt hier keine Sonderbehandlungen. Einer wollte mal unbedingt sein Pferd mitbringen, aber Papa Fellenberg hat das sofort verboten.» Charles schwieg eine Weile. «Das Leben hier in Hofwyl ist wohl anstrengend, aber ich glaube, dass wir eine gute Ausbildung kriegen, die uns im Leben weiterhelfen wird.» Er schwieg verlegen, war sonst nicht so pathetisch, aber der dünne Engländer schien ihm sympathisch zu sein, er wollte ihn aufmuntern.

Die beiden spazierten zum Grossen Haus. Ein schlanker, nachlässig gekleideter Mann mit einem um den Hals gewickelten rot-weiss gestreiften Schal und einer grossen Zeichenmappe unter dem Arm hastete ihnen entgegen. Hinter ihm mühte sich ein Junge mit einer grossen Staffelei ab.

«Guten Tag, Herr Leopold», grüsste Charles freundlich. «Haben Sie die Gewitterwolken auf die Leinwand gebannt?» Zu Edward flüsterte er: «Franz Leopold, unser Zeichenlehrer, ein Original.»

«Auch guten Tag, Müller und Kollege ...?» Er wies mit dem Kinn auf Edward und blinzelte fragend durch die runden Gläser seines Zwickers.

«Ein neuer Schüler aus England, Edward Noel.» Charles vermied es absichtlich, auf dessen berühmte Verwandtschaft hinzuweisen. Edward war es offensichtlich peinlich, darauf angesprochen zu werden. Warum, das konnte er sich lebhaft vorstellen. Edward musste davon ausgehen, dass nicht nur Byrons Gedichte, sondern auch dessen saftige Skandalgeschichten vor Hofwyl nicht Halt gemacht hatten.

«Na, dann werden wir uns ja bald einmal wiedersehen, hat mich gefreut.» Der Zeichenlehrer verbeugte sich theatralisch und eilte nach einem raschen Blick in die schwarzen Wolken weiter, sein Halstuch flatterte hinter ihm her.

Edward sah ihm nach, fast ein wenig sehnsüchtig. «Ich freue mich auf seine Stunden. Ich male gerne, aber sonst habe ich eher zwei linke Hände. Man soll hier ja auch Handwerke lernen müssen, hat man mir gesagt.»

«Ach, vergiss es. Hier in Hofwyl wirst du nicht gezwungen, etwas gut zu tun, was du nicht kannst. Dann machst du eben nur die obligatorischen Stunden und widmest dich dafür vermehrt den Sachen, die dir liegen.» Sie überquerten rasch den Platz vor dem Grossen Haus, erste schwere Regentropfen fielen.

«Wir nehmen übrigens nächste Woche mit dem Geschichtslehrer Friedrich Kortüm den Tacitus durch, wenn du dich noch vorbereiten willst. Er ist einer unserer beliebtesten Lehrer, aber du darfst nicht erschrecken, er sieht mit seinem Bart und dem wilden Haar unheimlich aus, und er tut manchmal auch etwas wunderlich. Aber wir verehren ihn, weil er 1814 gegen Napoleon gekämpft hat. Stell dir das vor! Er ist absolut vertrauenswürdig. Wenn du ein Problem hast, wende dich an ihn. Über die anderen Lehrer reden wir dann später noch.»

«Es hat doch sicher auch ein paar Ekel, oder?»

«Natürlich. Nur so viel: Nimm dich vor Monsieur Mezier in Acht, der Französischlehrer ist ein Speichellecker und rennt wegen jeder Lappalie sofort zum Direktor. Wir lesen übrigens gerade Voltaire. Und im Deutsch das Nibelungenlied. Noch was: Ich hoffe, deine Latein- und vor allem deine Griechischkenntnisse sind gut bis überdurchschnittlich, darauf wird hier nämlich grossen Wert gelegt. Wenn nicht, rate ich dir, bei einem Mitschüler Nachhilfestunden zu nehmen. Es kann auch nicht schaden, mit einem von uns Deutsch zu üben, das ist hier die Unterrichtssprache. Aber keine Angst, du wirst am Anfang ein paar Extralektionen erhalten. Fellenberg erwartet von uns älteren Schülern, dass wir den Lernstoff gemeinsam bewältigen, dass wir zusammen lesen, diskutieren, repetieren, schreiben und einander unterstützen. Du wirst also immer Hilfe bei uns finden.»

«Wie ist er denn so, der Fellenberg?» Edward hatte seine Mütze aufgesetzt, die Regentropfen fielen dichter.

Charles zögerte. Was sollte er sagen? Die meisten Schüler, vor allem die Kleinen, hatten eigentlich nichts mit ihm zu tun, und doch fürchteten ihn alle. Die Grossen hatten gelernt, mit seinem Jähzorn umzugehen, ihn nicht zu diesen Wutausbrüchen zu provozieren, sie gingen ihm möglichst aus dem Weg. Und doch verehrten sie ihn, irgendwie. Wenn er einen guten Tag hatte, konnte er sie begeistern, dann standen sie stramm hinter ihm. Diese ganze Sache mit den Philhellenen, dass sie hier alle für den Freiheitskampf Griechenlands Feuer und Flamme waren, das war sein Werk.

«Ach, er ist ein wenig schwierig. Aber nun, da er in die Berner Politik eingestiegen ist, werden wir ihn hier an der Schule wohl kaum noch sehen, und das ist vielleicht besser so. Für dich ist er übrigens Papa Fellenberg, und sie ist Mama Fellenberg. Wir sind alle eine grosse Familie.» Charles war erleichtert, eine so diplomatische Antwort gefunden zu haben.

Gegen acht Uhr abends versammelten sich sämtliche Mitglieder der Familie Fellenberg, also auch die Pflegesöhne und -töchter, in der Vorhalle des Schlosses. Man wartete auf Lady Byron. Wie immer waren auch einige der älteren Schüler zugegen, man wollte der Dame zwar alle Ehre erweisen, aber gleichzeitig kein grosses Aufheben um sie machen. Sie sollte einen unverfälschten Eindruck vom Alltagsleben hier in Hofwyl erhalten.

Da kam sie, der institutseigene Zweispänner hatte sie im Gästehaus abgeholt. Das Verdeck war zurückgeschlagen, nach einem sehr heftigen, aber kurzen Gewitter hatte es wieder aufgeklart. Es tropfte noch von den Bäumen, wie lackiert glänzten die nassen Blätter der Ulmen in der Abenddämmerung. Fellenberg eilte der Dame gemessenen Schrittes entgegen und half ihr aus dem Gefährt. Lady Byron hatte ihr Reisekostüm gegen ein leicht ausgeschnittenes Abendkleid aus haselnussbrauner Seide ausgetauscht und die Haube weggelassen. Ihr dunkles Haar trug sie der Mode gemäss glatt, streng mit Mittelscheitel und seitlichen Zapfenlocken. Charles fand, dass ihr rundes Gesicht mit den erstaunlich blauen Augen sie jünger machte, als sie mit ihren etwa 35 Jahren war. Ein Hauch von Rouge auf den Wangen verlieh ihr Munterkeit und Frische. Elfenbeinfarbene Spitze umschmeichelte ihr Dekolleté, eine schlichte Perlenkette zierte ihren Hals, die bauschigen Ärmel raschelten bei jeder Bewegung, als sie die Stufen zur Vorhalle hinaufstieg. Weil sie gleichzeitig ihren weiten Rock schürzen musste, drohte der goldgelbe Kaschmirschal, der locker ihre schmalen Schultern verhüllte, jeden Moment hinunterzurutschen. Charles beobachtete fasziniert, wie sie ihn mit einem anmutigen Achselzucken jeweils im letzten Moment daran hinderte. Ein elegantes, fast kokettes Spiel mit Stoff und nackten Schultern. Die Frau hatte in ihrer Schmächtigkeit etwas Knabenhaftes und wirkte ganz anders als die rundlich-mütterliche Mama Fellenberg. Gar nicht so übel, dachte Charles, Carlo tut ihr Unrecht. Er blickte zu seinem Freund hinüber, der aber für Lady Byron kein Auge hatte. Er stand neben Olympe, sichtlich bemüht, diesen Platz zu halten, als alle dem Speisesaal zustrebten. Zuvorderst ging Margarethe von Fellenberg mit ihrem Ältesten Wilhelm, hinter ihr Papa Fellenberg mit Lady Byron. Es folgten die Söhne und Töchter, einige Lehrer, und die älteren Schüler bildeten den Schluss.

«Es gibt keine Sitzordnung, ausser dass die Familie und die beiden Pfarrer, der katholische und der protestantische, oben am Hufeisen sitzen», sagte Charles dem Neuen, der ihm nicht von der Seite wich. «Natürlich wird deine Grosstante auch dort Platz nehmen, du hingegen bleibst jetzt bei uns.» Man verteilte sich, Carlo hatte es geschafft, einen Stuhl neben Olympe zu ergattern. Manchmal bedauerte Charles, dass sich sein Freund in letzter Zeit so viel mit der jungen Frau abgab. Er hatte fast Mühe, ihn mal wieder für sich zu haben. Na ja, Carlo war auch zwei Jahre älter und schon seit 1818 in Hofwyl. Er kannte die vier Jahre ältere Olympe seit langem. Wollte er sich wirklich Papa Fellenberg zum Schwiegervater machen? Bei dieser Vorstellung schauderte es Charles. Zufällig fiel sein Blick auf die beiden

Brüder Wilhelm und Fritz, zwischen denen sich ein leises Gerangel um den Platz neben Virginie entspannte, bis Fritz entnervt aus dem Speisesaal lief.

Auch Emma, die sich unauffällig neben Charles gesetzt hatte, hatte die Szene bemerkt. «Wie dumm von Fritz, er hat doch gegen Willi keine Chance», sagte sie leise. «Diese blöde Pute! Was findet Fritz bloss an der? Geld hat sie, gut, damit könnt er weg. Und er sollte wirklich fort von hier, endlich was Eigenes machen. Papa sieht gar nicht, was er alles kann.» Sie schlug sich schuldbewusst auf den Mund. «Ich sollt nicht so reden, ich weiss, aber Fritz tut mir halt leid.» Sie wandte sich an Charles: «Was ist, spielen wir nachher eine Partie Schach? Ich muss nur noch nach den Kleinen sehen, aber dann hab ich Zeit.»

«Nein, das geht heut nicht, ich muss mich um Edward kümmern, ihm das Haus zeigen und ...»

«Ja, ja ... Schade.» Emma zog eine Schnute, kehrte ihm demonstrativ den Rücken zu und schwatzte mit ihrer Schwester Adele. Den ganzen Abend sprach sie kein Wort mehr mit ihm.

Das Essen zog sich hin. Es gab Suppe, mehrere Fleischgänge vom Rind und vom Schaf, einmal Fisch, viel Gemüse und zum Dessert nebst Äpfeln und Birnen eingemachte Kirschen und einen süssen Milchreis mit Zimt. Fellenberg betonte bei seiner kurzen Ansprache, dass alles, was hier auf den Tisch kam, aus dem eigenen Betrieb stamme. «Ausser natürlich dem Reis und dem Zimt», das müssten auch sie im Kolonialwarenladen in Bern kaufen, schloss er schmunzelnd. Er unterhielt sich dann mit Lady Byron über ihre Schweizer Reise, Charles sass nah genug, um Fetzen ihres Gesprächs zu erhaschen. Sie fragte Fellenberg, ob sie den Herrn Kapodistrias in Genf, wo ihre Tochter Ada auf sie wartete, besuchen solle, aber er riet ihr davon ab. Der einstige Aussenminister in russischen Diensten und nun Privatier sei ständig unterwegs, um für die Sache seiner Heimat Griechenland zu werben, sie würde ihn schwerlich zu Hause antreffen; er käme auch kaum mehr in Hofwyl vorbei, und der Briefwechsel mit ihm versande. Lohnender, als dem Griechen nachzureisen, sei für sie und ihre Tochter ein Besuch der lieblichen Region um den Genfersee. Das Schloss Coppet zum Beispiel, der ehemalige Wohnsitz der Madame de Staël, sei auf jeden Fall einen Besuch wert, auch wenn die kluge Dame vor zehn Jahren das Zeitliche gesegnet habe. Das Schloss werde jetzt durch ihren Sohn verwaltet, der das Anwesen in ein agronomisches Mustergut verwandelt habe – das interessiere sie doch bestimmt.

Mit Margarethe von Fellenberg unterhielt sich die englische Lady angeregt über die Organisation der Töchterschule in Hofwyl, die verarmten Mädchen aus der Umgebung eine Grundausbildung vermittelte, so dass sie als Mägde leichter ein Auskommen fanden. Lady Byron fand das eine lobenswerte Einrichtung und wollte prüfen, ob sie in England nicht ebenfalls so etwas ins Leben rufen könnte.

Fellenbergs Gattin, umsichtig wie immer, dirigierte von ihrem Platz aus die Choreografie der Tafel. Nichts entging ihr. Sie mahnte mit strengen Blicken die Schüler, die zu laut waren, gebot mit einem diskreten Wink den auftragenden Mädchen, sich zu beeilen oder langsamer zu machen, beteiligte sich aber, ausser mit ihrer Tischnachbarin, nur selten an einer Diskussion. Sie war der ruhende Pol, ganz im Gegensatz zu ihrem Mann, der mehrmals aufstand, zu einem Lehrer oder Schüler eilte, um irgendetwas Dringendes loszuwerden, und dabei eine konsternierte Lady zurückliess, die plötzlich ohne ihren Tischherrn dasass.

Anschliessend versammelte man sich im Musikzimmer, Adele spielte auf dem Klavier Lieder von Mozart, Olympe sang dazu. Sie schien eine ganz schöne Stimme zu haben, jedenfalls musste man das annehmen, wenn man Carlo zusah, der verzückt an ihren Lippen hing. Charles war ziemlich unmusikalisch und blieb diesen Musikabenden fern, wenn immer es sich einrichten liess.

GRIECHENLAND UND DER PHILHELLENISMUS

1821 erhob sich das griechische Volk gegen die osmanische Herrschaft, die seit 1453, seit dem Fall von Konstantinopel, aus den Griechen Menschen zweiter Klasse gemacht hatte. Der religiöse und kulturelle Graben zwischen christlichen Griechen und muslimischen Türken war unüberbrückbar geworden, nur eine gewaltsame Revolte konnte den Griechen ihre Freiheit und Würde zurückgeben.

Am 25. März rebellierten verschiedene Gruppierungen auf dem Festland, auf der Peloponnes und den Inseln. Es gelang ihnen im Verlauf des Jahres, einige Gebiete relativ rasch zu erobern und die Gegenangriffe der Türken abzuwehren. Allerdings zerstritten sich die griechischen Revolutionäre bald untereinander und gefährdeten den Erfolg des Aufstands. Uneins waren sie sich über die Form der neuen Verfassung und über Nichtigkeiten wie die Frage, ob die Fustanella oder die Pumphose als Nationaltracht gelten sollte. Die Konflikte arteten rasch aus und führten bereits 1823 und 1824 zu bürgerkriegsähnlichen Zuständen.

1825 landete ein ägyptisches Heer im Südwesten der Peloponnes (Ägypten gehörte formal zum Osmanischen Reich) und rückte nach Norden vor. Bei Missolonghi fand 1826 die entscheidende Schlacht statt. Die Hafenstadt am Golf von Patras fiel im April nach monatelanger Belagerung. Die Kämpfenden hatten einen hoffnungslosen Ausfall durch die türkischen Belagerer versucht, während sich die Zurückgebliebenen selbst in die Luft sprengten. Im Juli erreichten die Osmanen Athen. Die befreiten Gebiete waren damit wieder drastisch geschrumpft.

Die Ereignisse um Missolonghi wirkten wie ein Fanal und hatten verschiedene Auswirkungen. Sie bewogen einerseits die europäischen Grossmächte, sich in den Konflikt einzumischen; das Resultat dieser diplomatischen Bemühungen war 1830 die Schaffung eines Königreichs Griechenland. Andererseits führte der verzweifelte Kampf der Griechen noch mehr europäische Intellektuelle als bis anhin dazu, sich zu beteiligen, sei das ideell, finanziell oder mit der Waffe, indem sie nach Griechenland reisten, um an der Seite der Hellenen gegen die Türken zu kämpfen.

Der sogenannte Philhellenismus war bereits 1821 entstanden, als sich die Griechen zum ersten Mal gegen die Osmanen erhoben. Eine Welle romantischer

Begeisterung für den Freiheitskampf erfasste ganz Europa. Diese Philhellenen – ihr berühmtester Vertreter war der englische Poet Lord Byron (1788–1824) – sahen die grosse antike Zivilisation, die Wiege des abendländischen Geisteslebens, in Gefahr und wollten die vermeintlichen Nachfahren der antiken Hellenen unterstützen. Überall hatten sich Hilfsgruppen und Vereine gebildet, so auch in der Schweiz, in Bern, Basel, Genf, Zürich und anderen Orten, deren Ziel es in erster Linie war, Geld für den Befreiungskampf zu sammeln. Der Genfer Bankier Jean Gabriel Eynard (1775–1863), der 1841 bei der Gründung der griechischen Nationalbank mitwirken sollte, koordinierte die philhellenische Bewegung in Europa. Er investierte nicht nur Zeit, sondern auch einen Teil seines Privatvermögens in das hehre Ziel.

Ein weiterer Schweizer Philhellene, der Ostermundiger Emanuel Hahn (1800–1867), brachte es in Griechenland gar zu Ruhm und Ehre; er hatte sich 1825 einem Philhellenen-Korps angeschlossen und stieg unter König Otto zum General auf.

Der Schöfflisdorfer Johann Jakob Meyer (1798–1826), angeblich Apotheker und Arzt, reiste 1822 nach Griechenland. In Missolonghi lernte er Griechisch, heiratete eine Griechin und gab mit Byrons Geld die erste Zeitung des befreiten Griechenlands heraus, die «Ellinika Chronika». 1824 wachte er, zusammen mit dem deutschen Stabsfeldarzt in griechischen Diensten, Heinrich Treiber, an Byrons Sterbebett. Er selbst kam zwei Jahre später bei der Verteidigung der Stadt ums Leben.

Auch Emanuel von Fellenberg war Philhellene, blieb aber in der Schweiz. Er sammelte Geld und versuchte, über Ioannis Kapodistrias im befreiten Teil Griechenlands Schulen zu gründen. Graf Kapodistrias, geboren 1776 in Korfu, war als Diplomat in russischen Diensten bis zum Rang eines Aussenministers aufgestiegen. Vor dem Wiener Kongress von 1815 reiste er im Auftrag Zar Alexanders in die Schweiz, um diese zu reorganisieren. Am Kongress setzte er sich dann vehement für deren Belange ein. 1822, ein Jahr nach dem griechischen Aufstand, quittierte er den russischen Dienst, zog nach Genf und widmete sich ganz der griechischen Sache. 1827 wurde er von der griechischen Nationalversammlung zu ihrem ersten Präsidenten gewählt. Aber nicht alle waren mit dem von ihm eingeschlagenen Kurs einverstanden, 1831 wurde er in Nauplion von Griechen ermordet.

Kapodistrias war überzeugt, dass das junge Griechenland viel in die bis dahin brachliegende Erziehung und Bildung seiner Bürger investieren musste, und interessierte sich daher für die verschiedenen, damals existierenden Schul- und Erziehungssysteme. Während seiner Zeit in der Schweiz besuchte er einige Einrichtungen und war vom Hofwyl-Institut besonders angetan. Er korrespondierte mit Emanuel von Fellenberg und besuchte ihn mehrmals. Zusammen entwarfen die beiden die Idee, eine der griechischen Inseln zu einer «Erziehungsinsel» zu machen. Dazu kam es aber nie.

Edward und Fritz fahren nach Griechenland
1832/33

Es war ein schicksalhaftes Zusammentreffen gewesen, dort in Paris im März 1832, als Edward Noel auf der Reise von Bern nach England bei Fritz von Fellenberg abstieg. Eigentlich wollte er bloss einen Höflichkeitsbesuch hinter sich bringen und nicht viel Zeit in der französischen Hauptstadt verlieren, wo der liberale Bürgerkönig Louis-Philippe ans Ruder gekommen war und die Cholera wütete.

Edward und Fritz waren in Hofwyl nicht eng befreundet gewesen – da war der grosse Altersunterschied, Fritz war im Institut Edwards Lehrer gewesen –, und doch fanden sie jetzt sofort zueinander. Beide waren sie auf der Suche nach dem Sinn des Lebens, nach einer Aufgabe, für die es sich einzusetzen lohnte. Der 32-jährige Fritz erzählte freimütig, dass ihn die Hauslehrerstelle anödete, mit der er seit kurzem seinen kärglichen Lebensunterhalt verdiente. Und Edward, elf Jahre jünger, hatte gerade seine Schulzeit in Hofwyl beendet; es ging ihm nicht besonders gut. Er war unsicher, wusste nicht, wie es weitergehen sollte. Bis anhin hatten immer andere über sein Leben bestimmt – zuerst seine Förderin Lady Byron, dann Papa Fellenberg, der nachdrücklich versucht hatte, ihn für das Institut zu gewinnen. Er konnte dieses Ansinnen seines Ziehvaters nicht recht verstehen, hatte er doch kein Hehl daraus gemacht, dass ihn weder Landwirtschaft noch Pädagogik besonders interessierten. Aber etwas musste er ja tun; deshalb reiste er nun nach England, um sich mit Lady Byron zu besprechen. Was immer er anpacken wollte, es musste im Einvernehmen mit ihr geschehen. Seinen geheimen Wunsch, Maler zu werden, hatte er aufgegeben. Er wusste, dass Lady Byron so etwas Unseriöses nicht unterstützen würde.

Beim Zwischenhalt in Paris waren er und Fritz rasch auf die aktuellen turbulenten Ereignisse in Griechenland zu sprechen gekommen. Die Staatsgründung vor zwei Jahren hatte sie so begeistert, wie die Ermordung des ersten Staatsoberhauptes Ioannis Kapodistrias sie letztes Jahr bestürzt hatte. Nun versank das junge Land im Chaos, alles war wieder in Frage gestellt. Wie ging es mit Hellas weiter? An Ort und Stelle müsste man jetzt sein, dort, wo in diesem Moment Geschichte geschrieben wurde. Der Staat bot für junge Menschen mit Mut, Abenteuerlust und Gestaltungswillen viele Möglichkeiten, man konnte etwas anstossen, die fortschrittlichen Kräfte unterstützen, Ideale verwirklichen. Es war vor allem Fritz, der ins Feuer geriet und ihn, Edward, mit seiner Begeisterung mitriss.

«Es gehen so viele. Warum nicht wir? Lass uns doch jetzt, sofort, nach Athen aufbrechen. Dort schauen wir uns um, beobachten, was los ist, was sich machen lässt. Dieser Staat braucht frische Kräfte, nun, wo die Osmanen weg sind! Was hält uns hier? Soll ich in Paris an der Cholera verrecken? Los, auf geht's. Nichts wie weg!» Edward zögerte. Er war eigentlich kein Abenteurer. Aber die Idee, in Griechenland mitzumachen, lockte ihn tatsächlich. Warum nicht? Etwas Besseres fiel ihm jedenfalls im Moment nicht ein. Sie liessen die Sache offen, denn Edward wollte zuerst bei Lady Byron sondieren. Er setzte seine Reise wie geplant fort, war sich jedoch sicher, dass sie, gerade sie, seine neuen Pläne nicht nur unterstützen würde, sie würde sogar begeistert sein. Für die Freiheitskämpfe der Griechen hatte sie schon immer ein Faible gehabt, diese Einstellung teilte sie ausnahmsweise voll und ganz mit ihrem längst verstorbenen Mann. Und wenn er, Edward, dann auch noch vorschlug, dort eine Schule, ein Institut gründen zu wollen, irgendetwas in Richtung Erziehung und Bildung, dann würde er sie vollends auf seiner Seite wissen.

Er täuschte sich nicht. Lady Byron unterstützte das Projekt finanziell und überwies ihm sogar umgehend das Erbe, das sie bis anhin für ihn verwaltet hatte, er war ja nun volljährig. Eine ansehnliche Summe, damit konnte man in Griechenland einiges bewirken. Er dachte an eine gute finanzielle Rendite, schliesslich musste er für seinen Lebensunterhalt nun selbst aufkommen. Aber als Hofwyl-Schüler hatte er durchaus höhere Ziele im Kopf, die er mit Fritz teilte: Sie wollten dem kaum gebildeten griechischen Volk etwas bringen, vielleicht ein Mustergut einrichten, um den Bauern zu zeigen, wie man erfolgreich den Boden bestellte. Und später konnten sie Schulen bauen, ganz im Sinne Fellenbergs und Lady Byrons, um die Kinder das Lesen und Schreiben zu lehren.

Es ging dann alles sehr rasch. Fritz organisierte die Reisepässe, die Laissez-passer, die Fahrscheine für die Überfahrten, Edward bezahlte. Fritz besass kaum bares Geld. Edward wusste nur, dass Mama Fellenberg ihrem Lieblingssohn bei der Durchreise in Hofwyl heimlich etwas zugesteckt hatte; viel konnte es aber nicht gewesen sein. Mit dem Vater hatte es keine Aussöhnung geben können, denn dieser war bei ihrem Besuch – vielleicht mit Absicht – gerade nicht in Hofwyl gewesen. Ihm fehlte jedes Verständnis für die Befreiungsversuche seiner Söhne. Wie Wilhelm hatte er es auch Fritz nicht verziehen, Hofwyl verlassen zu haben. Und wofür? Für eine lächerliche Hauslehrerstelle, eine zugige Dachkammer über den Dächern von Paris und die Gefahr, an der Cholera zu erkranken.

Über Bologna und einen Umweg über Florenz erreichten sie Venedig, dort schifften sie sich ein. Sechs Wochen später, am 30. August 1832, erblickten die beiden endlich den Hafen von Piräus. Nun hatten sie also Griechenland erreicht. Bis auf die berückende Erscheinung der weissen Akropolis, die wie ein blinkender Edelstein in der Ferne gleisste, war Edwards Enttäuschung gross. Von einem richtigen Hafen konnte schon mal nicht die Rede sein. Sie sahen aus der Ferne etliche kleine Fischerboote im Wasser dümpeln, daneben lagen nur wenige Korvetten unter fremden Flaggen vor Anker: englische, französische, österreichische. An der kaum befestigten Küste standen Hütten und baufällige Lagerhäuser, dahinter waberte die Hitze gallertartig über einer kaum bewaldeten gelbgrünen Ebene, die sich vom Meer hinauf nach Athen zog. Steinige Bergrücken erhoben sich als Kulisse in der Ferne.

Mit den anderen Passagieren bestiegen sie ein Beiboot. Die Ruderer hatten Mühe, sich der Küste zu nähern, vom Land her blies ein starker Wind, heiss wie aus einem Ofenrohr. Mit weiteren Booten wurden die Ladung und das Gepäck der Reisenden gelöscht. Erst beim Näherfahren bemerkten die beiden erschöpften Freunde, dass Piräus doch ein grösserer Ort war und dass am Quai trotz der Hitze emsiges Treiben herrschte. Offenbar war kurz vor ihnen eines der grösseren Frachtschiffe gelöscht worden. Sie stiegen aus, froh, wieder festen Boden unter den Füssen zu haben.

Das Chaos am Quai war unbeschreiblich: Waren lagen kreuz und quer, Kisten, Säcke, Balken, Tische, Stühle, ein Klavier, Pflüge, Maschinenteile, vieles offenbar schon seit längerer Zeit, hatte es doch bereits Schaden gelitten. Ein aufgerissener Stoffballen gab den Blick auf staubige grüne Seide frei, aus einem halboffenen Dokumentenkoffer riss der Wind Akten heraus, die wie Möwen über das Meer flatterten. Alles ging drunter und drüber. Zollbeamte eilten geschäftig mit Papieren herum, Reisende fahndeten verzweifelt nach ihren Koffern und Kisten, Übernachtungsmöglichkeiten wurden angepriesen. Fritz und Edward versuchten sich zu orientieren. Nachdem sie glücklich im Besitz all ihrer Gepäckstücke waren, wollten sie eine Droschke mieten, mussten aber feststellen, dass sie zu spät kamen und alle Fahrgelegenheiten vergeben waren. So nahmen sie mit Reitpferden vorlieb, nur magere, kleine Klepper wurden angeboten. Sie heuerten einen Führer an und vier Gäule, erklommen müde die hölzernen Sättel und reihten sich in den Strom ein, der mit allem, was man nur irgendwie beladen konnte, der Hauptstadt zustrebte: Kutschen für die Damen, zwei- und vierrädrigen Lastwagen von bisweilen abenteuerlicher Konstruktion, Kamele, Pferde, Esel. Die Sonne brannte erbarmungslos.

Hinter dem Hafen wurde emsig gebaut, die Strasse war dort in leidlich gutem Zustand. Weiter gegen Athen hin jedoch verwandelte sie sich in eine wellige Schotterpiste mit tiefen Löchern, und die beiden Reiter hatten Mühe, ihre alten Mähren vor Stürzen zu bewahren, die Pferde krochen mehr, als dass sie gingen. Beidseits der staubigen Strasse zogen sich lange, schlammige Kanäle, die das Wasser aus der morastigen Senke hinter der flachen Küste hielten. Eine ungesunde Gegend. Hier wehte kein Wind, und aus dem reglosen Schilf stieg fauliger Geruch. Fritz hielt sich sein Halstuch vor die Nase, hustete, der Schweiss tropfte ihm von der Stirn. Mücken surrten, er hatte schon längst aufgegeben, sie abzuwehren. Endlich stieg die Strasse leicht an, sie kreuzten eine lange Karawane mit Kamelen und kamen durch einen grossen, schönen Olivenhain, der etwas Schatten bot. Hier war die Luft besser. Nachdem sie den lichten Wald hinter sich gelassen hatten, konnten sie von Athen immer noch nichts sehen, mehrere flache Hügel versperrten ihnen den Blick, nur die alles überragende Akropolis rückte immer näher. Weitere zwei Stunden schleppten sie sich durch steiniges Ödland, vorbei an dürren Sträuchern, halbvertrockneten Oleanderbüschen. Endlich tauchten erste kümmerliche Behausungen auf. Nachdem sie einen letzten Hügel umrundet hatten, blickten die beiden Freunde verwundert auf eine Ruinenlandschaft: Athen, eine durch die Befreiungskriege verwüstete Kleinstadt. Hie und da sah man antike Säulen aufragen, nur wenige neu erbaute Häuser standen in der grellen Sonne und blendeten mit ihren weiss getünchten Fassaden. Kein Baum weit und breit.

«So habe ich mir das alles eigentlich nicht vorgestellt», krächzte Edward, sie hatten vergessen, Wasser mitzuschleppen, und waren am Verdursten. Er fuhr sich mit dem Ärmel über die schweissnasse Stirn. Sein Enthusiasmus schmolz wie Eis in der Sonne. «Und das soll die Hauptstadt des neuen Griechenlands werden?»

«Warten wir's ab.» Fritz versuchte, aufmunternd zu klingen, obwohl er sich vor Erschöpfung kaum mehr im Sattel halten konnte. «Unser Führer soll mal diese Unterkunft suchen, die man uns im Hafen empfohlen hat, wir ruhen uns dort erst aus, sehen dann weiter.» Er hustete. «Nicht gleich den Kopf hängen lassen!»

Der Führer wies ihnen die Richtung durch das Trümmerlabyrinth zum Tempel des Theseus, liess sich auszahlen und verschwand mit seinen Gäulen. Die im Hafen als schön und bequem empfohlene Unterkunft entpuppte sich als baufällige Steinhütte mit zwei Schlafräumen, einer weiteren Kammer und einer Küche, alles winzig klein, dunkel und, so weit sie erkennen konnten, ziemlich schmutzig. Die Räume enthielten weder Gerätschaften noch Möbel. Nur zwei mit Stroh gefüllte Schlafsäcke lagen auf der blossen Erde. Während Edward sich mit dem Vermieter auf den Basar begab, um das Nötigste zu besorgen, liess sich Fritz, gegen den Rat Edwards, auf eine der Matratzen fallen. Er war so müde, dass ihn auch das herumkrabbelnde Ungeziefer nicht am Einschlafen würde hindern können.

Langsam lebten sich Edward und Fritz, der sich erst von einer schweren Fieberattacke erholen musste, im Ort ein. Athen, das auf den ersten Blick den Eindruck einer toten Ruinenstadt gemacht hatte, war erstaunlich dicht besiedelt. In den Kaffeestuben, die sie nach und nach entdeckten, lernten sie Leute kennen, vor allem Deutsche und Engländer, die oft ziemlich undurchsichtigen Geschäften nachgingen, aber viel zu wissen vorgaben. Dort erkundigten sie sich nach günstigem Land für einen Gutshof, für eine Schule und schnappten dabei Gerüchte auf, gemäss denen die türkischen Grossgrundbesitzer ihre Güter auf nunmehr griechischem Boden schnell und billig verkaufen mussten. Der junge Staat wollte sein Territorium von den besiegten Osmanen rasch gesäubert haben. Zum Beispiel auf Euböa. Das tönte interessant. Der Nordteil dieser langgestreckten Insel, die sich an die Ostküste des Festlandes schmiegte, galt als grün und ertragreich, geeignet nicht nur für die Landwirtschaft, sondern der grossen Wälder wegen auch für den Holzhandel. Zudem war sie von Athen nicht weit entfernt und verhältnismässig leicht zu erreichen. Sie begannen Informationen zu sammeln.

Nach einigen Wochen, im November 1832, schrieb Fritz seinem Bruder Wilhelm nach Hofwyl, zuerst von der langen Reise, dann über die Stadt Athen und auch ein wenig darüber, was ihnen an den Griechen so auffiel. Durchwegs begeistert waren sie von den Hellenen nämlich nicht. Über ihre Pläne verriet er kaum etwas.

Die Stadt haben wir zerstörter vorgefunden, als wir es uns vorgestellt haben, nicht ein einziges Haus ist im Kriege verschont geblieben; aber es wird jetzt heftig gebaut. Von den Altertümern ist aber noch viel übrig geblieben, der Tempel des Theseus ist beinahe noch unversehrt, er ist von allen der vollständigste. Die Lage der Stadt und des Landes ist sehr schön, aber Letzteres kaum landwirtschaftlich bebaut, ausser dem grossen Olivenwald sieht man keinen Baum, besonders die Berge sind ganz kahl, und das Land sieht im Sommer schrecklich trocken und verbrannt aus. Man erblickt kein grünes Blättchen, keinen grünen Grashalm auf dem Feld, denn seit sechs Monaten ist kein Regen gefallen. In Athen selber, wo früher viele Gärten waren, stehen noch drei, vier Palmen und zwei grosse Zypressen. Wir haben hier ein kleines Haus gemietet, haben einen Diener, der für uns kocht und alle unsere Geschäfte erledigt. Wir studieren fleissig Neugriechisch, nehmen täglich eine Stunde bei einem guten Lehrer. Wir haben eine Expedition nach Euböa vor, dort verkaufen die Türken jetzt ihre Besitzungen zu Spottpreisen. Die Griechen, die wir bisher gesehen haben, halte ich nicht für schlechter als irgendein anderes Volk. Sie sind über alle Massen eitel, sind mit jedem familiär wie mit alten Bekannten, was manchmal unangenehm ist, denn die meisten sind schmutzig, und die gemeinen Leute haben Läuse. Sie ziehen sich des Nachts nicht aus, weil sie keine Betten haben, und manche schlafen beinahe das ganze Jahr unter freiem Himmel (ich spreche nur von der Masse, nicht von den wenigen Wohlhabenden). Sie haben wenig Ordnung und keine Genauigkeit in dem, was sie tun, daher sind ihre Häuser sehr schlecht gemacht, der Regen dringt überall hinein, und die meisten haben keine Fenster oder Scheiben. Oft halten sie ihre Tiere – Ochsen, Schweine, Hühner – im selben Raum, wo sie schlafen. Sie stecken das meiste Geld in ihre Kleider. In ihren Manieren haben sie viel Anstand, ihre Frauen leben noch sehr zurückgezogen und bilden eine Gesellschaft für sich. Was das Chaos im Land angeht, so gibt man allgemein die Schuld ganz dem Kapodistrias und den Anführern, die durch Raub und Krieg zu Einfluss gekommen sind, den sie nun erhalten möchten.

Es war Anfang Dezember, als die beiden Freunde nach Euböa übersetzten. Die Hitze hatte merklich nachgelassen, die Sonne schien jedoch noch immer freundlich aus einem wolkenlos azurblauen Himmel. Sie hatten aufgrund der Gerüchte beschlossen, der Insel einen Besuch abzustatten, um herauszufinden, was es mit diesen Landverkäufen auf sich hatte. Der Name eines türkischen Grossgrundbesitzers war dabei immer wieder gefallen: Hadji Ismail Bey. Ihn wollten sie in Chalkida, der Hauptstadt Euböas, aufsuchen.

Neun Stunden dauerte die teure Schifffahrt von Piräus nach Chalkida, vom Landweg war ihnen wegen marodierender Räuberbanden dringend abgeraten worden.

Fritz fühlte sich nicht besonders wohl. Die unruhige See und die kühlere Witterung hatten ihm zugesetzt. Er fror, sass müde und bleich in einem der türkischen Gasthäuser Chalkidas und nippte an einem starken, heissen Tee. Edward betrachtete ihn verunsichert von der Seite. Er brauchte ihn. Der Ältere verfügte über mehr Lebenserfahrung als er, der nur Hofwyl und England kannte. Von Anfang an war Fritz die treibende Kraft ihres Unternehmens gewesen. War er in guter Verfassung, so sprühte er vor Enthusiasmus und Energie, die sich dann auch auf ihn übertrug. Aber sein Reisekamerad war von fragiler Gesundheit. Von der Reise nach Griechenland hatte er sich nur langsam erholt. Schon in Hofwyl war er oft krank gewesen. Hatte er deswegen den Beruf des Arztes ergreifen wollen? Aber Papa Fellenberg hatte ihm diese «Flausen», wie er die Zukunftswünsche seines Sohnes höhnisch bezeichnete, ausgetrieben. Ein Studium der Medizin kostete Geld, und das steckte der Vater lieber in sein Institut. Er verlangte von Fritz – wie von allen seinen Söhnen und Ziehsöhnen, zu denen sich auch Edward zählte –, dass sie sich in Hofwyl engagierten, das sei ihre Zukunft. Und dann die Geschichte mit Virginie. Fritz hatte nie verwunden, dass seine Werbung um die blonde Fabrikantentochter nicht erhört worden war, dass sie ihm den Bruder Wilhelm, diesen unbeliebten Grobklotz, vorgezogen hatte. Auch Edward mochte ihn nicht. Das jungvermählte Paar hatte in Hofwyl eine Wohnung bezogen, denn Wilhelm arbeitete weiter im Institut, und Fritz musste tagtäglich das Eheglück seines Bruders mitansehen. Als Virginie schwanger wurde, war das für ihn zu viel. Er wurde krank, verkrachte sich mit seinem Vater, verliess Hofwyl und fand Arbeit als schlechtbezahlter Hauslehrer in Paris. Nicht gerade ein Lebensweg, der seine körperliche Verfassung gestärkt hatte.

Edward blickte auf die türkisfarbene Meeresbucht von Chalkida hinaus, wo kleine weisse Wellen schäumten. Gegenüber, hinter den Bergen des Festlands, ging langsam, wie eine Orange, die rotgoldene Sonne unter und liess ganz in der Ferne die schneebedeckten Gipfel des Parnass rosa glitzern. Über allem wölbte sich ein lilafarbener, weiter im Osten bereits dunkelvioletter Himmel mit silbernen Wolkenschleiern. Was für eine Farborgie! Ach, das müsste man jetzt malen.

Ob er auf dem richtigen Weg war? Wollte er wirklich ein Landgut kaufen? Nun, jetzt waren sie da, es musste weitergehen. Als ob er Edwards deprimierte Stimmung gespürt hätte, hob Fritz den Kopf von seinem dampfenden Glas. Er lächelte dünn.

«Keine Angst, das kommt schon gut. Lass mich den Tee fertig trinken, dieses Gesöff weckt Tote auf, du wirst sehen. Wir fragen uns dann nach dem Konaki, dem Stadthaus, dieses Hadji Ismail Bey durch.»

Ein kleiner, barfüssiger Junge führte sie durch das dunkle und enge Gassengewirr der Altstadt, die auf die beiden einen ganz fremdländischen Eindruck machte. Die Durchgänge waren bisweilen so schmal, dass die vergitterten Erker der zweistöckigen Holzhäuser über ihren Köpfen fast aneinanderstiessen. Im Erdgeschoss kamen sie an offenen Läden, Werkstätten, Buden aller Art vorbei – hier bestickte ein Schuster rote und grüne Pantoffeln mit Silberfäden, dort hämmerte ein Kupferschmied Zierpunzen in eine Platte, mal roch es nach Rosenwasser, dann streifte der Duft von warmem Brot ihre Nasen. Edwards Magen knurrte vernehmlich, sie hatten schon lange nichts Richtiges mehr gegessen. In den Gassen herrschte dichtes Gedränge meist türkisch gekleideter Männer und Kinder, Frauen sahen sie fast keine, und wenn, dann waren sie verschleiert und wandten sich hastig von ihnen ab. Sie eilten an einer grossen Moschee vorbei, auf dem Platz davor stand ein prächtiger, mit verschnörkelten arabischen Buchstaben und Pflanzenmotiven verzierter Marmorbrunnen, wo sich gerade zwei Männer die Füsse wuschen. Gleich daneben erhoben sich eine Synagoge und eine Kirche, die allerdings als Strohlager und Pferdestall dienten. Edward wäre gerne stehen geblieben, um alles genauer zu betrachten, die orientalischen Bauwerke interessierten ihn, er hatte noch kaum je so etwas gesehen, war noch nie in einer Moschee gewesen. Die türkischen Gebäude in Athen waren mehrheitlich zerstört. Es ging aber rasch weiter und – wie ihnen schien – kreuz und quer durch die Stadt. Vor einer kleinen, unscheinbaren Holztür blieb der Junge plötzlich stehen, betätigte den eisernen Türklopfer und machte sich aus dem Staub.

Eine Magd in griechischer Tracht ohne Kopftuch öffnete und machte eine einladende Handbewegung. Sie schien zu wissen, wer sie waren und was sie wollten, denn sie geleitete sie wortlos über den kleinen Hof ins Hausinnere. Nur kurz hatten sie Zeit, sich umzusehen. Die Fassade des türkischen Hauses wies viele zum Teil mit Holz vergitterte Fenster auf, es gab offene Galerien und geschlossene Erker, schmale Holzstiegen, nichts war irgendwie geordnet, symmetrisch. Im Gegenteil: Es schien, als ob die Verwirrung beabsichtigt war. Die Frau führte sie durch mehrere Korridore, treppauf, treppab, in einen grossen, dunkel getäferten Raum. Dort liess sie die beiden Gäste stehen. Gedämpftes Licht drang durch vergitterte Oberlichter, es roch angenehm nach Bienenwachs, Nelkenöl und Weihrauch. Ausser einem mit Decken und Kissen belegten Podium unter der Fensterreihe sahen sie keine Möbel. Der Boden war dick mit persischen Teppichen ausgelegt, die jedes Geräusch verschluckten. Den Wänden entlang führten geschnitzte Holzsimse, auf denen ein paar dicke Bücher, Silberbecher, einige emaillierte Dosen sowie mehrere Wasserpfeifen standen. Vor dem Podium glomm ein Kohlebecken. Sie warteten. Es dauerte, bis sich eine versteckte Tür im Getäfer öffnete und eine andere Frau eintrat. Ein kleiner Junge, der hinter ihren weiten Röcken aufgetaucht war, klappte neben dem Kohlebecken ein niedriges, mit feinen Intarsien versehenes Holztischchen auf, die Dienerin stellte ein Tablett mit einem Wasserkrug, zwei Gläsern und einem Tellerchen mit Süssigkeiten ab, die sofort das Interesse Edwards weckten. Sie schenkte ein. Aus einer weiteren versteckten Tür trat alsbald ein beleibter Mann, der die Frau hinauswedelte. Er trug die typisch weiten, an den Knien zusammengenähten Pluderhosen, die Füsse steckten in spitz zulaufenden Pantoffeln aus weichem Ziegenleder. Seine mit Pelz verbrämte grüne Samtweste über dem weissen Hemd war reich mit Goldfäden bestickt, und in der roten Schärpe, die sich um seinen Bauch spannte, steckte ein Dolch. Auf dem Kopf thronte ein roter Fez. Eine imposante Erscheinung. Der Dicke machte es sich auf dem Podium bequem und bedeutete Edward und Fritz mit einer Handbewegung, sich neben ihn zu setzen.

Er begrüsste sie in perfektem Französisch, schien genau zu wissen, was sie wollten, und kam gleich zur Sache. Sein Gut Achmetaga im Norden Euböas sei für 10 000 Pfund Sterling zu haben – bar. Er müsse das Land rasch räumen, so wolle es die neue Regierung in Athen, und er habe keine Zeit, lang auf ihre Entscheidung zu warten, es gebe noch andere Interessenten. Er sprach rasch, mit steinerner Miene. Aber, fuhr er etwas freundlicher fort, er verstehe natürlich, dass sie sich das Gut zuerst ansehen müssten.

Die kurze Unterredung endete damit, dass der Bey ihnen Pferde und einen Führer zur Verfügung stellte, der ihnen alles zeigen sollte. Man brauche für den Ritt gute zehn Stunden, er gebe ihnen drei Tage Zeit. Lautlos musste eine Tür aufgegangen sein, denn plötzlich stand die Dienerin wieder neben ihnen, die Audienz war offenbar zu Ende. Die Frau begleitete sie hinaus. Wasser und Gebäck hatten sie nicht angerührt.

Am nächsten Tag weckte ihr Führer sie noch vor dem Morgengrauen, er hatte kleine, robuste Pferde mitgebracht. Es war sehr kalt, schien aber ein weiterer sonniger Wintertag zu werden. Fritz schien wieder ganz hergestellt und war unternehmungslustig. Sie ritten nordwärts, durchquerten die fruchtbare Ebene von Psachna und näherten sich dem Gebirge. Ihr Führer lenkte das Pferd auf die Senke zwischen dem Dirfis-Gebirge im Süden und den Ausläufern des Kandili im Norden. Der einsame Weg stieg steil an und verlor sich bald im dunklen Pinienwald. Lediglich ein schmaler, kaum erkennbarer Pfad zwischen mannshohem Farn, dann entlang einer felsigen Krete, gerade breit genug für ein trittsicheres Pferd, wand sich in die Höhe auf einen Pass zu. Dort rasteten sie. Der Blick auf die bewaldeten Berge vor ihnen, «fast wie bei uns im Napf», sagte Fritz, und auf die Bucht von Chalkida hinter ihnen war atemberaubend.

Fritz drängte vorwärts, war nun wieder ganz die treibende Kraft. In halsbrecherisch steilen Kehren stiegen sie durch eine gefährlich enge Felsenschlucht abwärts in das von Platanen gesäumte Flusstal des Kireas. Die riesigen Bäume trugen noch die letzten herbstlich verfärbten Blätter und liessen den Fluss wie ein goldenes Band erscheinen, das sich in sanften Bögen durch weite Felder mit smaragdgrünem Winterweizen schlängelte. Ihr wortkarger Führer zeigte in die Ebene hinunter und dann mit einer weiten Armbewegung ringsherum: «Achmetaga!»

Fritz riss die Augen auf und staunte. «Ein Paradies! Schau, Edward, bestes Ackerland, so weit das Auge reicht, Felder, Weiden, da Rebgärten, dort Olivenhaine, siehst du das? Und Wasser, Wasser im Überfluss. Und diese Wälder. Edward, das ist der Garten Eden!», sprudelte es ihm heraus. Auch Edward war beeindruckt, vor allem von der Ausdehnung der Ländereien. Das Gut musste riesig sein. Mit dem Führer trabten sie rasch durch das Besitztum. Allerdings, das Land war heruntergewirtschaftet, Bauern an der Arbeit sahen sie keine. Lediglich ein paar zerlumpte Männer, die sich an einer eingestürzten Brücke zu schaffen machten und ihnen verwundert nachschauten. Auch Häuser schien es nicht zu geben, sie kamen nur an Zelten und Lehmhütten vorbei, vor denen nackte Kinder spielten und Hunde bellten.

Ihr Entschluss war bald gefasst. Blieb noch der Preis. Edward hatte nicht genug Geld bei sich, es reichte bloss für eine Anzahlung, mit der sich der Bey am anderen Tag dann aber zufrieden gab. Edward und Fritz versprachen, den Restbetrag so schnell wie möglich zu beschaffen. Sie kehrten nach Athen zurück.

«Ich reise sofort nach England. Vielleicht steigt mein Bruder in das Unternehmen ein, vielleicht macht Lady Byron mehr Geld locker, es muss irgendwie gehen!» Edward hatte sich wieder einmal vom Enthusiasmus seines Freundes anstecken lassen. Fritz seinerseits, den kaum in Athen angekommen erneut ein schlimmes Fieber niederwarf, raffte sich auf und schrieb am 1. März 1833 seinem Vater demütig einen Bettelbrief. Er war überzeugt, dass sich nun, mit dem neuen König aus Bayern, in Griechenland alles zum Besseren wenden würde. Das Chaos nach Kapodistrias' Ermordung würde sich legen, Ordnung würde einkehren, zumindest hatte der junge König das alles nach seiner Ankunft in Nauplion versprochen. Die Zeichen standen gut, Achmetaga war ungemein günstig zu haben, eine Gelegenheit, die man nicht vorbeigehen lassen durfte. Fritz berichtete:

Edward Noel und ich haben nun Euböa bereist, und mein Freund hat sich entschlossen, eines der schönsten Güter dort zu kaufen – dieses ist zwei und eine halbe Stunde lang und eine Stunde breit, enthält eine weite Ebene und grosse Waldungen mit Tannen, Fichten und Eichen. Das beste Schiffsbauholz des östlichen Griechenlands steht auf diesem Gut, das Land ist das beste, reichste, das man sich denken kann. Es liegt nicht weit weg vom Meer, so dass seine Produkte leicht verkauft werden können. Noel hat 2200 Pfund Sterling angezahlt. Man macht sich bei uns keinen Begriff von der Fruchtbarkeit des Landes. Von Düngung hat man hier keine Kenntnis, der Bauer pflügt nur zwei bis drei Zoll tief, um zu säen, und oft erntet er von einem Korn zwanzig, dreissig und noch mehr. Ausser einem sehr schlechten Pflug und einer Hacke kennt er aber kein Ackergerät; Heu kennt man auch nicht. Man füttert die Ochsen nur mit Stroh. Es hat Ölbäume und Maulbeerbäume für die Seide. Nur fehlt es an Menschen, wo hundert Familien leben sollten, wohnen nur dreissig. Hier gibt der Besitzer dem Bauern Wohnung, Ochsen und Samen zur Aussaat, und der Bauer bearbeitet dafür das Land und gibt dem Herrn die Hälfte des Ertrags. Noel sähe es gerne, und ich wünschte es auch sehr, dass ich mit ihm zusammen jenes Gut in einen ordentlichen Kulturstand bringen und die Kosten mit ihm teilen könnte. Ich bin überzeugt, dass in zehn Jahren die Ländereien zehn Mal ihren Wert erhöhen werden. Solch eine Gelegenheit, Land zu kaufen, bietet sich in Jahrhunderten nicht wieder. Ich wünschte deshalb sehr, ich hätte ein kleines Kapital mit einigen hundert oder tausend Pfund Sterling. Damit kann man hier schon etwas Ordentliches anfangen. Vielleicht ist auch Carlo oder Charles daran interessiert, hier einzusteigen? Noel ist nach England abgereist, um Geld und manches Nötige wie Pflüge etc. hierherzuschicken. Er wird in Hofwyl vorbeikommen. Versuche ihm bitte Samen zu verschaffen, besonders von Klee, Esparsetten, Luzernen, Raigras, Runkelrüben, weissen und gelben Rüben etc. Er wünscht auch einen jungen Knecht aus Hofwyl in seinen Dienst zu nehmen. Nach der Reise durch Euböa bin ich in Athen zu Bett gelegen, nun aber wieder ganz wohl. Noel und das Ehepaar Hill von der amerikanischen Missionsgesellschaft haben mich gesund gepflegt. Ich plane, demnächst wieder auf die Insel zu reisen, um auf Noels Gut ein kleines Haus zu bauen. Ich weiss nicht, inwiefern du mir in dieser Sache beistehen willst, besonders nach dem, was vorgegangen ist. Es wird dich vielleicht befremden, *dass ich auf einmal um deine Hilfe bitte, aber es ist besser, von den Seinen abhängig zu sein als von Fremden. Ich hoffe, du wirst meine Bitte nicht übel nehmen, die Zeit drängt. Dein ergebener Sohn Fritz*

Emanuel von Fellenberg nahm seinem Sohn die Bitte zwar nicht übel, aber er konnte oder wollte ihr nicht entsprechen. Das Projekt schien ihm unausgereift, und von einer Schule war in dem Brief nicht einmal die Rede. Zudem brauchte er sein flüssiges Geld selbst für Hofwyl. Dem Institut ging es gerade nicht besonders gut, die vielen Ausbauten und Erweiterungen kamen teurer zu stehen als angenommen, während die Schülerzahlen rückläufig waren.

Schlechte Nachrichten

Hofwyl, Winter 1833/34

Margarethe von Fellenberg hatte ihre Hände vors Gesicht geschlagen und schluchzte, während Emma sie tröstend im Arm hielt. Niedergeschlagen sass Charles den beiden gegenüber und hielt die Augen gesenkt. Es war nicht leicht gewesen, die schlechte Nachricht nach Hofwyl zu bringen. Immer und immer wieder hatte er auf der Rückreise in die Schweiz nach den richtigen Worten gesucht. Fritz war tot. Am Fieber gestorben, an einem schlimmen Fieber, das sowohl Edward als auch ihn selbst niedergeworfen hatte. Aber sie beide waren jung und kräftig, waren dem Tod, wenn auch mit knapper Not, von der Schippe gesprungen. Nicht so Fritz. Ihn hatte die letzte Epidemie hinweggerafft.

Es war aber nicht so sehr der Umstand, dass Charles seiner Ziehmutter den Tod ihres Lieblingssohnes überbringen musste. Was er nicht über die Lippen brachte, war, wie Fritz gestorben war. Die Tatsache, dass Papa Fellenberg gerade zur Kur in Baden weilte, hätte ihm die Sache erleichtern können. Aber er schaffte es einfach nicht.

«Du verschweigst uns etwas, Charles. Warum redest du nicht weiter?», fragte Olympe. Sie sass mit ihrem Mann Carlo auf einem Sofa in der Zimmerecke, ihre schlafende Tochter auf dem Schoss. Seit der kleine Diego letztes Jahr verstorben war, liess sie die Kleine nicht aus den Augen. Charles betrachtete das trauliche Bild – Mutter, Vater, Kind. Sein alter Freund Carlo hatte sich verändert, hatte ein wenig zugenommen, und wenn ihn nicht alles täuschte, sah er doch tatsächlich ein paar graue Haare im dunklen, akkurat geschnittenen Vollbart. Er war doch erst 25! Häuslich geworden, hatte er sich mit seiner kleinen Familie in Hofwyl eingerichtet und kuschte unter Papa Fellenbergs Fuchtel. Er war ihm das wohl schuldig. Denn Fellenberg hatte noch vor der Heirat erreicht, dass der vermögende deutsche Kaufmannssohn das Berner Burgerrecht erhielt. Damit war es dem schlauen Fuchs nicht nur gelungen, seine Tochter Olympe standesgemäss zu verheiraten, er band auch seinen Schwiegersohn an sich, an

Hofwyl, und das wunderte Charles ein wenig. Er wusste, dass Carlo kein Interesse an Erziehungsfragen hatte und ihm das Institut eigentlich ziemlich gleichgültig war, er lebte für die Landwirtschaft und deren Fortschritt. Zudem war er ein ruhiger, bedächtiger Mensch, zurückhaltend, das Gegenteil von Papa Fellenberg. Ob das wohl gut ging? Wilhelm jedenfalls hatte es in Hofwyl – wie Fritz ein paar Jahre vor ihm – nicht mehr ausgehalten und war mit seiner Frau Virginie, nachdem sie eine schwere Fehlgeburt erlitten hatte, nach Mettlach ins Saarland weggezogen.

Charles nahm sich vor, einmal mit Carlo allein zu reden. Auch über Hofwyl, die Stimmung im Institut war denkbar schlecht. Emanuel von Fellenberg war zu seiner grossen Enttäuschung nicht Leiter des staatlichen Lehrerseminars geworden, das der Kanton Bern in Münchenbuchsee ins Leben gerufen hatte. Zu viele Feinde hatte er sich mit seinem aufbrausenden Temperament gemacht. Das hatte ihn in seiner Ehre als Pädagogen schwer gekränkt, und er fing an, den neu gewählten Leiter mit solchen Grobheiten zu überhäufen, dass die Querelen nur noch gerichtlich beigelegt werden konnten. Unbeherrscht, wie er war, liess er seinen Ärger auch an den Zöglingen aus, zuerst verbal, dann ging er aber dazu über, sie zu verprügeln, was schliesslich vor wenigen Wochen zu einem regelrechten Schüleraufstand geführt hatte. Der Ruf des Instituts war in beträchtliche Schieflage geraten. Charles hatte geglaubt, nicht richtig zu hören, als ihm die ganze Angelegenheit zu Ohren gekommen war. Die Wogen hatten sich nun zwar geglättet, Papa Fellenberg war zur Erholung nach Baden gefahren, aber Charles spürte die ungute Stimmung im Haus. Und nun kam er mit seinen schlechten Nachrichten. Er sah durch die Eisblumen zum Fenster hinaus. Draussen lag der Schnee fast einen Meter hoch. Eine Gruppe Schüler rannte mit Schlittschuhen vorbei, sie liefen sicher zum gefrorenen Moossee hinunter.

«So sag doch was. Wir wollen wissen, wie Fritz gestorben ist, wenn wir ihn schon nicht hier begraben können», drängte nun auch Emma, und sie wischte eine Träne aus dem Augenwinkel. Fritz war auch der Liebling der beiden Schwestern gewesen, der ältere Bruder, mit dem man Geheimnisse teilte, was weder mit Wilhelm noch mit Emil möglich gewesen war.

«Also gut!» Charles konnte Emma kaum etwas abschlagen, vor allem nicht, wenn sie weinte, das machte ihn ganz hilflos. Und irgendwann musste er ja damit herausrücken. «Aber es ist eine traurige Geschichte», begann er zögernd.

«Mach es bitte kurz», Emma schnäuzte sich. Charles atmete tief ein. Lieber hätte er mit einem langen Bericht die Wahrheit hinausgezögert, aber er verstand, dass er die Familie nicht länger hinhalten durfte.

«Ich weiss leider nicht, wie und wo Fritz gestorben ist.» Mama Fellenberg sah ihn irritiert an.

«Er war allein?», fragte Emma bestürzt.

«Ihr müsst verstehen: Edward und ich waren ja beide selber schwer krank. Wir konnten unmöglich reisen, als wir in Athen von Fritz' Rückfall erfuhren. Später hat man uns nur noch mitgeteilt, dass er in Achmetaga am Fieber gestorben sei. Edward hat dann noch alles versucht, um herauszufinden, wo man ihn begraben hat, aber niemand wusste etwas.» Mama Fellenberg schluchzte laut auf, Emma hatte entsetzt die Hand vor den Mund geschlagen.

«Du meinst, er ist einsam und allein in einer elenden Hütte in Achmetaga gestorben, ohne Beistand? Nicht einmal ein anständiges Grab hat er erhalten?», fragte Olympe leise. Charles nickte beklommen.

«Erzähl uns doch, wie es dazu kommen konnte», liess sich Carlo aus der Zimmerecke vernehmen. Charles dankte ihm insgeheim, er war froh, reden zu können, das würde auch die Frauen etwas ablenken.

«Gut ... Wo soll ich bloss anfangen? Also: Wie ihr euch erinnern könnt, hatte ich Edward letzten Sommer zufällig hier in Hofwyl angetroffen, als ich aus Spanien zurückgekommen war. Mein Versuch, in Aranjuez etwas aufzubauen, war ja leider gescheitert, aber unverschuldet!» Charles blickte Emma eindringlich an. Das Misslingen seines Spanienprojektes nagte an ihm. Er wäre erfolgreich gewesen, hätte nicht sein Partner, dieser Theubet aus Pruntrut, alles erwirtschaftete Geld beim Glücksspiel verjubelt. «Ich war also ziemlich verzweifelt und wusste nicht, wie weiter. Da kam Edward grad recht. Er suchte einen Kompagnon und Geld für sein Unternehmen in Griechenland. Ich hatte soeben ein wenig von meiner Grossmutter geerbt und konnte investieren. Edward hat Achmetaga in den höchsten Tönen gerühmt und erzählt, dass er bereits eine Anzahlung gemacht habe, dass er gehofft habe, Fritz werde von Papa Fellenberg etwas Geld bekommen.»

«Ich habe Emanuel zu überreden versucht, immer wieder. Ich habe auf ihn eingeredet. Aber ihr wisst ja, wie er ist. Wenn er etwas entschieden hat, gibt es kein Zurück. Er war von Fritz enttäuscht, einfach nach Paris davonzulaufen ... Was hätte ich denn tun sollen?», murmelte Mama Fellenberg unter Tränen.

«Beruhige dich, Maman, das hätte nichts geändert, Gott wollte es so.» Emma reichte ihr ein frisches Taschentuch, ging zum Beistelltischchen und holte ihrer Mutter eine Tasse heissen Tee. «Hier, nimm einen Schluck, das tut dir gut.» Sie wandte sich an Charles. «Das wissen wir doch eigentlich alles, warum kommst du nicht zur Sache?»

Charles jedoch wollte alles ganz genau erzählen, es war ihm ein Anliegen, an den Umständen von Fritz' Tod keine Schuld tragen zu müssen, und er fuhr fort: «Edward hat damals sehr überzeugend geredet, ihr kennt ihn ja, das kann er gut. Er schwärmte von diesem Anwesen, von seiner Schönheit, von den Feldern, den Wäldern. Aber er ist nicht dumm. Weil ihm die Landwirtschaft eigentlich gar nicht liegt, suchte er jemanden, der in dieser Beziehung besser ist als er oder Fritz, jemanden wie mich.» Er schaute zu Carlo hinüber. «Oder wie dich, Carlo? Hat er mit dir nicht auch geredet?»

«Doch, nur kurz. Wir hatten gerade den kleinen Diego zu Grabe getragen ... Olympe wollte da keine so weitreichende Entscheidung treffen.» Es klang ein wenig enttäuscht. Wäre Carlo vielleicht ganz gerne nach Euböa gegangen?

«Ich habe damals lange mit Papa Fellenberg geredet. Er fand unsere Idee, in Griechenland etwas aufzubauen, zwar sehr gut, wollte aber eben kein Geld dafür herausrücken, bloss eine neue Sämaschine hat er uns mitgegeben.» Immer wenn Charles an die Knausrigkeit des alten Fellenbergs dachte, stieg ihm die Galle hoch. Zuerst bildete er junge Leute aus, pflanzte ihnen grossartige Ideen ein, half ihnen dann aber nicht, diese zu realisieren. «Wir sind dann ziemlich überstürzt abgereist, weil Edward dringend das restliche Geld nach Chalkida bringen musste. Zuerst ging's nach Athen, dann sofort nach Euböa hinüber, zu diesem Hadji Bey. Und dort hörten wir dann erstmals, dass Fritz in Achmetaga schwer krank darniederliege.»

Charles holte tief Luft. «Edward hatte sich gewundert, denn in Achmetaga gab es eigentlich gar nichts, kein Haus, keine Unterkunft, und er hat sich nicht vorstellen können, wo genau der kranke Fritz untergebracht war. Jedenfalls klangen die Nachrichten so übel, dass wir sofort aufbrachen und nach Achmetaga ritten.» Charles kramte in seiner Reisetasche. «Ich habe hier den Entwurf eines Briefes von Edward an Lady Byron, den er mir diktiert hat. Das war etwa ein halbes Jahr später, im Oktober 1833, und er war da so schwach, dass er nicht mal mehr eine Feder halten konnte. Er hat mir erlaubt, den Entwurf zu behalten. Wollt ihr hören?» Charles wartete die Antwort nicht ab und begann gleich zu lesen:

Meine liebe Lady Byron
In Chalkida angekommen, hörten Charles und ich, dass Freund Fellenberg schwer krank in Achmetaga liege. Wir eilten sofort zu ihm, und als ich ihn sah, erschrak ich sehr, er war nicht ansprechbar, sah mehr tot aus als lebendig. Er lag in einer der elenden Lehmhütten, in denen die Bauern hier wohnen, und entbehrte jeder Annehmlichkeit, die einem Kranken zukommen sollte. Aus Chalkida sei der beste Doktor gekommen, wenige Tage vor uns, wurde uns mitgeteilt. Was sollten wir tun? Es gab keine andere Unterbringung. Und so haben wir versucht, seine Lage am Ort zu verbessern, so gut es eben ging, und haben uns auch dort einquartiert. Nach drei Wochen ging es ihm besser. Er erholte sich und war fast wieder der alte. Er hatte offenbar versucht, in Achmetaga ein Haus zu bauen. Es standen aber lediglich vier Mauern aus Lehm und Steinen, ohne Dach, im Innern nur Schutt und Erde. Charles und ich haben diese Behausung einigermassen in Ordnung gebracht und die drei Wochen dort verbracht. Wenn wir nicht Fritz pflegten, ritten wir auf dem Gut

herum, um es besser kennenzulernen. Müller war ebenso begeistert wie ich und ist entschlossen, unter der Bedingung, dass die Wälder ebenso dazugehören, am Projekt mitzumachen.

«Willst du das wirklich?», unterbrach Emma Charles und sah ihn mit grossen Augen an.

«Zumindest wollte ich das damals, ja. Aber die politische Situation hat sich inzwischen geändert. Im Moment ist alles ziemlich chaotisch. Es gibt jetzt einen König, und Gerüchten zufolge hätten die Türken ihr Land gar nicht an Ausländer, also Nichtgriechen, verkaufen dürfen. Es ist also nicht sicher, ob Edward sein Land zu Recht besitzt oder ob er es dem griechischen Staat zurückgeben muss.»

Charles musterte Emma verstohlen. Interessierte es sie wirklich, was er machte? Nach Spanien hatte sie ihm kein einziges Mal geschrieben. Sie war jetzt 23 Jahre alt. Gut, eigentlich hätte ja er mit der Korrespondenz beginnen müssen. Oder hatte sie ein Auge auf einen anderen Mann geworfen? Der Gedanke beunruhigte ihn. Er konzentrierte sich wieder auf die Briefkopie und fuhr fort:

Nach drei Wochen fühlte ich mich selber sehr schlecht, und auch Müllern ging es plötzlich mies. Da wir uns in den nächsten Tagen nicht besser fühlten, beschlossen wir, nach Chalkida zu reiten, dort gab es wenigstens einen Doktor. Da Fritz nun wieder ganz wohlauf war, blieb er in Achmetaga zurück. Wir ritten in die Stadt, das Doktorhaus war aber voll, und wir mussten bei einem Pferdekutscher unterkommen, kein Ort für einen kranken Mann, aber wir hatten keine Wahl. Die nächste Zeit war schrecklich, ich will darüber gar nicht schreiben, so furchtbar war es. Zwanzig Tage höchstes Fieber und Blutungen, wir waren beide dem Tod nahe. Dann endlich kam aus Athen ein Arzt, Doktor Hill, und eine Krankenschwester, die uns richtig pflegten und uns, sobald es möglich war, nach Athen brachten. Nur dank ihm haben wir überlebt. Er hat uns in seinem Haus aufgenommen, es geht jetzt langsam aufwärts.

«Es ist uns wirklich sehr elend gegangen, damals. Aber wir hatten Glück, Fritz nicht. Edward schreibt nun etwas über die Bauern in Achmetaga, das lass ich weg, es dürfte euch kaum interessieren ...»

«Wieso nicht?», unterbrach ihn Emma schon wieder. «Mich interessieren diese Menschen dort.»

Charles runzelte irritiert die Stirn, las aber weiter:

Während meines Aufenthalts in Achmetaga habe ich die Bauern dort ein wenig kennengelernt. Sie sind verdorben, haben tief sitzende Vorurteile und sind viel zu alt, um ihre Gewohnheiten aufzugeben. Wenn wir sie zu ändern versuchten, würden sie einfach weglaufen und dort ihre Dienste anbieten, wo auf althergebrachte Art und Weise gewirtschaftet wird. Aber wir brauchen Bauern für die Arbeit. Und es gibt so viel zu tun. Aber Arbeiter aus dem Ausland will die Regierung nicht. Kommen die komplizierten Besitzverhältnisse dazu. Ich bin nicht sicher, ob alles Land und alle Wälder des Gutes Achmetaga wirklich mir gehören. Soll ich das Projekt überhaupt weitertreiben? Denn Müller hat das alles natürlich auch mitbekommen, und er hat, ich kann ihm das nicht verübeln, sein Angebot vorläufig zurückgezogen ...

«Vorläufig? Du willst also doch wieder gehen und ...?» Emma klang verunsichert.

«Das wollen wir doch im Moment gar nicht wissen. Warum unterbrichst du ihn ständig?», tadelte Olympe ihre Schwester. «Wir wollen doch von Fritz hören, oder?» Emma schwieg beschämt.

«Ja, zurück zu Fritz.» Charles faltete den Brief zusammen und steckte ihn wieder in die Tasche zurück. «Euer Bruder hatte offenbar einen schweren Rückfall, als wir selber in Athen krank waren. Das wurde uns zwar mitgeteilt, aber wir waren ja kaum noch bei Bewusstsein. Jedenfalls konnten wir nichts unternehmen. Und als wir wieder gesund waren, war es für Fritz zu spät.»

GRIECHENLAND 1830 BIS 1834

Im 1. Londoner Abkommen vom 3. Februar 1830 gewährten die drei Grossmächte – Grossbritannien, Frankreich und Russland – Griechenland die Souveränität. Jeder dieser drei Staaten verfolgte dabei eigene, durchaus gegensätzliche Interessen, aber gemeinsam bestimmten sie die künftige Staatsform des jungen Landes: die Erbmonarchie. Als Staatsoberhaupt kam nur ein Mitglied des europäischen Hochadels in Frage, das nicht zu eng mit einem der drei Länder verbunden war. Bis zu dessen Wahl übernahm Ioannis Kapodistrias die Regierungsgeschäfte, als provisorische Hauptstadt wurde Nauplion bestimmt. Bereits im Oktober 1831 wurde Kapodistrias von Griechen ermordet, die mit seinem Kurs nicht einverstanden waren. Das Land blieb ohne Regierung und drohte im Chaos zu versinken.

1832, im 2. Abkommen von London, schlugen die drei Grossmächte einen bayerischen Prinzen als Monarchen vor. Angesichts des Niedergangs des Osmanischen Reichs suchten sie jemanden, der ihre eigenen Interessen im ostmediterranen Raum nicht beeinträchtigen würde. Ein Bayer würde ihnen politisch nicht in die Quere kommen. Unter dem Druck der Grossmächte stimmte der griechische Nationalkongress dem Vorschlag zu.

Die Wahl hatte nebst politischen Überlegungen auch ideologische Aspekte. Der neue Regent war der Sohn eines prominenten Philhellenen: Ludwig I., König von Bayern, war entschlossen, Griechenland zu einem Vorzeigestaat zu gestalten, der die antiken Ideale verkörperte und an den Glanz des antiken Hellas anknüpfte. Er stellte seinem minderjährigen Sohn, dem späteren Otto I., nicht nur eine Regentschaft erfahrener Staatsmänner zur Seite, sondern auch eine 3500 Mann starke Armee, welche die Entwaffnung der griechischen Freischärler zu übernehmen hatte. In der vierköpfigen Regentschaft sass auch ein Schweizer. Der in bayerischen Diensten stehende Generalmajor Karl Wilhelm Heidegger aus Zürich wurde später als Freiherr von Heideck in den bayerischen Adelsstand erhoben. Die Grossmächte ihrerseits unterstützten den mittellosen Staat mit einem grosszügigen Entwicklungskredit, dessen Rückzahlung später das Land in das erste einer langen Reihe finanzieller Desaster stürzen sollte.

Der Katholik Otto I. war erst siebzehn, als er am 7. Mai 1832 zum Monarchen Griechenlands ernannt wurde. Im Januar 1833 traf er in Nauplion ein und wurde

begeistert empfangen, die Menschen erhofften sich ein Ende der Unsicherheiten, eine Zähmung der marodierenden Clans, ein besseres Leben.
Die Regentschaft, die mit dem Minderjährigen ins Land gekommen war, arbeitete einerseits effektiv, baute die Verwaltung, die Rechtsordnung und das Bildungswesen auf. Sie gab die Drachme als Landeswährung heraus und verlegte die Hauptstadt 1834 symbolträchtig von Nauplion nach Athen, obwohl der Ort nach den Befreiungskriegen in Trümmern lag. Und es wurde begonnen, ihn in eine Residenzstadt mit klassizistischem Erscheinungsbild zu verwandeln. Andererseits aber überhörte der bayerische Rat geflissentlich die Forderung der Griechen nach einer neuen Verfassung mit mehr Mitbestimmung, denn für Otto war eine rein absolutistische Herrschaft vorgesehen. Die Befindlichkeit der griechischen Bevölkerung interessierte nicht, ihre wirtschaftliche Not fand keine Linderung.
Otto kümmerte sich in seiner Regierungszeit mehr um Äusserlichkeiten. Er liess einen standesgemässen Königspalast aus dem Boden stampfen (der heute das griechische Parlament beherbergt), gründete die Athener Universität, das Polytechnikum sowie die Nationalbibliothek. Sein Hofbaumeister Leo von Klenze kümmerte sich auch – damals keine Selbstverständlichkeit – um die Restaurierung der Akropolis.
Der junge Staat kämpfte mit enormen Schwierigkeiten. Insbesondere gab es Tausende von beschäftigungslosen Kriegsveteranen, die sich, wenn sie nicht in der Verwaltung unterkommen konnten, zu marodierenden Räuberbanden zusammenschlossen. Um möglichst viele von ihnen ruhigzustellen, wurde die Verwaltung aufgebläht. Die dringend nötige Landreform misslang, weil die Verteilung des ehemals von Osmanen bewirtschafteten Bodens an die vielen landlosen Bauern am Widerstand der neuen Grossgrundbesitzer scheiterte, darunter nicht wenige Ausländer. Die Landarbeiter, die im Freiheitskampf mitgefochten hatten, sahen sich um ihren Lohn geprellt.
Insgesamt blieben die Verhältnisse anarchisch. Die Bayern realisierten, dass sie nicht in der Antike gelandet waren, sondern auf dem harten Boden des Balkans. Und die Griechen stellten fest, dass sie lediglich von osmanischen zu bayerischen Untertanen geworden waren. Ihnen wurde ein europäischer Staatsapparat verpasst, für den sie weder historische noch kulturelle oder gesellschaftliche Voraussetzungen mitbrachten.

Der wachsende Unmut im Land richtete sich vorerst nicht gegen den zukünftigen König, sondern gegen die Regentschaft, deren Mitglieder bald uneins waren und sich gegenseitig bekämpften. Otto hingegen verstand es, die Griechen für sich einzunehmen. Er war jung, enthusiastisch, lernte rasch Neugriechisch und reiste viel, um Land und Leute kennenzulernen. Am 1. Juni 1835, am Tag seiner Volljährigkeit, fand die Inthronisierung statt. Ein Jahr später heiratete er die schöne Amalia von Oldenburg.

Otto I. wollte ein guter König sein, er liebte «sein» Griechenland. Er blieb jedoch, auch weil er sich weigerte, das orthodoxe Glaubensbekenntnis abzulegen, stets ein Fremder im eigenen Land.

Fanny in Achmetaga

1838

Charles starrte ins glimmende Kaminfeuer. Über sich hörte er die leichten Schritte von Fanny, Edwards junger Ehefrau. Er stand auf, trat zum Fenster und sah durch die trüben Glasscheiben in die Ebene hinunter. Das smaragdfarbene Band, das sich durch die Felder schlängelte, hatte seine Leuchtkraft bereits eingebüsst, aber es würde noch ein paar Wochen dauern, bis die mächtigen Platanen ihr goldgelbes Herbstkleid übergeworfen hatten. Er erinnerte sich, wie tief ihn der Farbwechsel vor drei Jahren, während seines ersten Herbstes hier, beeindruckt hatte. Vermutlich hatte es mit dem Wuchs der Bäume zu tun, die den Kireas überwölbten. Noch heute stand er manchmal unter dem hohen, weiten Laubdach und fühlte sich wie in einer Kathedrale. Frieden und Stille erfüllten ihn, obschon man sich in Achmetaga nicht über mangelnde Ruhe beklagen konnte. Selten kam Besuch aus der Inselhauptstadt. Meist waren es Neugierige, die sich umsehen wollten, denn es hatte sich herumgesprochen, dass hier nicht nur die Besitzverhältnisse geändert hatten, sondern auch auf eine neue Art gewirtschaftet wurde. Andere Landbesitzer waren interessiert, wollten sich das aus der Nähe ansehen. Mit nicht geringem Stolz führte Charles sie über das Anwesen.

Das Erste, was er mit Edward 1835, vor drei Jahren, sofort an die Hand genommen hatte, war der Bau von kleinen, einräumigen Steinhäusern gewesen. Eines für sie selbst, die anderen für diejenigen Familien, die für sie zu arbeiten bereit waren. Nicht alle waren das. Er, Charles, hatte von Anfang an verlangt, dass die Bauern mitdachten und nicht nur Befehle ausführten. Beim osmanischen Bey hatte der meist abwesende Verwalter bestimmt, was zu erledigen war, und wenn das getan war, ging man nach Hause. Er hingegen besah sich die Arbeit, kritisierte, forderte Verbesserungen oder hatte anderes für die Männer zu tun, bis die Sonne untergegangen war. Erst dann war Feierabend. Aber er lobte auch, wenn er zufrieden war, und begann, die

Bauern entsprechend ihren Fähigkeiten einzusetzen, was geschätzt wurde. Wer nicht mitmachen wollte, wurde entlassen. Viele waren wegzogen, weil sie mit dieser neuen Situation nicht zurechtkamen, und der Mangel an Arbeitskräften blieb ein Problem, mit dem Charles sich ständig herumschlagen musste. Für eine gewinnbringende Bewirtschaftung der fruchtbaren Erde war Euböa zu dünn besiedelt.

Diese Fensterscheiben sollten unbedingt einmal geputzt werden, man sieht ja kaum noch hinaus, ärgerte sich Charles und riss die Flügel auf. Milde Abendluft strich ihm übers Gesicht. Noch brauchte man kein Kaminfeuer, Fannys Tante jedoch, welche die junge Frau begleitete, hatte darauf bestanden. Es waren aber eigentlich nicht die schmutzigen Scheiben, die trockene Kaminhitze oder der Rauch des Feuers, die ihm zu schaffen machten. Es war Fanny. Charles hatte kein gutes Gefühl. Sicher, sie war höflich, zeigte ein tadelloses Benehmen, sah nett aus, ohne aufreizend zu wirken. Du hast Vorurteile, tadelte er sich, sei doch unvoreingenommen, lass sie erst mal ankommen, wir brauchen hier eine weibliche Hand, ganz dringend. Aber das war genau das Problem: Würde diese Fanny ihren etwas besonderen Aufgaben und Pflichten hier nachkommen können? Achmetaga war kein eingespielter Gutsbetrieb, vieles musste man auch nach drei Jahren noch immer improvisieren, gerade was die Haushaltung betraf. Wenn er an die zarte Gestalt dachte, den schlaffen ersten Händedruck, den matten Blick und die durchsichtige Blässe ihrer Haut – er hatte da seine Zweifel. Und es gäbe so viel zu tun: die Mägde und Knechte, der Garten, die Hühner und Ziegen. Er hatte grosse Hoffnungen in diese Frau gesetzt, die erste Herrin auf ihrem Gutshof. Aber: Nur schon, wie ihr Blick durch Haus und Zimmer gehuscht war! Sie hatte ihren Schrecken kaum verbergen können. Dabei hatte er putzen lassen wie schon lange nicht mehr. Was hatte ihr Edward wohl von ihrem künftigen Wohnsitz erzählt? Die Landwirtschaftsgebäude und das Dorf wollte sie gar nicht sehen, das habe ja Zeit, hatte sie nur müde gemurmelt. Gut, die Reise war lang gewesen, strapaziös. Aber ein wenig mehr Interesse hätte er sich schon gewünscht. Er war stolz auf Achmetaga und hätte sie gerne herumgeführt.

Er und Edward hatten in den letzten drei Jahren wahrhaftig geschuftet. Jeweils im Winter, wenn die Arbeit auf den Äckern ruhte, machten sie sich an den Bau ihres Wohnhauses. Es war grosszügig konzipiert. So etwas hatte es hier und in der weiteren Umgebung noch nie gegeben: Ein Gebäude mit zwei Stockwerken, oben und unten vier geräumige Zimmer, Küche, Wirtschaftsräume, ein Gewölbekeller; geplant waren vor dem Haus ein Ziergarten mit Brunnen, dahinter ein grosser Gemüsegarten. Im Haus fehlten noch Möbel, Teppiche, Vorhänge. Sie hatten vieles bestellt, im Ausland, in Triest das meiste, weil es in Athen wenig zu kaufen gab. Einiges war angekommen, anderes unterwegs verloren gegangen oder gestohlen worden. Die Zimmer waren deswegen erst spärlich eingerichtet, das gab er zu. Aber er hatte es heute in Limni gesehen: Fanny und Edward hatten viel Hausrat mitgebracht. Er hatte sie dort abgeholt, weil sie mit dem Schiff angereist waren, Edward hatte seiner jungen Frau den zehnstündigen Ritt von Chalkida ersparen wollen. Unzählige Koffer und Kisten mussten sie im Hafen zurücklassen, sie würden nach und nach hierhergeschafft werden – Geschirr, Bettwäsche, Kleider, Bücher, hatte ihm Edward stolz aufgezählt. Nur über die landwirtschaftlichen Geräte, die er in England bestellt hatte, verlor er kein Wort. Er hoffte doch sehr, dass Edward sie nicht vergessen hatte.

Die Anreise über das Städtchen an der Westküste Euböas war bequemer, aber auch teurer, weil noch die Schiffspassage von Chalkida nach Limni zu berappen war. Von dort aus existierte schon seit Urzeiten ein Verbindungsweg quer über die Insel an die Ostküste hinüber, der mit einem robusten Karren befahrbar war; von dieser Hauptverbindung hatte Charles eine Abzweigung nach Achmetaga bauen lassen. Auf diesem neuen Weg waren sie heute hierhergefahren: Edward, Fanny und diese Frau, die ihm als Tante Selina vorgestellt worden war, eine unsympathische Person, die ihn wie einen Domestiken behandelte. Das musste er ihr austreiben. Er war hier Gutsherr, genau gleich wie Edward. Nicht nur ein Kaminfeuer wollte die Frau sofort haben, weil Fanny von der Reise ganz durchfroren sei. Auch heissen Tee. Und war pikiert gewesen, weil Panagiota, die griechische Magd, kein

Wort verstand. Charles bat diese dann leise um einen Tschai, worauf Iota sofort in die Küche gelaufen war. Fanny hatte geschwiegen.

Der klagende Ruf eines Uhus unterbrach Charles' Grübeleien. Der Nachtvogel sass auf einer der Pinien vor dem Haus. Wie ein Scherenschnitt zeichneten sich seine plumpen Umrisse im hellen Mondlicht ab. Charles lauschte, und – wie erwartet – ertönte alsbald eine ferne Antwort aus den dunklen Tiefen des Gartens. Eine Weile hörte er dem monotonen Wechselgesang zu. Als er die Hand hob, um eine Haarlocke aus der Stirn zu streichen, sah er, wie der Vogel lautlos vom Pinienast abhob, seine Schwingen ausbreitete und in den Garten hinunterglitt.

Charles kehrte zu seinen Gedanken zurück. Sein Freund Edward, das spürte er, war in Achmetaga bis jetzt nicht wirklich glücklich geworden. Er hatte seinen Platz nicht finden können. Der Überschwang der Gefühle, einen so grossen, schönen Landsitz ihr Eigen zu nennen, der sie beide in der ersten Zeit auf Achmetaga so beflügelt hatte, war einer gewissen Ernüchterung gewichen. Das Gut war heruntergewirtschaftet, sie mussten hart arbeiten. Doch Charles störte das nicht. Mit der ganzen Kraft und Energie seiner Jugend warf er sich in die Aufgabe und freute sich an den ersten kleinen Erfolgen.

Bei Edward hatte er manchmal den Eindruck, dass dieser sich alles ein wenig anders, leichter, vorgestellt hatte und sich nun als Gefangener vorkam. Einer Idee, die nicht aus ihm selbst kam, die man ihm aufgedrängt hatte. Charles wusste, dass Fritz ihn damals in Paris kräftig bearbeitet hatte. Dann war da Lady Byron, die zu Beginn Feuer und Flamme für das Griechenlandprojekt gewesen war. Den Kauf von Achmetaga hatte sie aus ideellen Gründen finanziell unterstützt, aber sie wollte ihre Investition pünktlich und gut verzinst zurückhaben, vor allem nachdem Edward Fellenbergs Angebot, ihm in Hofwyl zur Seite zu stehen, ausgeschlagen hatte. Und auch er selbst hatte Edward beeinflusst, das musste er zugeben, hatte dabei wohl zu wenig berücksichtigt, dass sein Freund für körperliche Arbeiten nicht geschaffen war, erst recht nicht, seit ihn diese Fieberanfälle immer wieder heimsuchten. Wohl wahr: Sie beide hatten sich vor drei

Jahren von der schieren Grösse des Anwesens und vom günstigen Preis hinreissen lassen. Was jedoch Edward begeistert und schliesslich zum Kauf bewogen hatte, das war die Schönheit der Landschaft gewesen: die unglaublichen Farben, das tiefe Blau des Himmels, die wogenden Felder vor den grünvioletten Bergen, die Wälder, der rauschende Fluss unter den herbstgelben Platanen. Er, Charles, hatte als Realist mehr die endlosen Fluren vielversprechenden Ackerbodens im Blick, das Holz der Wälder, die saftigen Wiesen, den Wasserreichtum. Aber beide, wie vermutlich auch Fritz, waren sie der Stimmung hier erlegen, dem Gefühl eines heiteren Friedens, dem Gefühl, angekommen zu sein.

Selbst als Gutsbesitzer blieb Edward ein Träumer. Oft sah Charles, wie er mit seiner Staffelei irgendwohin eilte und malte, obwohl seine Pflichten auf dem Hof das eigentlich nicht erlaubten. Oder er hatte einfach vergessen, etwas zu erledigen, führte die Arbeiten mehr schlecht als recht aus. Charles bemühte sich, nachsichtig zu sein und die andere Art, den mehr gefühlsbetonten Charakter seines Freundes, zu respektieren.

Nachdem Edward ihm angekündigt hatte, dass er auf Freiersfüssen ging, hatte Charles inständig gehofft, dass es eine tatkräftige Frau sein würde, eine, die zupacken konnte, die mithalf, dieses grosse Anwesen in Schwung zu bringen. Es sah nun leider nicht danach aus. Wie konnte Edward nur ein so zartes Wesen nach Achmetaga bringen? Wo hatten sie beide, er und Edward, sich so auseinandergelebt, dass dieser nicht spürte, welchen kolossalen Fehler er machte? Oder tat er ihm Unrecht?

Charles dachte an die vergangenen Jahre zurück, wie alles angefangen hatte, damals, Ende 1834, als er sich nach einem Jahr schliesslich entschlossen hatte, Hofwyl den Rücken zu kehren. Im Institut hatte er keine Zukunft für sich gesehen, er hatte beobachtet, wie sich Freund Carlo an seinem Schwiegervater rieb, wie der alte Fellenberg ihn behandelte, als sei er ein Angestellter, der zu gehorchen hatte. Das war nichts für ihn. Er wollte selbst entscheiden, unabhängig sein, und im jungen Griechenland sah er Möglichkeiten. Achmetaga hatte er damals gar nicht im Auge gehabt, weil die Sache mit dem Waldbesitz noch immer nicht geregelt war. Zuerst dachte er an den Kauf von Land in Athen, eine vorläufige Investition in Immobilien, denn in der griechischen Hauptstadt fand jetzt ein Bauboom ungeahnten Ausmasses statt. Das schien eine problemlose und sichere Sache zu sein, es herrschte dort im Moment grosser Mangel an Kapital. Er konnte zu seinem kleinen Erbe auch den Erlös investieren, den ihm der Verkauf der indischen Aktien seines Vaters gebracht hatte, und abwarten. Eigentlich hätte ihn der Erwerb von Ackerland mehr interessiert, jedoch waren auch hier die Modalitäten für Ausländer noch immer unklar. Die neue Regierung tat sich schwer. Es wurden Papiere und Verordnungen herausgegeben, um die sich niemand scherte oder die wenig später wieder für ungültig erklärt wurden. Es schien jedenfalls im Moment nicht ratsam, ein Landgut zu kaufen.

So war er mit seinem Kammerdiener im November 1834 von Bern über Marseille und Nauplion wieder nach Athen gereist. Er wohnte bei Edward, dem es nach dem Tod von Fritz nicht besonders gut ging. Sein Freund war in die Stadt zurückgekehrt, weil es in Achmetaga keine Unterkunft gab, die seinen Ansprüchen genügt hätte. Für die Arbeiten auf den Ländereien habe er einen Verwalter eingestellt. Doch nun habe er ein Angebot vom alten Fellenberg erhalten, der, nachdem sein Ältester Wilhelm ins Saarland weggezogen war, einen Ersatz an seiner Seite suchte. Die beiden Freunde hatten hin und her diskutiert. Charles hatte gespürt, dass das Angebot aus Hofwyl Edward lockte, es bot Sicherheit und ein Leben in gewohnten Bahnen, einen gewissen Komfort. Aber natürlich kannte Edward als ehemaliger Zögling auch die jähzornigen, rechthaberischen Züge des Pädagogen Fellenberg und fürchtete, sich ihm gegenüber nicht durchsetzen zu können. Auch sei das Angebot in den Details wenig konkret; habe er irgendwelche Entscheidungsbefugnisse? Davon habe der Alte nichts gesagt. Unter der Fuchtel des Despoten zu leben und quasi auf seinen Tod warten zu müssen, ob das eine Zukunft sei, hatte sich Edward gefragt. Achmetaga hingegen entspreche ganz seinem Ideal, seiner Idee, etwas Neues aufzubauen und damit Griechenland zu helfen. Hier störe ihn allerdings die Sache mit den unklaren Besitzverhältnissen, weswegen er, wie er Charles anvertraute, vorsichtshalber erst die Hälfte des Verkaufspreises für das Gut bezahlt habe und den Bey in Chalkida hinhalte. Solle er weiter zahlen, ohne sicher sein zu können, ob das Land dann wirklich ihm gehöre? Er sei hin- und hergerissen, könne sich nicht entscheiden: Hofwyl oder Achmetaga? Die Briefe von Lady Byron, die er um Rat gefragt habe, schienen verloren gegangen zu sein. Was Charles dazu meine. Ob er nicht in Achmetaga mitmachen wolle.

Charles war begeistert. Oh, ja, da wollte er sehr gerne einsteigen, das war ganz nach seinem Geschmack. Seit dem gescheiterten Projekt in Spanien suchte er eine neue Herausforderung, und Edwards Angebot kam wie gerufen, das konnte, durfte er nicht ausschlagen.

«Lass uns gleich aufbrechen!» Charles erinnerte sich, wie er seinen Freund Edward gedrängt hatte. «Jetzt müssten die Abrechnungen der letzten Ernte abgeschlossen sein. Dein Verwalter muss dir Auskunft geben können, ob er eine Rendite erwirtschaftet hat. Das gibt uns eine erste Entscheidungsgrundlage.» Noch vor dem Jahresende reisten sie hinüber, und tatsächlich: Die Abrechnungen über die Verkäufe von Weizen, Mais und Baumwolle schlossen gut ab, so gut, dass Charles sich sofort entschied, sein Geld auf Euböa zu investieren und nicht in Athen. Sie kehrten in die Stadt zurück, um die Sache zu regeln. Charles bot Edward an, ihm die Hälfte des Gutes abzukaufen, sobald die Regierung es Nichtgriechen offiziell erlauben würde, Land zu erwerben. Das geschah dann unerwartet rasch, weil viele ausländische Investoren, die mittlerweile Boden in Griechenland gekauft hatten, über ihre Landesvertretungen Druck auf die griechische Regierung ausübten. Die unsichere Lage hatte endlich ein Ende. Allerdings galten die neuen Regeln vorerst nur für Ackerboden, nicht für Wälder, und Achmetaga umfasste sehr viel Wald. Weil aber die Lage auch diesbezüglich nicht mehr so düster aussah wie noch ein paar Monate zuvor, beschloss Charles zu pokern. Er kaufte die Hälfte des Landwirtschaftslandes, während die Wälder vorläufig ganz in Edwards Besitz blieben. Für Charles waren die Würfel gefallen. Er drängte nun Edward, dem alten Fellenberg mitzuteilen, dass er sich gegen Hofwyl und für Achmetaga entschlossen hatte.

Edward hatte gezögert, war wieder unsicher geworden, hatte sich überlegt, ob er den ihm verbliebenen Teil nicht besser abstossen sollte. Nach der Rückkehr von Euböa hatte er nämlich mehrere Briefe von Lady Byron vorgefunden. Sie hatte die Seite gewechselt und versuchte nun nachdrücklich, ihn für Hofwyl zu gewinnen. Lady Byron warf in ihrer Argumentation die unsichere politische Lage Griechenlands in die Waagschale und die angeschlagene Gesundheit Edwards. Im Januar 1835 schrieb sie, dass sie mit ihrem Finanzberater gesprochen habe.

Ich habe Mr. Cox um Rat gefragt, weil ich selber möglicherweise parteiisch bin, dadurch, dass ich eine Bewunderin von Fellenbergs Institut in Hofwyl bin. Mr. Cox denkt, dass es angesichts deiner finanziellen Lage und der Situation in Griechenland für dich besser wäre, das Angebot von Fellenberg anzunehmen. Da in Achmetaga noch kein Haus steht, musst du jetzt in Athen wohnen, das ist teuer. In Hofwyl würden deine Unterbringungskosten mit deinem Lohn verrechnet. Du könntest sogar etwas erwirtschaften. Das ist in Griechenland zurzeit unmöglich, du hast dort kein angemessenes Einkommen. Es stimmt, dass du in Hofwyl abhängig wärst. Aber ist eine tätige Abhängigkeit nicht besser als eine tatenlose Unabhängigkeit? In Hofwyl könntest du Erfahrungen sammeln, dir einen Namen machen, alles Dinge, die später Griechenland zugutekommen könnten. Dazu brauchst du nicht unbedingt Land zu besitzen. Du könntest dort einem Erziehungsinstitut vorstehen.

Charles hatte geredet und geredet, um Edward zu überzeugen. Er brauchte ihn. Seine eigenen Mittel reichten nicht aus, um Edwards Anteil am Landgut zu kaufen. Gleichzeitig war er überzeugt, dass Hofwyl für seinen Freund keine Lösung war, dass er dort niemals glücklich werden würde. Für die Grobheiten des alten Fellenbergs war der Engländer viel zu dünnhäutig. Die ziemlich unfeinen Seiten des grossen Pädagogen waren Lady Byron natürlich nicht bekannt, weshalb sie die Zukunft ihres Schützlings in Hofwyl falsch einschätzte. Was sich Madame auch immer einmischen musste!

Edward fiel es ausserordentlich schwer, den Wünschen seiner Förderin nicht nachzukommen. Das habe er noch nie getan. Von klein auf sei er ihrem Rat gefolgt; sie habe ihn unterstützt, habe seine Erziehung, seine Schulen, habe Hofwyl bezahlt. Müsse er ihr für all das nicht dankbar sein? Doch, hatte Charles geantwortet, nur habe das mit Achmetaga nichts zu tun. Achmetaga sei die Zukunft, Lady Byron die Vergangenheit. Er müsse sich von ihr lösen, ein selbstbestimmtes Leben führen und auf sein eigenes Herz hören. Und dieses schlage für Hellas, nicht für die Schweiz, das wisse er mit Bestimmtheit.

Hatte er das wirklich gewusst und seinen Freund ehrlich beraten? Hatte er nicht vor allem an sich gedacht und zu wenig auf Edwards Einwände und Bedenken gehört?

Schliesslich hatte Edward seinem Drängen nachgegeben. Sie hatten ihre Sachen gepackt und waren nach Achmetaga gezogen. Bevor sie Athen verliessen, schrieb Edward Lady Byron am 28. Februar 1835 einen erklärenden Brief:

Ich bin nun schon eine Zeitlang in Griechenland und habe es lieb gewonnen. Es ist mir ein tiefes Anliegen, dem Land zu helfen. Es jetzt zu verlassen, käme mir ein wenig vor wie Verrat. Ich hoffe, dass meine Entscheidung, hier zu bleiben, dennoch Ihre Zustimmung findet. Ich wäre äusserst betrübt, wenn sie es nicht täte. Natürlich hoffe ich, die richtige Entscheidung getroffen zu haben. Sollte ich mich irren, so tragen Sie keinerlei Verantwortung für mein Tun. Noch bin ich abhängig von Ihrem Kredit, den ich langsam, aber sicher zurückzahlen werde. Müller hat bereits eine Anzahlung geleistet. Wegen der Wälder sind wir guten Muts.
Bitte bedenken Sie, was wir zwei in Achmetaga Gutes tun können, indem wir hierbleiben. Es leben jetzt ungefähr 30 Familien auf unserem Anwesen, etwa 150 Seelen. Sie alle wünschen sich brennend, dass wir bleiben. Während die griechischen Besitzer, oder vormals die osmanischen, sich keinen Deut um das Wohlergehen ihrer Arbeiter geschert haben, wollen wir ihr Los verbessern.

Edward war selbstverständlich auch Emanuel von Fellenberg eine Erklärung schuldig. Er gab sich Mühe und schrieb ihm am 12. März 1835 auf Deutsch:

Mein lieber Herr Fellenberg!
Es hat Sie wohl sehr verwundert, dass ich so lange gezögert habe, Ihnen zu schreiben, um Ihnen meine Antwort über Ihren liebreichen Antrag mitzuteilen. Meine Verzögerung rührte teils, weil ich Briefe aus England abwartete, teils, weil ich mich bis jetzt nicht im Stande fand, eine entscheidende Antwort zu geben. Das Resultat zu meinen Erfahrungen und meinen Überlegungen über meinen hiesigen Zustand ist dieses: Ich finde, dass ich im gegenwärtigen Augenblick nicht ohne grossen Verlust und ohne Gefahr, mich in bleibende Bedrängnis zu setzen, meine Unternehmung verlassen kann. Es ist mir unmöglich, das Gut zu vermieten, und alles steht noch so unorganisiert, dass ich geringen oder fast gar keinen Zins davon erwarten könnte, sollte ich es gerade in diesem Zustand einem Verwalter überlassen. Ich bin aber überzeugt, dass, wenn ich mit Beihilfe von Karl Müller, der nach reiflicher Überlegung sein Anerbieten erneuert hat, sich mit mir zu verbinden und die Unternehmung fortzuführen, es uns bald gelingen würde, die Sache auf besseren Fuss zu stellen und einen unseren Wünschen entsprechenden Zins davon zu ziehen, besonders da die Regierung ihren Anspruch auf die Wälder nun endlich aufgegeben hat. In meiner besonderen Lage und unter solchen Umständen halte ich es für meine Pflicht, auf der Ausführung der Zwecke, die mich nach Griechenland geführt haben, zu beharren, und ich finde mich daher genötigt, Ihren wohlwollenden Antrag abzulehnen. Demungeachtet werde ich, der Liebe und Freundschaft, die Sie dazu bewogen hat, stets eingedenk und immer dankbar sein für das Interesse, das Sie an mir und meinem Wohl genommen haben. Mit der Versicherung meiner grössten Ergebung und Hochachtung verbleibe ich der Ihrige Edward Noel.
Ich hätte Ihnen ausführlicher geschrieben, nur befinde ich mich etwas unpässlich, und ich wollte nicht den Abgang des Schiffes nach Marseille versäumen.

Sie stürzten sich in die Arbeit. Weil Holz für den Schiffsbau gerade guten Erlös brachte, konzentrierten sie sich im ersten Jahr auf die Forstwirtschaft, obwohl die Besitzverhältnisse der Waldparzellen noch immer nicht restlos geklärt waren. Im Parlament wurden jedoch diesbezügliche Gesetze beraten, die zu ihren Gunsten lauteten, weshalb sie alle Bedenken beiseiteschoben. Gleichzeitig machten sie sich an den Bau angemessener Unterkünfte für ihre Bauern. Für ihr eigenes zukünftiges Wohnhaus hatten sie einen schönen, leicht erhöhten

Platz ausgewählt, der einen weiten Blick über die vom Kireas durchflossene Ebene und die dahinter aufragende Bergkette des Kandili gewährte. Mit den Bauarbeiten kamen sie nur langsam voran, weil sie lediglich in den Wintermonaten daran arbeiten konnten. Der Aufbau der Land- und Forstwirtschaft hatte Vorrang.

Und dann vor einem Jahr, im Herbst 1837, sassen die beiden Freunde in der Abendsonne vor dem Rohbau ihres Landhauses. Fundamente, Kellergewölbe und aufgehendes Mauerwerk waren fertig, noch fehlten Dach und Innenausbau. Charles hatte noch genau im Kopf, wie sie die Pläne vor sich ausgebreitet hatten und bei einem Becher Wein das weitere Vorgehen besprechen wollten. Er hatte einen ersten Schluck genommen, noch heute verzog er bei dem Gedanken an die saure Brühe das Gesicht.

«Phuu, wieder so ein Essig! Wir müssen unbedingt anständigen Wein keltern, das hier zieht einem ja die Socken aus!» Edward lachte säuerlich. «Vermutlich liegt's an diesen ledernen Weinschläuchen, dass der so rasch kippt», fuhr Charles fort. «Ich werd mich nach Eichen für schöne Fässer umsehen. Dann sollte die Waschfrau wieder mal vorbeikommen, ich hab kein einziges sauberes Hemd mehr ... überhaupt: Hier fehlt eine Hausfrau. Seit mein Kammerdiener davongelaufen ist, muss ich mich um alles selber kümmern, ich habe das irgendwie satt ...»

«Ja, ja, ich weiss, ich hab die Hühner wieder mal vergessen ... Aber der Grundrissplan ist doch schön geworden, oder?», versuchte Edward abzulenken.

«Ja, schon, aber der Fuchs hat sich halt bedient. Und du zeichnest schon seit Tagen an diesen Plänen herum. Wo bleibt dein Einsatz für Griechenland?» Edward schaute betreten zu Boden und schwieg. «Wir wollen doch dem griechischen Volk, den Bauern hier beibringen, durch Arbeit besser zu leben. Da müssen wir mit gutem Beispiel vorangehen, wie es uns Papa Fellenberg gelehrt hat.»

«Ach, du hast ja gesehen, was geschieht: Die meisten laufen davon.» Edward klang resigniert. «Sie wollen gar nichts Neues. Und sie verstehen nicht, was wir hier tun. Unsere Ideale sind ihnen vollkommen egal. Nicht mal ihre eigenen Häuser wollten sie bauen, das Ausheben der Entwässerungsgräben fanden sie völlig überflüssig, das habe man noch nie gemacht. Albaner mussten wir herholen, welche die schweren Arbeiten erledigt haben. Und für die Schafherde haben wir jetzt bulgarische Hirten angestellt. So viel zu den griechischen Bauern! Die wollen doch einfach so weitermachen, wie sie es seit jeher gewohnt sind.»

«Du magst ja Recht haben. Aber ich glaub noch immer, dass sie sich ändern werden, wenn sie einmal sehen, dass es Vorteile bringt, in einem Steinhaus statt in einer Strohhütte zu wohnen.» Charles nahm vorsichtig einen Schluck Wein. «Es geht halt etwas länger, als wir dachten. Die haben seit Jahrhunderten so gelebt, das lässt sich doch nicht von heute auf morgen ändern. Geduld!» Edward zuckte mit den Schultern, Charles fuhr ungerührt fort: «Grad jetzt müssen wir aber eine Lösung für uns finden. Der Koch und die Magd reichen einfach nicht mehr aus. Ich werde mich mal in Athen umhören, ob ich so was wie eine Verwalterin finde ... und einen neuen Kammerdiener.»

Edward hob den Kopf, lehnte sich zurück und sah seinen Freund herausfordernd an. Mit seinen langen Fingern, die wie üblich voller Farbflecken waren, zerrte er an einem Schnupftuch herum und holte tief Atem.

«Das wird nicht nötig sein. Ich habe eine Überraschung für dich.»

«Ah, ja?» Charles betrachtete Edward erstaunt.

«Ich werde heiraten!» Die Erleichterung, die Nachricht endlich los zu sein, war Edward förmlich anzuhören.

Charles fiel fast der Becher aus der Hand. «Wie bitte?»

«Du hast ganz recht gehört: Ich werde heiraten. Und zwar bald!» Edward hatte es geschafft, das Tüchlein zu zerreissen.

«Das ist ja sehr ... äh, schön, ich ... ich gratuliere ...», stammelte Charles. «Und wer ist die Glückliche?»

Charles hatte sich nicht vorstellen können, wo Edward eine Frau kennengelernt hatte. In Athen jedenfalls nicht, er war dort kaum ausgegangen. In Hofwyl war er den Mädchen gegenüber schüchtern gewesen, hatte jedoch immer gute, wie ihm schien aber eher schwesterliche Beziehungen zu den Fellenberg-Töchtern gepflegt. Charles beschlich ein ungutes Gefühl. Elise und Adele waren zu alt, Maria zu jung, nein, um die siebzehn musste sie jetzt sein. Aber Emma? Wollte Edward etwa die gleichaltrige Emma heiraten? Eine höchst irritierende Vorstellung. Aber vielleicht hatte Edward doch in der besseren Athener Gesellschaft eine junge Frau kennengelernt. Seine ruhige Art, das schmale Gesicht mit der hohen Stirn, der kurze, sauber getrimmte blonde Bart und die blauen, verträumten Augen, all das machte bei der Damenwelt guten Eindruck. Und seine Schüchternheit hatte einen gewissen Charme.

Charles kam ein Weihnachtsdinner in der Athener Residenz des englischen Ministers George Lyons in den Sinn. Es war kurz nach seiner Ankunft aus der Schweiz gewesen, und Edward wollte ihn in die Gesellschaft einführen. Ein Bankett, sicher zwei Dutzend Gäste, Charles erinnerte sich, dass ihn der Salon beeindruckt hatte. Wie in England sah es aus. Überall Kerzen, Silber und funkelnde Kristallgläser, zwei riesige Kaminfeuer, vorzügliche französische Gerichte; nur der in eine Fustanella verkleidete Butler passte nicht so recht ins Bild. Der Minister hatte zwei Töchter, und derweil er, Charles, am Tisch neben die Amerikanerin Francis Hill gesetzt worden war, die er seit seiner Erkrankung gut kannte, sass Edward neben der Hübscheren der beiden jungen Frauen. Wohl nicht ohne Hintergedanken; Noel war schliesslich der ledige Besitzer von Achmetaga, ein Gutsherr, ein Verwandter von Lord und Lady Byron, eine interessante Partie. Nach dem Essen, während er sich im Salon mit einigen Männern über die Gründung einer griechischen Nationalbank unterhielt, sah er, dass Edward angeregt mit Mutter und Tochter plauderte. War da etwas eingefädelt worden?

«Du kennst sie nicht», hatte Edward seine Gedanken unterbrochen. «Sie heisst Fanny Doyle und ist eine Pflegetochter von Lady Byron.» Daher also wehte der Wind. Charles war vorerst mal erleichtert, dass Emma aus dem Spiel war.

«Dann erzähl mir doch ein wenig, ich bin gespannt.» Charles war wirklich interessiert, es hing so viel von dieser Frau ab. Sie war für das

Gelingen ihres Achmetaga-Projektes ebenso wichtig wie sie beide. Sie sollte sich um die Frauen und Mädchen des Dorfes kümmern, ihnen beibringen, wie man Haus und Kleider rein hält, wie man Gemüse pflanzt, wie man mit Hühnern umgeht. Das Einzige, was diese Weiber hier beherrschten, war der Umgang mit Schafwolle. Man sah sie nie ohne ihre Spindel in der Hand. Das Garn verwoben sie zu grobem Tuch, mit dem sie nicht nur sämtliche Kleider ihrer Familie herstellten, sondern auch Taschen, Bettdecken, Bodenmatten. Dieser grosse Arbeitsaufwand hatte zur Folge, dass sie erstens für andere Arbeiten kaum Zeit hatten und zweitens meist nur ein Kleid besassen, dieses entsprechend geflickt und oft schmutzig war. Die Kinder liefen sowieso nur in Lumpen herum. Das musste sich – wenigstens in ihrem Dorf – ändern.

«Da gibt es eigentlich nicht viel zu erzählen.» Edward zog ein Medaillon aus der Jackentasche, klappte es auf und reichte es Charles. Dieser sah ein schwarz gelocktes, leidlich hübsches Mädchen, es sah irgendwie ein wenig exotisch aus, jedenfalls nicht wie eine typische Engländerin.

«Eigentlich heisst sie Fanny Smith und ist die illegitime Tochter von General Carlo Doyle. Als er in Indien war, hatte er ein Verhältnis mit einer indischen Begum, einer Muslima mit mongolischen Wurzeln, die aber bald starb. Er schickte seine Tochter nach England, wo sie zuerst von seiner Schwester Selina Doyle und dann von Lady Byron erzogen wurde, jetzt grad lebt er in Jamaica.»

«Interessant!», sagte Charles verblüfft und ein wenig beunruhigt. Er gab Edward das Medaillon zurück und griff nach dem Weinkrug, um beiden nachzuschenken. Das waren ja Neuigkeiten! Er glaubte eigentlich, keine Vorurteile zu haben, hatte als Kind selbst einige Jahre in Indien gelebt und Fremden gegenüber keine Scheu, aber eine Illegitime? Eine halbe Inderin, oder Mongolin, oder was auch immer? War das gut, hier, mitten in der griechischen Wildnis?

«Warum grad sie?»

«Warum? Sie ist jung, sechzehn, klug, hübsch.» Edwards Stimme klang unbeteiligt.

«Sechzehn? Dann bist du ja fast zehn Jahre älter als sie!» Charles konnte seine Bestürzung nicht verbergen. «1833, vor drei Jahren, warst du das letzte Mal in England, da war sie dreizehn, noch ein Kind. Du hast dich in ein Kind verliebt?» Charles schüttelte den Kopf. «Wir haben doch abendelang darüber geredet, was wir hier brauchen. Eine gestandene Frau, eine mit Erfahrung, eine, die endlich unseren Haushalt organisiert, die im Dorf mit den Frauen und Mädchen arbeitet. Hat sie so was schon mal gemacht? Weiss sie überhaupt, dass es die Hühner sind, die die Eier legen?»

«Sei nicht gemein», murmelte Edward. «Nein, zugegeben, sie hat keine Erfahrung. Aber sie wird das lernen. Wir mussten ja auch vieles erst lernen.» Sie schwiegen.

«Diese Braut war nicht deine Idee, gib's zu!» Charles sah seinen Freund von der Seite an, Edward gab keine Antwort.

«Du weisst doch, das Leben hier ist schwierig. Das ist nicht wie in England. Es braucht eine reife Persönlichkeit mit robuster Gesundheit, wir haben hier keine Ärzte, nicht einmal Hebammen, die Frau wird ganz auf sich gestellt sein, sie kann kein Griechisch, sie wird schwanger werden, und wenn sie das Fieber kriegt, was dann?» Edward zuckte nur mit den Schultern.

«Denk an Fritz ... Überleg doch, welchen Gefahren du dieses Wesen aussetzt. Wenn du sie tatsächlich liebst, dann lässt du sie in England, mindestens bis sie ein wenig älter ist und entsprechende Erfahrungen sammeln konnte.» Charles versuchte, an Edwards Vernunft zu appellieren. Der wich seinem Blick aus, und Charles begriff: Es war zu spät. Wieder einmal hatte jemand anders für Edward entschieden.

«Ich kann Lady Byron nicht brüskieren. Nicht schon wieder. Sie wollte letztes Jahr, dass ich nach Hofwyl zurückkehre, ich habe anders entschieden. Jetzt darf ich ihr diesen Wunsch nicht abschlagen. Sie hat Fanny erzogen, kennt sie gut und hält sie für fähig, hier an meiner Seite zu leben. Sie glaubt, dass wir beide zusammenpassen.»

«Glaubt, glaubt ...!»

«Und die Jugend Fannys ist ein Vorteil. Ich kann sie noch bilden, formen ...»

«Lady Byron hat doch keinen blassen Schimmer, wie das Leben hier ist!» Charles schnaubte. Diese Dame mischte sich ganz unverfroren in sein Leben ein. Schliesslich musste auch er mit dieser Fanny zurechtkommen. Er stand auf, ging erregt hin und her, schüttelte immer wieder den Kopf.

Edward sah zu ihm hoch. «So beruhige dich, bitte. Und im Übrigen: Du könntest ja auch mal daran denken, dir eine Frau zu suchen. Hast du dich nicht mal für Emma interessiert? Ich habe nicht mitbekommen, dass du ihr schreibst oder dass Briefe von ihr hier ankommen.»

Charles hörte, wie im oberen Stock die Vorhänge gezogen wurden. Er trommelte mit den Fingern auf das Fensterbrett, Edward hatte ihn damals auf dem falschen Fuss erwischt, denn er hatte Recht. Er, Charles, hatte sich nicht um Emma gekümmert, die Aufbauarbeit in Achmetaga hatte ihn völlig in Beschlag genommen. Es gab so viel zu tun, zu überlegen, zu organisieren. Er hatte es immer wieder aufgeschoben, ihr zu schreiben – bis heute. All die Monate hatte er es nicht geschafft, das Briefpapier hervorzukramen, ihm fehlte die Ruhe, und je länger er es hinauszögerte, desto schwieriger fiel es ihm. Ja, er hatte ein schlechtes Gewissen. Es ging auch nicht, dass er Emma direkt anschrieb, das war ausgeschlossen. Er musste einen Umweg finden, hätte sich zum Beispiel an Carlo richten können, der ihr den Brief oder die Passagen, die sie betrafen, weitergegeben hätte. Aber alle in Hofwyl hätten das mitbekommen, Korrespondenzen waren dort quasi öffentliches Gut. Und man war empfindlich, was das Gerede betraf. An Olympe zu schreiben, die verheiratet war, wäre auch eine Möglichkeit. Aber er wusste nicht genau, wie Emmas Schwester zu ihm stand. Und dann das Theater mit Papa Fellenberg. Allein der Gedanke, dass der sein Schwiegervater würde, liess ihn mit den Zähnen knirschen. Es war kompliziert. Aber ja, es war eigentlich schon klar, dass es an ihm lag, er musste endlich etwas unternehmen.

Edward war nach ihrer Auseinandersetzung bald nach England abgereist, die Hochzeit hatte im Juni 1838 dort stattgefunden, das Paar machte eine Hochzeitsreise nach Deutschland und fuhr über Hofwyl nach Griechenland, nach Achmetaga.

Und nun war sie da, diese Fanny Noel-Doyle, und Charles sah alle seine Befürchtungen bestätigt. Sie hatte kaum etwas gegessen, ein paar Schlückchen Tee getrunken, über den diese Tante Selina nur das Gesicht verzogen hatte, und sich dann zurückgezogen. Charles fragte sich, ob sie bereits schwanger war. Sie mussten unbedingt mehr Teppiche kaufen, ging ihm durch den Kopf, es wurde hier im Winter empfindlich kalt. War der Holzvorrat ausreichend? Ob es in Chalkida doch eine Hebamme gab? Und er sollte sich hinsetzen und sein Schreibzeug hervorkramen. Nein, nicht gerade jetzt, besser morgen.

Streit in Achmetaga
1839

Fanny war tatsächlich bereits schwanger, das Baby wurde Ende Mai des nächsten Jahres erwartet. Ihre zarte Konstitution hatte grosse Mühe mit den anderen Umständen, und sie blieb im Winter oft tagsüber im Bett, zu schwach, um aufzustehen. Tante Selina umsorgte sie mit unnachgiebiger Hand, manchmal wurde nicht einmal Edward an ihr Bett gelassen. Mit dem Frühling kehrten ihre Kräfte zurück, und sie begann, Briefe zu schreiben, Besuche zu empfangen und, wenn die Sonne warm genug schien, ein wenig im Dorf spazieren zu gehen, wo die Frauen und Kinder sie sprachlos beäugten wie ein Wesen von einem fremden Stern. Sogar die Hunde vergassen das Bellen. Noch nie war hier eine Frau in dieser Aufmachung gesehen worden, mit weiten, sich bauschenden Seidenröcken, einer Haube mit breiter Krempe und einem feinen, spitzenbesetzten Sonnenschirmchen, das ihr der Wind ständig aus den Händen zu reissen drohte. Weil sie kein Wort Griechisch sprach, konnte sie mit niemandem reden, stumm schritt sie am Arm Edwards oder Selinas zwischen den Häusern hindurch, bemüht, den Pfützen, dem Dreck auszuweichen. Die Spaziergänge ermüdeten sie jedoch zu sehr, und sie stellte sie bald wieder ein.

Offenbar hatte Fanny Lady Byron über ihre neue Situation unterrichtet, denn diese schickte ihr umgehend eine Hebamme, eine Schottin namens Owen Fitzwayletts. Charles wütete. Er fand, dass man das mindestens mit ihm hätte besprechen können, schliesslich wohnten sie hier alle im gleichen Haus, ganz abgesehen davon, dass er sich in Chalkida bereits nach einer Hebamme erkundigt hatte. Überhaupt hing der Haussegen schief. Edward konnte Tante Selina nicht ausstehen, die ihre Nichte – seine Ehefrau – bemutterte und in ihm nur einen Störenfried sah. Verständlicherweise wehrte er sich gegen diese Behandlung. Die Auseinandersetzungen, zuerst in höflichem Ton geführt, wurden bald laut, Türen wurden zugeschlagen. Und jetzt noch diese Hebamme, die natürlich bezüglich Fannys Zustand alles besser wissen wollte und ihrerseits gegen die kinderlose Tante Selina antrat.

Charles ärgerte sich, aber nicht nur wegen dieser «Weibergeschichten», sondern weil Edward sich nicht kümmerte, einfach in seinem Atelier verschwand, malte und sich kaum noch auf dem Wirtschaftshof sehen liess. Er fand ihn verändert, seit er mit Fanny aus England zurückgekehrt war. Sein Freund wollte gar nicht wissen, was sich während seiner fast halbjährigen Abwesenheit in Achmetaga alles getan hatte. Dass die Maulbeerbäume gediehen und sie ihre Seidenraupenproduktion erweitern konnten, dass er zwei Zugochsen für den Holztransport gekauft hatte, dass er das frischgebackene Ehepaar mit dem Wagen von Limni hatte abholen können, weil er die Abzweigung nach Achmetaga hatte fertig stellen lassen ... er nahm zwar alles zur Kenntnis, aber es schien ihn nicht zu berühren. Charles war müde. Er hatte gehofft, dass sein Freund ihn nach der Rückkehr wieder unterstützen und ihm einen Teil der Arbeitslast abnehmen würde. Das Gegenteil war der Fall. Und jetzt hatte er auch noch die streitenden Frauen am Hals. Als er Edward eines Tages deswegen zur Rede stellte, hatte dieser nur Ausflüchte parat, versprach jedoch, sich wieder vermehrt um die Landwirtschaft und auch um die Frauen zu kümmern.

Im Mai kam das Baby zur Welt, ein Mädchen, sie nannten es Irene Selina. Fanny, nur noch ein Schatten ihrer selbst, brauchte Wochen, um sich von der schweren Geburt zu erholen, und war zu schwach, um der Kleinen die Brust zu geben. Es war Charles, der sich auf die Suche nach einer Amme machen musste. Er fand schliesslich eine Albanerin, Zoe, die bereit war, neben ihrem eigenen Säugling auch noch die kleine Irene zu versorgen. Noch mehr Frauen im Haus, alles und jedes drehte sich um Fanny und die Kleine, Edward hatte nur noch Zeit für seine kleine Familie.

Schliesslich wurde es Charles zu bunt, er stellte Edward vor ein Ultimatum. Entweder er arbeitete wieder für den Gutshof, oder es würde ein Verwalter eingestellt, was aber nur auf Kosten von Edwards Einkünften aus Achmetaga möglich wäre.

«Das kannst du nicht machen!» Edward war empört. «Ich habe nun eine Familie zu versorgen, du hingegen lebst allein. Immerhin gehört Achmetaga noch zum grössten Teil mir, dein Anteil ist gering, vergiss das nicht.»

«Und du solltest nicht vergessen, dass, wenn ich meinen zugegeben geringen Anteil zurückziehe, alles zusammenbricht. Dann kannst du nur noch verkaufen. Und es ist dir wohl klar, dass du schwerlich jemanden finden wirst, denn ich würde meine bisherige Arbeit hier verrechnen, und du kannst schauen, wo du bleibst!»

«Du drohst mir!?»

Charles zögerte. «Nein, aber ich kann so nicht weitermachen. Du kümmerst dich um gar nichts mehr. Wir sollten diese Wassermühle bauen, um unser Holz sägen zu können. Ich hatte dich gebeten, Anleitungen dazu aus England mitzubringen. Und was war in all den Kisten und Koffern? Kleider, Bücher, Farben, Leinwand. Ich weiss nicht, wie man eine Mühle baut, ich brauche Konstruktionspläne!» Charles versuchte, sich zu beruhigen. In Tat und Wahrheit wollte er Achmetaga um keinen Preis hergeben. Zu viel Kraft hatte er hineingesteckt, um jetzt loszulassen.

«Ja, das habe ich halt vergessen. Ich habe in England geheiratet, musste an anderes denken als an diese Bauanleitungen für deine Sägemühle», sagte Edward gleichgültig.

«Nicht meine, unsere! Und ja, diese Heirat …!» Charles schnaubte.

«Was willst du damit sagen?» Edward sprang auf und packte Charles am Revers. «Ein böses Wort über Fanny, und wir sind Freunde gewesen!» Er schüttelte Charles, liess ihn dann los. «Wenn ich daran denke, wie sie in ihrer schweren Stunde mit dem Tod gerungen hat. Und du wagst es …»

«Beruhige dich! Ich habe nichts gegen Fanny, aber sie ist einfach viel zu zart für Achmetaga. Und wenn du davor die Augen verschliesst, bringst du sie in Gefahr. Jetzt kommt dann die Sommerhitze, die uns selber so viel zu schaffen macht. Sie wird das nicht ertragen, und erst das Baby», sagte Charles und wandte sich ab.

Edward hatte schliesslich ein Einsehen. Er, Fanny und Irene, und mit ihnen Tante Selina und die Hebamme Owen, verliessen Achmetaga, bevor die grosse Sommerhitze einsetzte; die Amme Zoe weigerte sich, Euböa zu verlassen.

Charles und er trennten sich im Streit. Sie hatten sich immerhin darauf geeinigt, dass die kleine Familie in Athen leben sollte, in einer angemessenen Wohnung, und dass in Achmetaga auf Kosten Edwards ein Verwalter eingestellt wurde, der Charles zur Hand ging. Sie kamen ebenfalls überein, dass Charles die Hälfte des gesamten Gutes kaufte, nun da endlich auch Waldparzellen von Ausländern erworben werden konnten. Im August 1841 wurden sie gleichwertige Besitzer, wobei Charles in landwirtschaftlichen Fragen das Entscheidungsrecht hatte.

In Achmetaga kehrte Ruhe ein, aber was noch immer fehlte, war eine weibliche Hand, die im Haus für Ordnung sorgte.

LANDRECHTE IN GRIECHENLAND

Das von den Grossmächten diktierte 1. Londoner Protokoll aus dem Jahr 1830, das den griechischen Staat ins Leben gerufen hatte, sah vor, dass die türkischen Grundbesitzer ihre Ländereien in Griechenland entweder unter der neuen griechischen Regierung behalten durften oder sie veräussern konnten. Ioannis Kapodistrias, der erste Präsident des neuen Staates, interpretierte diese Entscheidung dahin gehend, dass der Boden nur an Griechen verkauft werden durfte, nicht an Ausländer. Der Staat selbst verfügte allerdings nicht über die finanziellen Mittel, die Güter zu kaufen, und so ermutigte Kapodistrias reiche Griechen zum Landkauf. Es fanden sich aber nicht genug Interessenten, die bereit waren, die von den Türken verlangten Preise zu bezahlen, gleichzeitig mussten die türkischen Grossgrundbesitzer innerhalb eines Jahres das Land verlassen, wollten sie nicht unter griechischer Herrschaft im Land bleiben, was für den grössten Teil unter ihnen nicht in Frage kam. Die Unruhen nach der Ermordung Kapodistrias 1831 nutzten die Türken, um ihre Güter so rasch als möglich – auch an Ausländer – abzustossen.

Bis zur Amtsübergabe an König Otto 1833 war Alexandros Mavrokordatos Finanzminister Griechenlands. Mavrokordatos, ein Fanariote aus Konstantinopel, hatte zuvor dem Sultan als Beamter gedient, bevor er in den griechischen Freiheitskampf zog und sich bei der Verteidigung von Missolonghi 1822 auszeichnete. Im Osmanischen Reich hatte er gelernt, dass niemand Boden besitzen konnte. Dieser gehörte Allah und infolgedessen dem Sultan als seinem Stellvertreter auf Erden; allerdings konnte der Sultan verdienten Personen Ländereien zur Bewirtschaftung zur Verfügung stellen, die mit der Zeit wie Privateigentum behandelt wurden. So konnte es durchaus zu türkischem Grossgrundbesitz kommen, beispielsweise auf Euböa. Mavrokordatos versuchte, das osmanische Prinzip des Landbesitzes auch in Griechenland einzuführen. Er annullierte kurzerhand die bestehenden Kaufverträge und erklärte allen Boden zu griechischem Staatseigentum.

Erst 1837, nach Ottos Krönung, wurde dieser Erlass aufgrund der Interventionen ausländischer Landesvertretungen kassiert. Edward Noel (später zusammen mit Charles Müller) wurde nun endlich rechtmässiger Eigentümer von Achmetaga; für die Nutzung der Wälder legte die Regierung Ottos I. jedoch vorerst ein Veto ein. Eine staatliche Ad-hoc-Kommission für die Regelung des

Verkaufs türkischen Landbesitzes entschied dann aber noch im gleichen Jahr zu Gunsten der neuen Waldbesitzer. Dieser Beschluss wurde jedoch nie rechtskräftig publiziert, so dass es bis heute deswegen zu juristischen Streitigkeiten kommt.

Warten auf Charles
Hofwyl, 1842

Emma wälzte sich in ihrem Bett. Ihr war elend zumute. Eigentlich sollte sie aufstehen, sie war nicht mehr krank, aber so müde. Zwei Wochen hohes Fieber, schmerzende Gelenke, Kopfweh, übler Husten, Schnupfen, das alles hatte sie erschöpft. Der Hofwyler Arzt Kaspar Straub, zurzeit gerade Strohwitwer, weil seine Frau in Bern einen Hebammenkurs besuchte, wurde beigezogen. Bevor er sich an den Mittagstisch setzte, um von der wie immer üppig gedeckten Tafel des Instituts zu profitieren, hatte er rasch und blasiert diagnostiziert: «Ach, bloss Nervenfieber. Es ist immer das Gleiche mit diesen Weibspersonen: Die grundsätzlich schwache Konstitution kann die grossen Temperaturunterschiede, die in diesem Herbst vorherrschen, nicht verkraften.» Eilig hatte er strenge Bettruhe verordnet, mit ein wenig Aderlass und einem Brechmittel, um die Kranke zu «reinigen». Emma blieb gerne liegen, den Aderlass hingegen und das streng riechende Pulver verweigerte sie. Straub war beleidigt in den Speisesaal abgezogen.

Wie ihre Mutter, Mama Fellenberg, die nun schon seit drei Jahren unter der Erde lag, konnte Emma den traditionellen Heilmethoden Straubs nur wenig abgewinnen. Das letzte Mal, als sie auf seine Anordnung hin ein Brechmittel eingenommen hatte, hatte sie geglaubt, sterben zu müssen, das wollte sie nicht noch einmal erleben. Heute war sie alt genug, um sich durchzusetzen. Ohnehin vertraute sie auf Selbstheilung. Aber diesmal, das wusste sie, würden auch die Tropfen, die sie vom Freiburger Homöopathen Marcel Longchamps bezog, nicht helfen. Er hatte kein Mittel gegen das, was sie umtrieb.

Es klopfte. Maria, ihre jüngere Schwester, kam herein. Sie trug auf einem Tablett eine Kanne mit frischem Teeaufguss und etwas Zwieback.

«Du musst essen, Schwesterherz.» Sie stellte alles auf den Nachttisch.

«Ich mag aber nicht.»

«Du musst doch wieder zu Kräften kommen. Denkst du, wir können die ganzen Weihnachtsvorbereitungen ohne dich machen, jetzt, wo Olympe sich nach Italien abgesetzt hat? Es gibt so viel zu backen, und all die Geschenke für die Schüler, für die Angestellten, die Lehrer. Uns wächst das langsam über den Kopf. Elise tut schon ganz unleidlich. Mach dies, mach das, nein, nicht so, nimm das da, schneller ...» Maria ahmte das aufgeregte Geschnatter ihrer älteren Schwester nach, Emma lächelte schwach.

«Aber ich habe einfach keinen Hunger.»

«Komm, das wird schon gut.» Maria setzte sich auf die Bettkante. «Es ist doch gar nichts entschieden. Es kann sich noch alles zum Guten wenden, du musst Gott vertrauen!» Sie streichelte Emmas Hand. Abgesehen von Olympe wusste sie als Einzige, warum ihre Schwester so niedergeschlagen war. Sie hatte Mitleid und auch ein wenig Gewissensbisse, weil es ihr selbst mit ihrem Hugo so gut erging. Hugo Montgomery, ein ehemaliger Hofwyl-Schüler, hatte Papa Fellenberg gebeten, um Maria werben zu dürfen. Der Alte hatte das zwar erst abgelehnt, aber dann unter der Bedingung erlaubt, dass die beiden eine Zeitlang keinen Kontakt zueinander haben durften, sozusagen als Prüfung ihrer Gefühle. Er hatte es aber versäumt, Marias Schwester Emma zu verbieten, mit Hugo zu korrespondieren. Und so fand über Emma und quasi hinter dem Rücken des gestrengen Hausherrn ein eifriger Briefwechsel statt. Maria war glücklich, und sie liess nichts unversucht, ihre Schwester aufzumuntern. Aus ihrer Schürzentasche klaubte sie einen Brief.

«Hier, ich hab Olympe nach Florenz geschrieben. Wenn du noch was ergänzen willst, es haben noch ein paar Zeilen Platz.»

«Danke, ich werd's mir überlegen.»

Maria erhob sich, schüttelte Emmas Bettdecke auf, holte Tintenfass und Feder vom Schreibpult und liess die Kranke allein. Seit Mama Fellenbergs Tod hatte Olympe für die jüngeren Geschwister ein wenig die Mutterstelle eingenommen. Sie hielt, auch wenn sie jetzt in Italien weilte, die Fäden der weitverzweigten Familie zusammen und hatte den besten Zugang zum immer launischer werdenden Vater. Ihr konnte man auch heikle Herzensdinge anvertrauen, auf ihren Rat wurde gehört.

Was sollte sie ihrer grossen Schwester bloss schreiben? Emma grübelte. Mit Charles war alles so kompliziert. Sie war immer davon ausgegangen, dass er ihre Gefühle kannte und erwiderte, obwohl sie selbstverständlich nie darüber gesprochen hatten. Es schien wie klar, dass sie eines Tages heiraten würden. Aber Charles zog, nachdem er die Schulen in Hofwyl abgeschlossen hatte, in die weite Welt hinaus, weg aus der engen Schweiz. Zuerst nach Frankreich, dann nach Spanien und schliesslich nach Griechenland. Emma wartete geduldig. Er kam ja auch immer wieder nach Hofwyl zurück, und jedes Mal, wenn er auftauchte, hoffte sie, dass er sich erklären würde. Aber nein: Er plauderte freundlich mit ihr, erzählte von seinen Abenteuern, schien sich zu freuen, sie zu sehen, ging dann aber einfach wieder und liess sie allein und enttäuscht zurück.

Immerhin blieb ihr sein schönes Porträt im Salon, das der Maler David Sulzer eigentlich für Charles Mutter gemalt hatte. Warum es noch immer bei ihnen in Hofwyl hing, wusste Emma nicht. Vielleicht hatte Frau Müller-Wild Emmas Sehnsucht besser verstanden als Charles und es ihr deswegen überlassen. Wie oft stand sie davor, heimlich, wenn es niemand sah? Das Gemälde war gut getroffen, es zeigte einen hübschen, jungen Mann mit hellbraunen Locken, blauen Augen, einem ovalen, von einem schütteren Backenbart gerahmten Gesicht mit hoher Stirn und spitzem Kinn. Die gerade Nase war dem Maler etwas zu lang geraten, fand Emma, störte aber den Gesamteindruck nicht. Sie kannte das Bild bis ins letzte Detail, jede Locke, jede Falte des dunklen Mantels, alles. Aber es war eben nur ein Bild.

Charles schrieb ihr kein einziges Mal. Was hätte sie gegeben für ein an sie gerichtetes Wort, für einen Satz in einem Brief, den er Carlo oder jemand anderem schickte. Warum dieses Schweigen? War sie ihm nicht gut genug? Gab es eine andere? Die Jahre gingen ins Land. Schon drei Bewerber hatte sie seinetwegen ausgeschlagen; einer, ein Lehrer von Hofwyl, der dann enttäuscht nach Berlin gezogen war, um dort Professor zu werden, hätte ihr sogar ganz gut gefallen. Klug war er gewesen, nett und hübsch. Hatte sie einen Fehler gemacht? Unterdessen hatte sie die dreissig überschritten und drohte eine alte Jungfer zu werden, wie ihre Schwestern Elise und Adele. Eine schreckliche Vorstellung. Sie wollte doch Kinder. Ihre Mutter hatte in ihrem Alter schon acht das Leben geschenkt gehabt.

Letztes Jahr hatte sie wieder Hoffnung geschöpft. Edward Noel und seine junge Frau Fanny mit Töchterchen Irene waren auf der Durchreise nach England in Hofwyl abgestiegen. Er hatte offen erzählt, dass er sich mit Charles überworfen hatte, ohne jedoch Gründe zu nennen. Er berichtete auch, dass Charles auf der Suche nach einer Frau sei, und hatte sich vielsagend an Emma gewandt: Er werde bald vorbeikommen. Emma hatte ihre freudige Überraschung kaum verbergen können. Endlich. Sie hatte sich dann angeregt mit Fanny über Achmetaga unterhalten. Wollte wissen, wie es dort gewesen sei. Aber Edwards Frau hatte wenig Gutes zu berichten. Die sonst so stille Fanny redete plötzlich wie ein Wasserfall: Charles sei ja ganz nett, aber halt ein wenig ungehobelt und rücksichtslos. Er denke immerzu nur an den Gutsbetrieb, nie an die Menschen. Es habe ihr dort gar nicht gefallen, Athen sei ein wenig besser gewesen, aber letztlich habe sie unbedingt wieder nach England zurückgewollt. Das Wetter sei zwar warm, aber enorm strapaziös, die Sprache unmöglich, das Essen ungeniessbar und überhaupt: die Griechen seien schmutzig und ungebildet. Und in diesem Achmetaga habe der Haushalt überhaupt nicht funktioniert. Charles habe doch tatsächlich von ihr erwartet, dass sie das in Ordnung bringe. Eine Zumutung, nicht wahr? Edward habe nie so etwas von ihr verlangt. Sie sei schliesslich anderes gewohnt. Und dann immer diese Erdbeben, an die habe sie sich nie gewöhnen können. Nein, sie sei dort gar nicht glücklich gewesen.

Emma hatte zugehört und ihre eigenen Schlüsse gezogen. Die junge Mutter hatte auf der Reise von Griechenland nach Bern ihr zweites Töchterchen Ianthe verloren; es war mit nur acht Monaten in Triest verstorben, und irgendwie schien Fanny die Schuld an diesem Unglück Griechenland und speziell Achmetaga, vielleicht gar Charles, in die Schuhe zu schieben. Unterdessen war sie aber bereits wieder guter Hoffnung. Und, obwohl es nun das dritte Mal war, benahm sie sich, als ob alles für sie neu wäre. Sie war furchtbar heikel, was das Essen anbelangte, kein Sonnenstrahl, kein Regentropfen durfte ihre Haut berühren, sofort war sie unpässlich. Alles musste um sie herumrennen, sie hingegen rührte keinen Finger, liess sich von vorne bis hinten bedienen. Hätte man wenigstens mit ihr reden können, aber Emmas Versuche, eine vernünftige Konversation mit ihr zu führen, scheiterten. Sie schien kaum Bücher gelesen zu haben, hatte wenig Ahnung von dem, was in der Welt passierte, und interessierte sich ausschliesslich für ihre kleine Familie. Und so eine beklagte sich über den Mangel an Bildung bei den Griechen … Emma fragte sich bloss, warum Edward, den sie schätzte, sich für Fanny entschieden hatte. Sie passte so gar nicht zu ihm. In Hofwyl waren schliesslich alle froh, als die schwierige Familie abreiste. Edward wollte sich in Leamington niederlassen, einem Kurort Mittelenglands mit mildem Klima.

Emma hatte weiter gewartet. Es gelang ihr, einen schon lange geplanten Besuch bei den Verwandten in Genf mit einer fadenscheinigen Begründung abzusagen. Sie wollte keinesfalls abwesend sein, wenn Charles, der sich nie ankündigte, eintraf. Und eines Tages tauchte er tatsächlich auf. Sie hatte sein fröhliches Lachen noch im Ohr, als er mit Carlo zusammen durch den Garten kam, wo sie gerade mit einer Gruppe junger Schüler an einem Tisch sass und französische Konversation übte. Braun gebrannt, mit von der Sonne fast blond gebleichten Locken, sah er trotz seiner Magerkeit gut aus. Sie wartete. Wartete auf seinen Antrag, auf ein klärendes Wort, auf wenigstens einen Blick. Aber es war wie immer. Zum Verzweifeln. Er blieb ein paar Tage, sah sich um, diskutierte mit Papa Fellenberg über neue landwirtschaftliche Geräte, die er auch gleich selbst ausprobierte, unterhielt sich mit ihr über ihre Tätigkeit an der Schule, und das war's. Konsterniert musste sie zusehen, wie er seine Sachen packte, sich freundlich von ihr verabschiedete und in Richtung England abreiste, angeblich um Edward zu besuchen. Er müsse mit seinem Kompagnon geschäftliche Dinge besprechen, hatte er ihr erklärt.

Emma war am Boden zerstört und hatte Mühe, Haltung zu bewahren. War das nun das Ende, war sie ihm nicht gut genug? Wollte er in England eine Frau suchen? Und sie, musste sie ihr Leben tatsächlich an der Seite ihrer ungeliebten Schwestern verbringen? Achmetaga hätte sie gereizt, eine neue Herausforderung. Dort hätte sie ihre nun über zehnjährigen Hofwyler Erfahrungen mit der Führung eines grossen Haushalts einbringen und gleichzeitig Gutes tun können, Menschen zu Bildung verhelfen, die es nötiger hatten als die reichen, verwöhnten Sprösslinge hier. Und sie würde gerne reisen, etwas von der Welt sehen. Sollten das alles bloss Träume gewesen sein?

Und nun dieses Jahr. Charles, der den Winter wie üblich in Achmetaga verbracht hatte, kam im Frühjahr wieder nach Hofwyl, reiste rasch weiter nach England, weil er dort irgendein Gestein prüfen lassen wollte, das auf seinem Land zum Vorschein gekommen war. Immerhin schien es, dass er bis jetzt noch keine Frau gefunden hatte, mindestens habe er nichts in diese Richtung verlauten lassen, wie Maria ihrer Schwester sofort nach Bad Kissingen schrieb. Emma hatte auf Papa Fellenbergs Geheiss, respektive den dringenden Rat von Doktor Straub, dort mit Bruder Emil eine Kur antreten müssen; offenbar war sogar ihrem Vater ihre jämmerliche Verfassung aufgefallen. Die Kur hatte nicht nur nichts geholfen, sie hatte deswegen Charles' Durchreise verpasst.

Vor drei Wochen war nun Charles auf der Rückreise von England wieder in Hofwyl vorbeigekommen, er blieb ein paar Tage und reiste nach Florenz zu Carlo und Olympe weiter. Emma verstand das alles nicht. Wenn er zu Carlo nach Italien wollte, musste er doch nicht über Hofwyl reisen? Ein unnötiger Umweg. Warum kam er überhaupt? Sie hatte mehrmals versucht, ihn wie zufällig allein anzutreffen, um mit ihm zu reden, aber er war ihr ganz offensichtlich aus dem Weg gegangen. Und doch hatte sie das Gefühl, dass da etwas war zwischen ihnen, wenn es auch über kurze Blickwechsel nicht hinausging. Sie fühlte sich beobachtet, ertappte ihn, wie er ihr mit den Augen folgte. Aber dann reiste er unverrichteter Dinge wieder ab. Sie gab auf und wurde nun ernsthaft krank.

Zwei Wochen hatte sie mit hohem Fieber zu kämpfen, nun war es zwar zurückgegangen, aber ihre Gedanken drehten sich weiterhin im Kreis. Was sollte sie bloss tun? Konnte sie überhaupt etwas tun?

Sie richtete sich im Bett auf, um nach der Teetasse zu greifen, und fing Marias Brief gerade noch auf, als er über die Decke zu Boden rutschen wollte. Ach ja, sie sollte noch ein paar Zeilen an Olympe schreiben. Sie hatte sich ihrer grossen Schwester anvertraut, bevor diese nach Italien gereist war, und ihr dann oft geschrieben. Olympe hatte ihr eher abgeraten, die Sache weiter zu verfolgen, weil sie den Eindruck hatte, Papa Fellenberg würde seine Tochter nie nach Griechenland ziehen lassen, nachdem dort Sohn Fritz gestorben war; und Charles selbst schiene ihr zu unschlüssig. Emma zog das Tintenfass näher, faltete Marias Brief auseinander, las ihn rasch durch. Dann nahm sie die «Corinne» von Madame de Staël, die auf dem Nachttisch lag, als Unterlage. Sie hatte das Buch vor ihrer Krankheit gelesen und daraufhin beschlossen, nicht wie die Titelheldin an Herzschmerz zu sterben, weil sie ihren Lord nicht oder eben zu spät bekam. Sie wollte leben, mit Charles. Emma tauchte die Feder ein. Olympe sollte zwischen den Zeilen lesen, dass sie ihn weiterhin liebte.

Meine liebe Olympe
Vielen Dank für deinen letzten Brief. Es würde mich sehr freuen, wenn du mir mitteilen könntest, ob Charles bei euch in Florenz eingetroffen ist. Man hört hier so viel von schrecklichen Gewittern und Unglücksfällen. Vielleicht kannst du mir auch ein wenig schreiben, was er zu tun gedenkt. Ich hätte schon gerne gewusst, warum er immer nur so kurz nach Hofwyl gekommen ist. Ich hoffe, es geht dir gut, ihr habt sicher ein wunderbar mildes Wetter dort im Süden. Es grüsst dich herzlich, liebe Olympe, deine Emma.

Hochzeit in Hofwyl

August 1843

Emma zerknüllte mit der einen Hand das blaue Seidenband ihrer Haube, die sie der Hitze wegen abgenommen hatte. Mit der anderen wischte sie eine Träne weg, die sie nicht hatte zurückhalten können. War es eine Träne der Freude, des Grolls, der Erleichterung? Sie wusste es nicht genau. Wohl von allem ein wenig. Charles hatte endlich bei Papa Fellenberg um ihre Hand angehalten, und nach zähem Hin und Her hatte der Alte eingewilligt. Charles und Emma sassen nun in der schattigen Gartenlaube von Hofwyl. Olympe tollte trotz der Bruthitze mit ihren zwei älteren Töchtern Laura und Anna auf dem Rasen vor dem Grossen Haus herum, ihre Kleinste, Helene, lag im Kinderwagen, lachte in die Zweige des Kirschbaums hinauf, strampelte mit den dicken, nackten Beinchen.

«Ich musste so handeln, du musst das verstehen», beschwor Charles seine Verlobte. «Du hast ja gesehen, welche Frau Edward nach Achmetaga gebracht hat. Es war die reinste Katastrophe. Nichts gegen Fanny, sie ist reizend, aber viel zu jung, unfähig, einen Haushalt zu führen. Die Ärmste hatte nicht die leiseste Ahnung, wie sie das anpacken sollte.» Charles verwarf die Hände. «Mir durfte das nie und nimmer passieren – eine Frau, die nicht zurechtkommt. Es ist kein Kinderspiel, in einem fremden Land einen so grossen Haushalt zu organisieren und zu führen. Vieles läuft dort nicht so wie hier, ist komplizierter. Nur deshalb habe ich so lange gezögert. Jedes Mal, wenn ich nach Hofwyl gekommen bin, habe ich ganz genau hingeschaut, was du machst, wie du es machst, wie du mit den Kleinen in der Schule umgehst, wie mit den Mägden in der Küche, dem Gärtner, dem Knecht ...»

«Du hast mich geprüft!», unterbrach ihn Emma ungehalten. «Und ich bin fast verzweifelt. Du hast mir nicht das geringste Zeichen gegeben, dass dir etwas an mir liegt. Ein Wort, ein Blick wenigstens ... all die Jahre. Weisst du, dass ich fast einen anderen geheiratet hätte?»

Sie war jetzt ein wenig wütend, rückte von ihm ab und betrachtete ihn herausfordernd.

«Nein, das wusste ich nicht.» Charles war nun doch etwas verblüfft. «Aber getan hast du es ja Gott sei Dank nicht!» Er grinste freimütig. «Wer war es denn?», fragte er nach einer kleinen Pause so gleichgültig wie möglich.

«Das geht dich nichts an. Papa wäre sogar einverstanden gewesen. Ich wollte ja nicht als alte Jungfer hier in Hofwyl enden, zusammen mit meinen ledigen Schwestern. Charles, ich bin ein altes Mädchen! Ich werde bald 32!»

«Ja und? Je mehr Erfahrung du hast, desto besser wirst du in Achmetaga zurechtkommen.» Charles legte, nun doch ein wenig schuldbewusst, seinen Arm um Emmas Schultern und zog sie an sich. «Weisst du, es dauerte auch so lange, weil dein lieber Herr Papa eine steinharte Nuss ist», versuchte er sich herauszureden. «Er wollte mich nämlich nicht als Schwiegersohn. Ich musste mehrmals antraben und reden und reden, weil er dich partout nicht nach Griechenland gehen lassen wollte. Er glaubt nicht, dass Achmetaga es schaffen wird, er wollte immer abwarten, sagte, die politischen und klimatischen Verhältnisse seien dagegen. Ich habe mir den Mund wund geredet, ihm versprochen, dass du dort glücklich sein werdest, dass wir im Dorf eine Schule einrichten würden, dass du den Griechinnen Lesen und Schreiben beibringst ... am Schluss habe ich ihm das Blaue vom Himmel herunter versprochen, damit ich dich haben kann. Aber es ging schliesslich nur mit einer kleinen Erpressung!»

«Du hast Papa erpresst? Womit denn?»

«Ich habe ihm klargemacht, dass ich unmöglich allein in Achmetaga weiterwirtschaften könne und wolle. Wenn er nicht nachgebe, würde ich meine Zelte in Griechenland abbrechen und mein Glück anderswo versuchen; ich hatte tatsächlich ein Angebot in Brasilien. Mit seinem Philhellenentum und seinen hehren Ideen von wegen Bildung des griechischen Volkes sei dann Schluss, jedenfalls von meiner Seite.»

«Was hat das mit mir zu tun?»

«Ich bin seine letzte Hoffnung. Du weisst doch, er hatte Schulprojekte mit diesem Kapodistrias, hochfliegende pädagogische Pläne. Nur dass keiner von den beiden die geringste Ahnung hatte, wie die Bauern heute dort vegetieren. Der vornehme Graf Kapodistrias hat immer im Ausland gelebt und erst Neugriechisch lernen müssen, um als Präsident mit seinen Griechen überhaupt reden zu können. Kein Wunder, ist die Sache mit ihm schiefgelaufen. Wie auch immer. Ohne mich kann dein Vater diese schönen Ideen alle vergessen. Ich glaube, das hat ihn schliesslich umgestimmt. Ja, er hat dich sozusagen für den Philhellenismus verkauft.» Charles schmunzelte. «Aber er hat natürlich gewusst, dass du in mich verliebt bist, so weltfremd ist er nicht.»

Charles zupfte ein Schnupftuch aus der Hosentasche und wischte Emma zärtlich die letzte Träne ab. Emma lehnte ihren Kopf an seine Schulter. Sie hatte jetzt, was sie wollte, sie war glücklich.

Olympe winkte ihnen von weitem zu, lächelte zufrieden. «Sie war mir eine grosse Hilfe, deine Schwester. Sie hat mehrmals an Papa geschrieben, hier, lies, von zwei Briefen hat sie mir eine Abschrift gemacht. Der erste ist vom Januar aus Florenz, ich hatte meinen Besuch dort grad beendet, der zweite von Mitte August aus Bad Kissingen.» Olympe war ebenfalls dort zur Kur gewesen, ein paar Monate nach Emma. Charles kramte in der Ledertasche zwischen seinen Füssen und zog ein paar dünne, gefaltete Papierbögen hervor.

Lieber Papa
Ich habe viel Freude gehabt, die Bekanntschaft mit Charles Müller zu
erneuern, und hatte bei der Gelegenheit Zeit, ihn genau kennenzulernen.
Er ist ein ernster, verständiger und dabei sehr milder Mann, der das Leben
durchaus nicht einseitig auffasst und höheren Zwecken auch nicht fremd ist.
Hier in Florenz hat er seine Zeit nicht verloren – auch nicht einen einzigen
Augenblick. Er liest viel, und alles, was er liest, hat seinen Zweck. Er fand
bei mir Milmans «Geschichte des Christenthums», die ihn sehr interessierte,
und las sie ganz durch, was uns viel Stoff zu Unterhaltungen gab. Ferner
studierte er den Bizius, «Freuden und Leiden eines Schulmeisters», ein ihm
sehr nützliches Buch. Die Kunstschätze von Florenz hat er ganz und mit

geschichtlichem Interesse ausgebeutet, aber doch sehe ich, dass das Interesse an der Landwirtschaft bei ihm vorherrscht, und der Wunsch, seine Bauern zu einem überlegten Ackerbau zu bringen, macht ihn offen für Verbesserungen, die in seinem Klima anwendbar sind. Auch besuchte er in der Umgebung verschiedene Landwirtschaftsschulen. Er lebte ganz en famille bei uns. Wir waren bald vertraut zusammen, er wurde sehr offen und mitteilend. Einige Mal sprach er mit Carlo über seinen Wunsch, eine Lebensgefährtin zu finden, die zu ihm und seiner Lage passen würde, was aber sehr schwierig sei, da er, um glücklich zu sein, die Versicherung haben müsste, dass er seine Frau nicht unglücklich mache. Erst kurz vor seiner Abreise machte er seine Eröffnung, dass er schon länger den Wunsch hege, die nähere Bekanntschaft von Emma zu machen und um sie werben zu dürfen. Er habe sie sehr wenig gesehen, weil er aus Furcht, sie zu kompromittieren und Geschwätz zu veranlassen, ohne eine Hoffnung im Voraus zu haben, auch selten nach Hofwyl gegangen sei – doch dieses sei eigentlich der Zweck seines längeren Aufenthaltes bei uns. Er erklärte mir, dass ihm ausserordentlich viel daran liege, sie genau zu kennen und auch sie – bevor er seinen Antrag mache – mit ihrer künftigen Lage sehr genau bekannt zu machen. Er wolle ihr nichts von dem verhehlen, was sie im Vergleich mit ihrer hiesigen Lage missen werde, denn er sei überzeugt, dass sie dort nur dann glücklich sein könne, wenn sie seinen Lebenszweck con amore teile. Seine ganze Erklärung befriedigte mich sehr, sie war solid und ernst. Ich riet ihm, da er den Winter in Griechenland zubringen wolle, im Frühling nach Hofwyl zu kommen. Ich versprach, dass ich ihm behilflich sein wolle, damit er Emma an einem anderen Ort kennenlernen könne, in Diemerswyl, damit es keinen Anlass zu Geschwätz gebe. Emma sollte nichts von seinem Vorhaben erfahren, ehe er sie einige Mal genauer beobachtet habe. Ich habe durch diesen beinahe zweimonatigen Umgang mit ihm so viel Zutrauen gefasst, dass ich für meine Kinder nichts Erwünschteres wüsste. Er ist ein redlicher, frommer und biederer Mann, dessen Lebensansichten den Hofwyler Grundsätzen viel näher stehen, als du, Papa, es vermutest. Er hat aber ein grosses Bedürfnis, sie frei von äusserem Einfluss nach bester eigener Ansicht zu realisieren.

Lächelnd legte Emma den nächsten Briefbogen zurecht.

Lieber Papa
Zu Emma möchte ich dir Folgendes schreiben: Kurz vor unserer Abreise nach Italien 1841 hat sie mich in Diemerswyl besucht. Sie hat sehr umständlich über ihre Lage in Hofwyl geredet und mir gesagt, dass, wenn sich Maria verheirate, sie alsdann sehr unglücklich sein werde, da sie mit aller Liebe und Achtung für Adele und Elise doch wenig Sympathie für sie fühle. Ich ermutigte sie, alle ihre Sorgen der Vorsehung anheimzustellen, was sie mir unter Tränen versprach. Im Winter 1841/42 erhielt ich von ihr einen Brief in Florenz, in welchem sie mir von einem Besuch von Charles Müller sprach, der allen durch sein ernstes biederes Wesen so sehr gefallen habe. Dann erhielt ich einen Brief von ihr, in dem sie sich so günstig über ihn ausspracht, dass es mir ganz bange wurde. Sein ganzes Wesen sage ihr so sehr zu, dass sie sich wünschte, sie habe sich nicht geirrt, wenn es ihr vorkomme, er habe die Gelegenheit gesucht, ihre Bekanntschaft zu machen. Der Brief war ganz voll davon. Ich hingegen äusserte in meinen Antworten starke Zweifel, bemühte mich deinetwegen, Papa, die Sache als untunlich darzustellen, und verwies auf Gottvertrauen. Emma versprach, es sich aus dem Sinn zu schlagen. Noch als wir in Pescia waren, kam ein solcher Brief von ihr, dass ich beinahe desperat wurde. Charles war da gewesen! In den stärksten Ausdrücken gab sie zu verstehen, dass sie von ihm eingenommen sei. Aber sie sehe schon, er brauche eine Frau, die mehr sei als sie; jünger, fähiger; die ihn ganz glücklich machen könne, ihm gar nichts zu wünschen übrig lasse usw. Dabei drückte sie ein so unglückliches Gefühl aus in der Aussicht, für immer auf häusliches Glück verzichten zu müssen – dass sie mich ganz elend machte. Nach jedem Besuch von Charles in Hofwyl erneuerte sich ihr Kampf, das Schicksal anzunehmen und zu verzichten. Sie war äusserst niedergeschlagen und glaubte schliesslich, keiner Hoffnung mehr Raum geben zu dürfen, deshalb ist sie wohl auch so krank geworden.

Emma atmete tief durch, faltete die Blätter zusammen und gab sie Charles zurück. «Mir hat sie auch geschrieben, aber nie das, was ich wissen wollte. Ich habe sie überschüttet mit Fragen nach dir, natürlich immer ganz diskret und nebenbei und durch die Blume, weil ich ja weiss, dass die Briefe auch von anderen gelesen werden. Ich wollte wissen, ob du ihr einmal erklärt hast, was du denn eigentlich willst.

Ich hatte ja immer Angst, dass ich dir nicht genüge, dass du eine ausserordentliche Frau suchst, und das bin ich nicht.»

Charles drückte sie fest an sich. «Für mich bist du ausserordentlich, und es tut mir leid, dass ich dir so viel Kummer gemacht habe.»

Die Hochzeit zwischen Emma von Fellenberg und Charles Müller fand am 18. Oktober 1843 in der Dorfkirche von Münchenbuchsee statt. Am gleichen Tag gab dort auch ihre acht Jahre jüngere Schwester Maria dem Iren Hugo Montgomery das Jawort.

GRIECHENLAND 1836 BIS 1844 – KÖNIG OTTO I.

Ludwig I. hatte für seinen Sohn in Griechenland eine absolutistische Regierungsform vorgesehen, ohne demokratische Teilhabe der Bevölkerung. Nachdem Otto I. seine Volljährigkeit 1835 erreicht hatte und inthronisiert worden war, führte er diese Art zu regieren weiter. Sein Staatsrat hatte nur noch rein beratende Funktion. Der Unwille der Griechen, die sich von der Staatsmacht ausgeschlossen sahen, wuchs. Erst 1841 berief der König einen Griechen, den altgedienten Alexandros Mavrokordatos, zum Ministerpräsidenten, ohne ihm allzu grosse Befugnisse einzuräumen. Die Opposition gegen Otto I. wuchs, Forderungen nach einer Verfassung nahmen zu. Am 3. September 1843 kam es in Athen zu einer unblutigen Militärrevolte, die in der Bevölkerung breite Unterstützung fand. Der König wurde gezwungen, den Griechen eine Verfassung zu gewähren. Sie wurde im März 1844 verabschiedet. Griechenland erhielt damit zwar eine konstitutionelle Monarchie mit einem Parlament. Weil Otto I. aber wenig Neigung zeigte, die Machtausübung zu reduzieren, funktionierte sie nur schlecht.

Das Land umfasste in der Mitte des 19. Jahrhunderts nur einen Teil der von Griechen bewohnten Gebiete, nämlich die ödesten und wirtschaftlich unergiebigsten. Vor allem die nördlichen Regionen Thessalien mit dem florierenden Handelszentrum Thessaloniki sowie Epirus, Makedonien, und die grossen Inseln Kreta, Chios, Samos gehörten nicht dazu. Weitere von wirtschaftlich potenten Griechen bewohnte Städte wie Konstantinopel (heute Istanbul), Smyrna (heute Izmir) und Alexandria (heute al-Iskandariyya) blieben ausser Reichweite des neuen Staates.

Emma reist
November 1843

Zwei Wochen nach ihrer Hochzeit, am 2. November 1843, schrieb Emma ihrer Schwägerin Elisa, der Frau ihres Bruders Emil, aus Lugano:

Nach einer schönen Reise durch das malerische Entlebuch mit seinen grünen Matten und verstreuten Bauernhäuschen sind wir glücklich in Luzern angekommen. Am nächsten Morgen zeitig um fünf Uhr sind wir von dort mit dem Dampfschiff nach Flüelen aufgebrochen. Es tagte, als wir am Grütli und an der Tellskapelle vorbeifuhren. Zwischen sieben und acht erreichten wir Flüelen, wo allerdings die Postkutsche bereits voll besetzt war. Man gab uns einen Beiwagen, eine Rumpelkiste mit zwei Pferden, in der wir aber allein sitzen durften. Im schönen Altdorf wurde unser Gepäck gewogen, dann ging es mit demselben Gefährt rasch weiter. In Amsteg wurde es so steil, dass wir eine halbe Stunde zu Fuss gingen, um die Pferde nicht zu ermüden. Die Gotthardstrecke ist prächtig, diese wilde, schöne Natur. Von der Teufelsbrücke habe ich schon Bilder gesehen, aber die Realität ist eine ganz andere Sache. Dass Menschen in der Lage sind, einen derartigen Weg zu ersinnen und zu erbauen! Nie habe ich solche Felsen gesehen, und der tosende Sturzbach gibt dem Ganzen eine wahrhaft teuflische Wildheit. Und dann, wie durch einen Zauber, öffnet sich das Urserenloch auf eine sonnige, weite Ebene. Es war schon Nacht, als wir das Hospiz zuoberst erreichten, dort hatte es Schnee. Von dort ging es schnell im Zickzack hinunter, nach Airolo, wo wir um acht Uhr abends eintrafen. Hier wartete die Postkutsche auf uns. Es regnete stark. Um halb drei in der Nacht erreichten wir Bellinzona, wo wir uns zu Bett legten. Ich schlief bis gegen elf Uhr, dann ging es weiter nach Lugano, wo wir gegen acht Uhr einfuhren.
Es ist ein Vergnügen, mit Charles zu reisen. Er umsorgt mich, denkt an alles, ist immer optimistisch und ruhig, so dass mir noch nie der Gedanke gekommen ist, mich über irgendetwas zu ängstigen. Stellt euch vor, heute Nachmittag wurde unser Wagen von zwei Pferden und zwei Ochsen gezogen. Ich werde mich sicher noch an viel anderes Merkwürdiges gewöhnen müssen.

Ihre Schwester Adele erhielt aus Venedig am 12. und aus Triest am 15. November weitere Reiseimpressionen, die selbstverständlich von der ganzen Familie Fellenberg gelesen wurden.

Gestern Morgen sind wir hier in Venedig angekommen. Von Lugano aus sind wir über Como gereist, wo wir übernachtet haben, dann weiter nach Mailand. Am Abend hat mir Charles den Dom gezeigt, ein wunderschönes Gotteshaus, von dem man sich keinen Begriff macht, wenn man es nicht selber gesehen hat. Wir standen an diesem lauen Abend auf dem riesigen Domplatz und betrachteten das Gebäude bei Mondschein. Dann führte mich Charles durch die endlosen, hell beleuchteten Galerien mit den Geschäften, wie man sie nur in grossen Städten findet.

Einen Abend verbrachten wir in der Scala, dem angeblich schönsten Theater in Europa. Charles jedenfalls sagt, dass es weder in London noch Paris etwas so Schönes gebe. Und es ist wahr, der Saal war atemberaubend, aber die Oper hat mich nicht überzeugt. Ich habe wohl ein paar schöne Stimmen gehört, die Dekors sind wunderbar, die Kostüme auch, aber im Grunde habe ich Mitleid mit den Musikern wie mit dem Publikum, die auf derartige Zerstreuung angewiesen sind. Die ganze Vorstellung schien mir irgendwie lächerlich, und ich war froh, als sie vorüber war. Was mich viel mehr interessierte, war die Gemäldegalerie, wo ich die Originale von zwei Bildern bewundern konnte, deren Reproduktionen zu Hause hängen: von Raffael «Mariä Verlobung» und «Abraham schickt Hagar und Ismael zurück».

Von Mailand ging es in vier Tagen nach Venedig. In Verona haben wir gespeist und uns das römische Amphitheater angesehen, in Padua übernachtet und anderentags den Zug nach Venedig genommen, das letzte Stück legten wir dann in einer Gondel zurück. Venedig ist ein Traum, die Kirchen, der Markusplatz, der Dogenpalast. Die Üppigkeit, Herrlichkeit und Pracht, alles ist ganz orientalisch und lässt an Beschreibungen von Konstantinopel oder Babylon in seinen Glanzzeiten denken. Auch Charles, der viel gesehen hat, ist von Venedig immer wieder wie verzaubert. Man hört hier alle Sprachen, Deutsch, Englisch, Französisch, Italienisch, Griechisch usw. Im Griechenkaffee auf dem Markusplatz habe ich erstmals Griechen in ihrem Heimatkostüm gesehen, auch griechische Popen. Am Abend ist der ganze Platz mit Gas illuminiert, er sei schöner als der Königspalast in Paris, sagt Charles.

Wir sind hier in einem schönen Hotel, aber es ist teuer. Wir sehen auf den Canale Grande. Ich kann diesen wunderbar leichten Gondeln zusehen, wie sie sanft über das Wasser gleiten, und abends spiegeln sich alle Lichter im Wasser. Besonders liebe ich auch die Obst- und Gemüsestände, wo man alle möglichen Früchte kaufen kann. Die Trauben sind hier besonders süss, ganz anders als zu Hause. Jetzt verstehe ich, warum Charles die Trauben von Vevey nicht mochte. Eindrücklich sind auch die Geflügelstände, wo Berge von gerupften Truthühnern und Gänsen feilgeboten werden. Aus den Gemäldegalerien wird mir besonders das Gemälde von Tizian «Mariä Himmelfahrt» in Erinnerung bleiben. Es ist so schön, dass ich es tagelang betrachten könnte.

Die Überfahrt mit dem Dampfschiff nach Triest begann ruhig. Wir sind abends abgefahren und konnten das von Gaslaternen und vom Mond beleuchtete Venedig geniessen. Nach dem Ankerlichten bin ich gleich in meine Kabine, um mich hinzulegen. Bald kamen zwei Griechinnen und eine italienische Jüdin und belegten die anderen drei Betten. Die Nacht war schrecklich. Kaum waren wir auf dem offenen Meer, kam starker Wind auf und warf unser Schiff hin und her, die ganze Nacht und den folgenden Tag. Mir ging es noch am besten, ich musste mich nur wenig übergeben, weil ich einen leeren Magen hatte. Die anderen drei litten stark. Der Steward, der uns betreute, hatte alle Hände voll zu tun. Hin und wieder kam Charles vorbei, um nach mir zu sehen, die Ehemänner durften aber nicht in der Kabine bleiben. Marie, das Zimmermädchen, das ich von zu Hause mitgenommen habe, war in einer anderen Kabine untergebracht. Ich bin mit ihr bis jetzt sehr zufrieden.
Kaum waren wir in den Hafen von Triest eingelaufen, hörte der Spuk auf, und alles war vorbei. Triest ist eine schöne, saubere Stadt, viel regelmässiger gebaut als Venedig. Man kann hier alles kaufen, was man sich nur vorstellen kann, zudem spricht man Deutsch. Es hat hier auch viele Griechen, besonders schöne gibt es am Hafen, ihre Tracht steht ihnen gut. Morgen Abend werden wir weiterreisen, übermorgen sollten wir in Ancona sein und am Sonntag in Korfu.
Man sagt, dass die erste Zeit einer Ehe oft nicht besonders glücklich sei. Ich hingegen kann mich glücklich schätzen, denn ich möchte, dass sich nichts

ändert. Charles ist so gut, so geduldig und immer gut gelaunt, und das ist er auch gegenüber anderen, alle Bekannten, die er hier angetroffen hat, haben ihn gern.

Aus Athen schrieb Emma am 24. November an Schwester Olympe:

Ich schreibe dir bei offenem Fenster, so warm ist es hier noch. Die Seereise war unterschiedlich. Von Venedig über Triest nach Ancona verlief sie recht gut. Ancona ist eine hässliche Stadt, aber die Umgebung ist lieblich. Es war sehr mild, und wir spazierten zwei, drei Stunden, was mir nichts ausmachte. Kaum waren wir ausgelaufen, wurde das Meer sehr unruhig, und ich war gezwungen, mich in mein enges Kabinenbett zu legen, wo ich dann die nächsten zwei Tage bis Korfu verblieb. Marie und ich waren die einzigen Frauen an Bord und hatten eine Kabine für uns. Vergeblich versuchte ich, mich zu übergeben, was mir sicher Erleichterung verschafft hätte. Das Meer war so bewegt, dass ich mich in meinem Bett festkrallen musste, Kissen, Stühle, alles flog um mich herum. Charles war ganz wohl, er kam vorbei, um mich in meinem Elend zu trösten. Mir taten vom Hin- und Hergeworfensein alle Glieder weh, das Schiff ächzte und stöhnte, das Meer brauste, die Wellen klatschten an unsere kleinen Kabinenfenster, es war alles ganz grauenvoll.
Aber ich bereute keinen Augenblick, Charles gefolgt zu sein, nur schwor ich mir, erst wieder in die Schweiz zurückzukehren, um den Rest meines Lebens dort zu verbringen. Einmal in Achmetaga angelangt, wollte ich dort bleiben, und wenn es für zehn Jahre wäre. Nach Korfu wurde das Meer ruhiger, und ich konnte den Tag auf Charles langhaarigem, griechischem Mantel verbringen, den er mir auf dem Deck ausgebreitet hatte. Die frische Luft tat mir sehr wohl, obwohl es stark stürmte. Später trieben uns erste schwere Regentropfen wieder unter Deck. Der Wind nahm zu und die Übelkeit auch. Marie und mir war sehr elend. Endlich in Patras angelangt, war ich so erschöpft, dass ich kaum laufen konnte, ich konnte lediglich ein wenig Tee zu mir nehmen, alles war mir völlig gleichgültig. Wir fuhren bald weiter bis Korinth, wo wir auf einen bequemen Wagen stiegen, um auf einem schönen Weg den Isthmus zu überqueren. Auf der anderen Seite, es war mittlerweile Nacht, erwartete uns

ein Dampfschiff, das uns nach Piräus brachte, das wir um fünf Uhr morgens erreichten.
Das Schiff war überfüllt mit Reisenden und Waren aus aller Herren Länder. Vor dem Hafen war unser Kahn bald umringt von vielen kleinen Booten, welche die Menschen und Güter an Land brachten. Es herrschte ein grosses Durcheinander, viel Geschrei. Wir brauchten nicht lange zu warten. Der gute alte Herr Scouloudi, ein Bekannter von Charles, holte uns mit einer Barke ab. Er hatte grosse Freude, uns zu sehen, und umsorgte uns wie seine eigenen Kinder. Seine überschäumende Begeisterung liess mich das Elend auf dem Meer vergessen, ich war so froh, wieder festen Boden unter den Füssen zu haben. Die Nacht war lau, wie bei uns im September. In einem schönen Fiaker fuhren wir eine Stunde nach Athen. Herr Scouloudi wollte nicht, dass wir uns ein Hotel suchten, sondern lud uns zu sich nach Hause ein. So sind wir nun für ein paar Tage hier einquartiert.
Das Haus ist gross und die Familie so gastfreundlich und unkompliziert, wie ich es noch nie gesehen habe. Wir haben ein helles Schlafzimmer und einen Salon mit drei Fenstern, und auch Marie hat ihre eigene Kammer. Herr Scouloudi spaziert mit seiner langen Pfeife durchs Haus und will, dass sich alle hier wohl fühlen. Ich glaube, er rasiert sich nur einmal die Woche und wäscht sich auch nicht öfter. Sein Französisch ist speziell. Manchmal schläft er auf seinem Kanapee ein. Es ist unmöglich, ihn nicht zu lieben, trotz der kleinen Nachlässigkeiten. Er ist ein Grieche ohne Falsch. Seine Frau ist fast völlig taub und blind, aber er umsorgt sie so zärtlich, wie wenn sie erst seit gestern verheiratet wären. Sie ist winzig klein, sehr fromm, immer leidend. Seine gut erzogenen drei Kinder, ein Sohn und zwei schöne Töchter, sprechen alle gut Französisch. Die ältere besorgt den Haushalt und erzieht die jüngere. Im Haus geht es sehr lebendig zu und her, es wird gesungen, gelacht, gespielt und geschrien, damit Mutter auch alles versteht, manchmal geht alles drunter und drüber, dann sagt Herr Scouloudi achselzuckend: Was wollen Sie? Es lebe das Chaos!
Uns ist sehr wohl hier, aber wir sehnen uns nach Achmetaga, um uns dort einzurichten. Das Wetter ist sommerlich warm, am Mittag ist es nicht möglich, ohne Schirm spazieren zu gehen. Die Stadt hat einige schöne Quartiere mit prächtigen Häusern, und die umgebenden Berge sind, obwohl ganz steinig und trocken, mit ihren klaren, warmen Farben und dem Licht- und Schatten-

spiel sehr eindrücklich, ganz anders als in Italien. Charles trifft hier viele Bekannte. Gestern kam uns Herr Emanuel Hahn aus Ostermundigen besuchen, ein galanter Mann, ganz anders, als ich ihn mir vorgestellt habe. Er hat viel von Carlo gesprochen, die beiden haben sich in Bern gut gekannt. Dann kam ein Monsieur de Mimont vorbei, auch ein sehr angenehmer Mensch, aus guter Familie, liebenswürdig und religiös. Er wird im Frühjahr in die Schweiz zurückkehren, um sich zu verheiraten. Er besitzt Land auf Euböa, ebenso wie die englische Familie Leeves.
Von Charles schreibe ich dir nicht viel, denn ich hätte viel zu wenig Platz auf dem Papier, um dir zu schreiben, wie gut er mir ist. Ich danke Gott, der so gut für mich gesorgt hat. Morgen werden wir den deutschen Gottesdienst besuchen, auch eine englische Kirche gibt es hier.

Emma in Achmetaga
1843/44

Vom letzten Teil der Reise und von ihrem neuen Zuhause auf der Insel Euböa schrieb Emma am 25. Dezember 1843 an ihren Vater:

Gestern vor acht Tagen sind wir glücklich hier angekommen. Ich hätte gleich geschrieben, aber die Tage waren zu kurz für alles, was wir zu tun haben, um uns nur ein wenig komfortabel einzurichten. Wir haben Athen am 11. Dezember verlassen, ein wenig später als geplant, weil mir nicht wohl war. Unser Gepäck haben wir vorausgeschickt. Unterwegs erhob sich ein sehr kalter Wind, wir fühlten zum ersten Mal in Griechenland den Winter. Wir kamen nicht weiter als bis zum Landgut eines Engländers, der in Athen lebt. Hier ist es Sitte, dass die Gutsbesitzer beieinander einkehren, auch in Abwesenheit des Herrn des Hauses, da man in den Gasthäusern selten Betten findet. Man muss sich aber diese Landhäuser nicht als etwas vorstellen, wie man sie in der Schweiz findet; eines unserer ärmsten Bauernstöckli ist besser eingerichtet.

Wir kamen nach vier Uhr recht müde an, der Pächter war abwesend, Müller liess ihn holen. Marie und ich konnten kaum stehen und gehen; das Reiten hatte uns ganz steif gemacht. Müller führte uns unterdessen in eine Scheune, in der wir eine halbnackte Frau vorfanden, mit fünf Kindern, die sich an einem grossen Feuer wärmten, auf dem die Mutter eine Mehlbrühe kochte. Ein wahres Bild des Elends für uns aus der Schweiz, hier aber das gewöhnliche Leben dieser Hirtenfamilien, die von Ort zu Ort ziehen. Die Frau sah auch in ihrer Armut ganz fröhlich aus, sie sprach Albanisch, legte uns Matten ums Feuer und lud uns ein, Platz zu nehmen, derweil wir auf den Schlüssel warteten. Es fing an, dunkel zu werden, die Tiere kamen, um ihr Nachtplätzchen einzunehmen. Zuerst die Hühner, dann die Truthähne, dann die Ziegen und Schafe, zuletzt die Kühe. Als alle drinnen waren, erschien auch der Mann, der sich vor dem Feuer niederliess und ganz ungeniert anfing, seine lange Pfeife zu rauchen. Alles schläft beieinander, ohne Betten. Von häuslichem Leben, von Ordnung und Reinlichkeit kann natürlich nicht die Rede sein.

Als wir die Hausschlüssel endlich erhielten, machten unsere Hirten dort ein gutes Kaminfeuer, wir hatten allerlei Vorräte bei uns, unter anderem eine gebratene Gans, Tee fanden wir in einem Schrank, und so machten wir uns ein recht gutes Abendessen. In der Nacht wurde das Wetter ganz schlecht, es regnete und schneite. Als es besser wurde, konnten wir weiterreiten, wir kamen in eine wilde Berggegend, als es wieder anfing. Müller legte mir seinen grossen Mantel um, und so ritten wir weiter durch Schnee und Regen und durch Wege, von denen man sich bei uns in der Schweiz keinen Begriff macht und durch die man kein Schweizer Pferd durchführen dürfte. Hier sind sie gut an diese Wege gewöhnt, so dass man sie gehen lässt ohne die geringste Furcht. In Marcopolo liessen wir uns im Gasthaus ein gutes Feuer machen und blieben über Nacht.

Am folgenden Morgen war das Wetter schön, und wir kamen durch eine ziemlich schöne Gegend mit Aussicht aufs Meer und die euböischen Berge. Überall, wo das Meer einem See gleicht wie hier zwischen der Insel und dem Festland, ist es schön, doch unsere Schweizer Seen sind nicht damit zu vergleichen. Da, wo ich es aber in seiner ganzen Weite gesehen habe, finde ich wirklich nichts Schönes daran – ich kann mir nichts Traurigeres denken als diese Wasserfläche ohne Horizont, öde, kalt und drückend, und diese gepriesenen schönen Wellen sind so schauerlich, dass mir recht wohl wurde, als ich nichts mehr davon sah.

Am dritten Tag unserer Reise von Athen kamen wir gegen Abend in Chalkida an, wir wurden recht freundlich durch Madame Tiesse, die Frau des französischen Konsuls, aufgenommen. Es tat mir ganz wohl, in dieses europäische, reine Haus zu kommen, mit gut geschlossenen Türen und Fenstern. Herr Tiesse war abwesend. Seine Gattin (eine gute, aber nicht sehr gebildete protestantische Französin) mit ihren zwei Mädchen tat alles Mögliche, um uns zu dienen. Sie hatte eine grosse Freude «de causer de l'Europe avec quelqu'un qui sent comme moi». Chalkida sieht für uns Europäer ganz fremd aus, ist auch noch ganz türkisch gebaut. Es gleicht unseren Schweizer Städtchen nicht mehr als ein schmutziger Stall einem hübschen Salon. Wir blieben zwei Tage. Am Samstag, 16. Dezember, machten wir uns um acht Uhr auf den Weg. Wir kamen zuerst drei Stunden lang durch eine Ebene beinahe immer längs dem Meer entlang Richtung Norden, dann aber ins Landesinnere, in eine sehr bergige Gegend. Das Wetter war sehr schön. Wir ritten höher und höher

durch Felsenwege, wie ich in der Schweiz keine gesehen habe. Zuletzt fanden wir auch Schnee, unsere armen Pferde sanken bis über die Knie in Schlamm und Schnee ein. Sie rutschen und stolperten in einem fort. So ging es zwei Stunden, doch immer an einer warmen Sonne. Als es wieder bergab ging, verlor sich der Schnee, wir kamen durch enge Bergschluchten, wo wir den Abgrund auf einer Seite, eine Felswand auf der anderen hatten. Aber Charles blieb ganz ruhig, das gab mir Sicherheit. Nach und nach wurde es freundlicher und grüner.
Um sechs Uhr, nach einem zehnstündigen Ritt, kamen wir hier an und wurden zu meiner Freude mit einem deutschen Guten Abend begrüsst. Ein gutes Nachtessen und ein grosses Feuer erwarteten uns in unserem Haus, das wohl das beste auf der ganzen Insel ist. Am Sonntagmorgen kamen die Bauern, einer nach dem anderen, mit ihren Frauen und Kindern, um uns zu begrüssen. Sie küssen die Hand, berühren dann damit ihre Stirne und drücken sie nachher auf ihr Herz, zum Zeichen, dass sie mit Verstand und Herz dem Herrn ergeben sind. Unsere Bauern hier sehen viel besser aus als die Leute dieser Klasse rund um Athen. Die Frauen sind freundlich und heiter, reden viel, lachen, gestikulieren. Man sieht auch hie und da ein frisches Gesicht und hübsche Kinder. Man brachte uns die ersten Tage Geschenke aller Art, Nüsse, Honig, Eier, Ziegenmilch, kleine Ziegen, sogar gesottene Eier. Es sind hier im Dorf allein achtzig Knaben und hundert Mädchen. Wenn ich die Sprache könnte, fände ich hier mehr als genug zu tun, das wird aber noch schwer fallen. Müller behandelt seine Bauern gut, er ist sehr beliebt. Auch kann er hier auf der ganzen Insel sicher herumreisen, während kein Deutscher sich zeigen darf. Alle braven Leute freuen sich darüber, dass sich die Bayern aus dem Land entfernen, diese haben sich hier alles erlaubt und führten ein ganz schlechtes Leben.
Heute ist der 25. Dezember: Ich bin viel in Gedanken in Hofwyl. Wir waren ganz ruhig an unserem Kaminfeuer und haben von euch geredet und uns vorgestellt, was ihr alle zu Hause macht. Ich gäbe viel, um alle nur auf einen Abend zu sehen, wie viel hätte ich zu erzählen. Mehr als tausendmal habe ich gedacht, unsere schöne Schweiz sei allem vorzuziehen, was ich bisher gesehen habe. Ich denke auch mit Freude, dass wir nicht auf immer hier festsitzen und uns in einigen Jahren, so es Gottes Wille ist, in der Heimat werden niederlassen können.

Am 30. Januar 1844 berichtete Emma wiederum ihrer Schwägerin Elisa nach Hofwyl:

Unser Haus liegt auf einem niedrigen Hügel in einem Tal und ist von Bergen umgeben. Die Umgebung ist weder schön noch irgendwie reizvoll. Unter uns sehen wir das ganze Dorf und unsere Bauern, ihre Frauen und Kinder, die Hunde, Hühner und Schweine. Alle zusammen bilden eine grosse Familie, und was sie miteinander verbindet, ist der Schmutz. Nicht an den Kleidern. Die Frauen verbringen viel Zeit mit dem Waschen ihrer Gewänder, immer flattert irgendwo Wäsche. Aber ich glaube, sie bringen weder ihre Haut in die Nähe von Wasser noch die Bürste in ihre Haare, so dass sich dort vielerlei Tierchen einnisten können. Die Männer tragen wollene Hosen, gute Mäntel und Schuhe, während die Frauen und Kinder immer barfuss herumlaufen. Sie besitzen meist nur ein Baumwollhemd und darüber eine kurze Weste. Jetzt im Winter tun sie mir leid.
Mir ist hier nicht wohl. Ich werde nie mehr als ein Zugvogel sein und hoffe, nicht lange zu bleiben. Ganz sicher werde ich dieses Land nicht um seiner selbst je lieben. Das Einzige, was mir gefällt, ist die Wärme der Sonne, das milde Klima und die süssen Trauben. Aber Charles warnt mich, die Hitze des Sommers abzuwarten. Im Übrigen sind die Früchte hier alle weniger gut als in der Schweiz. Mir läuft das Wasser im Munde zusammen, wenn ich an das gute leichte Weissbrot zu Hause denke. Unseres hier ist nicht schlecht oder ungesund, aber man isst es, um sich zu ernähren. Und das Fleisch! Seit ich hier bin, habe ich noch kein gutes gegessen ausser den wilden Tauben und Schnepfen, die Charles von der Jagd mitbringt. Man isst viel Schwein, weil wir gerade eines geschlachtet haben. Aber weil das Fleisch noch warm zerteilt wird, ist es steinhart. Man muss es stundenlang kochen, bis es geniessbar wird, und dann hat es gar keinen Geschmack mehr. Auch drei alte Gänse haben wir geschlachtet, die erst nach Stunden im Kochtopf essbar waren. Immerhin haben sie mir einige Federn geliefert, die Marie nun reinigen wird. Daraus machen wir mir ein schön weiches Kopfkissen. Marie ist übrigens eine grosse Hilfe. Sie ist immer fröhlich und meistert mit gutem Willen alle Hindernisse.
Gestern lernte ich den Baron Des Granges kennen, er war mit seinem Sohn drei Tage zu Besuch. Die Familie besitzt ebenfalls ein Landgut auf Euböa. Wir redeten über die Veränderungen in und ums Haus. Er wollte mich unbedingt

überzeugen, hübsche Anlagen, Lauben etc. machen zu lassen. Ich aber habe ihm geantwortet, dass das viel zu teuer käme und Charles das Geld lieber für eine Reise in die Schweiz sparen solle. Er meinte nur, dass der Frühling meinen Sinn schon ändern werde und ich dann die Schönheiten dieser zweiten Schweiz werde schätzen lernen. Er selber ist mittlerweile fast ein Grieche geworden. Er raucht den ganzen Tag, ist schmutzig, so schmutzig, dass einem fast schlecht wird.

Vom 7. Februar erhielt Emmas Lieblingstante Lise einen Brief:

Langsam gewöhne ich mich an mein neues Zuhause und beginne auch das eine oder andere zu schätzen, manchmal bin ich sogar ganz glücklich. Aber vieles ist schrecklich. Die griechischen Gewohnheiten sind unangenehm und schmutzig; ihr Essen ist abscheulich, ihren Kaffee würde man bei uns den Schweinen füttern, ihre Kaffeebohnen sind immer angebrannt und geschmacklos, das Fleisch hart, das Brot wie sandig und nicht richtig gebacken. Sie tragen keine Sorge zu ihren Sachen und verbrauchen sie rasch. Die Griechinnen kennen keine Ordnung und Sauberkeit in ihrem Haushalt. Kommt hinzu, dass sie hässlich sind, klein, gelb vom Schmutz oder der Sonne und ungepflegt. Nur etwas ist erstaunlich: Sie haben alle wunderbar weisse und vollständig erhaltene Zähne. Wie eine Reihe Perlen, auch bei den alten Frauen. Sie können nur von Hochzeiten, Geburten und Taufen schwatzen. Sie gefallen mir gar nicht, die Männer sind kaum angenehmer.
Gesundheitlich geht es mir recht gut. Ich hatte hier noch nie Kopfschmerzen, obwohl es im Haus sehr frisch ist. Im Salon haben wir Ende Januar nicht mehr als elf Grad, und ich war froh um dein schönes Hochzeitsgeschenk. Den hellblauen Merinoschal konnte ich hier zu meinem Erstaunen sehr gut gebrauchen. Nun ist das Wetter besser, warm wie bei uns im September, und ich kann draussen spazieren gehen, ganz ohne den Schal, aber mit Strohhut. Mit Charles unternehme ich Ausritte oder Spaziergänge. Gestern waren wir auf einer Anhöhe, Charles hat mir eine schöne Aussicht versprochen; die Sicht war zwar weit, aber für eine Schweizerin eigentlich nichts Besonderes.

Der Berner Patrizier Charles Müller (1810–1884), eigentlich Karl Friedrich Rudolf Müller, war aufgrund seiner Geburt in Kalkutta auch britischer Staatsbürger. Sein Vater diente als Offizier in der englisch-ostindischen Kompanie. Müller wurde im Fellenberg-Institut in Hofwyl bei Münchenbuchsee erzogen, wo er Emma kennenlernte. Sein Lebensweg führte ihn nach Griechenland. Dort wurde er zusammen mit dem Engländer Edward Noel Besitzer des riesigen Guts Achmetaga. Das Ölbild zeigt ihn im Alter von 22 Jahren.

Emma von Fellenberg (1811–1892), Berner Patrizierin und Tochter des Pädagogen und Philhellenen Emanuel von Fellenberg, heiratete im reifen Alter von 32 Jahren ihren Jugendfreund Charles Müller und zog mit ihm nach Griechenland. In ihren Briefen nach Hause berichtet sie über ihr Alltagsleben im fremden Land. Das Aquarell scheint 1841 nach einer Bleistiftskizze ihres Schwagers Carlo Leutwein angefertigt worden zu sein; vielleicht für Charles?

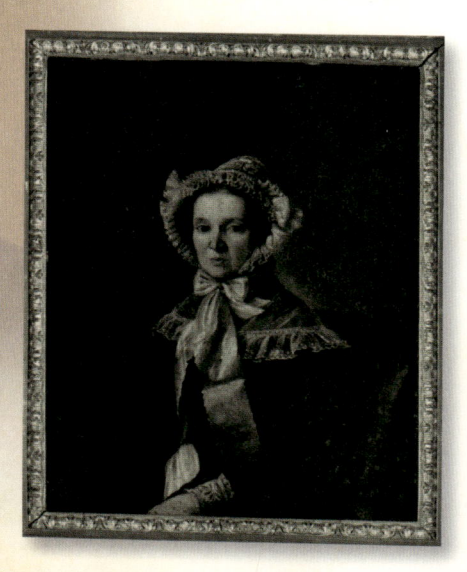

Die Mutter Margarethe von Fellenberg-Tscharner im Jahr 1838, ein Jahr vor ihrem Tod. Sie hatte zwölf Kindern das Leben geschenkt, drei überlebten die Kindheit nicht. Margarethe war die mütterliche Seele des Hofwyler Instituts.

Der Vater Emanuel von Fellenberg im Jahr 1838, fünf Jahre vor der Verheiratung seiner Tochter Emma mit Charles Müller. Fellenberg (1771–1844) war Pädagoge und Gründer des Erziehungsinstituts in Hofwyl. Sein aufbrausender Charakter machte es den Mitbewohnern in Hofwyl nicht immer leicht.

Olympe von Fellenberg (1804–1870), Emmas ältere Schwester, hielt nach dem Tod der Mutter Margarethe die Fäden der grossen Familie zusammen. Sie befürwortete den Heiratswunsch Emmas und Charles' gegenüber dem Vater, der die Griechenlandpläne seines Ziehsohnes nicht unterstützte. Über Emma schrieb sie: «La pauverette s'est mis ce brave homme terriblement en tête; je le comprends, si j'avais été dans sa position je crois que la même chose me seroit arrivée.» Charles scheint über eine gewisse Ausstrahlung verfügt zu haben.

Carlo Leutwein (1808–1899) war der Sohn eines deutschen Kaufmanns in Genua, die Mutter war Italienerin. Nach dem frühen Tod seines Vaters übernahm Emanuel von Fellenberg die Vormundschaft. Carlo wurde in Hofwyl erzogen und war mit Charles Müller eng befreundet. Um Olympe von Fellenberg standesgemäss heiraten zu können, kaufte er sich 1830 in das Berner Burgerrecht ein. Auch Carlo erwarb zuerst auf Euböa, dann in der Nähe von Athen mehrere Ländereien.

Grund=Plan der Hofwyler=Instituts=Gebäude.

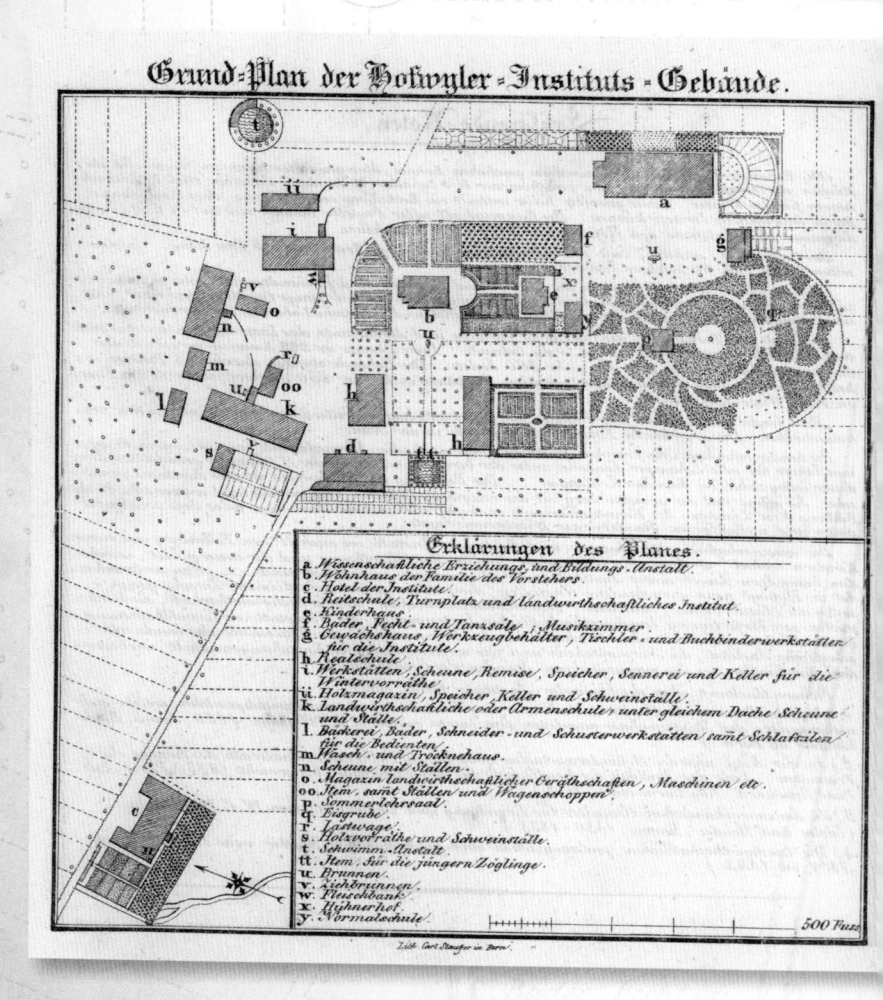

Erklärungen des Planes.

- a. Wissenschaftliche Erziehungs- und Bildungs-Anstalt.
- b. Wohnhaus der Familie des Vorstehers.
- c. Hotel der Institute.
- d. Reitschule, Turnplatz und landwirthschaftliches Institut.
- e. Kinderhaus.
- f. Bäder, Fecht- und Tanzsäle, Musikzimmer.
- g. Gewächshaus, Werkzeugbehälter, Tischler- und Buchbinderwerkstätten der Institute.
- h. Realschule.
- i. Werkstätten, Scheune, Remise, Speicher, Sennerei und Keller für die Wintervorräthe.
- ii. Holzmagazin, Speicher, Keller und Schweineställe.
- k. Landwirthschaftliche oder Armenschule, unter gleichem Dache Scheune und Ställe.
- l. Bäckerei, Bäder, Schneider- und Schusterwerkstätten samt Schlafsälen für die Bedienten.
- m. Scheune mit Ställen.
- n. Wasch- und Trocknehaus.
- o. Magazin landwirthschaftlicher Geräthschaften, Maschinen etc.
- oo. Item, samt Ställen und Wagenschoppen.
- p. Sommerlehrsaal.
- q. Dunggrube.
- r. Lastwage.
- s. Holzvorräthe und Schweineställe.
- t. Schwimm-Anstalt.
- tt. Item, für die jüngern Zöglinge.
- u. Brunnen.
- v. Sichthurnen.
- w. Fleischbank.
- x. Hühnerhof.
- y. Normalschule.

500 Fuss.

Lith. Carl Staufer in Bern.

Plan der Anstalt 1843. Das Angebot war umfassend: Neben einem Institut für Söhne höherer Stände gab es eine Real- und eine Armenschule. Nur kurz existierten eine Mädchen-, eine Kinderpflege- und eine Lehrerschule. Stets waren das Familienleben der Fellenbergs und der Betrieb eng miteinander verflochten. Von den Töchtern und Söhnen sowie den Schwiegertöchtern und Schwiegersöhnen wurde erwartet, dass sie sich für die Ideale Emanuel von Fellenbergs einsetzten.

Das Erziehungsinstitut mit der Zufahrt von Bern her. Rechts das 1821 errichtete Grosse Haus, in dem die vornehmen Zöglinge lebten und unterrichtet wurden; links das Gewächshaus, wo Ateliers wie Buchbinderei und Tischlerei untergebracht waren. Im Hintergrund knapp sichtbar das Gebäude mit dem Fecht- und Tanzsaal sowie den Musikzimmern.

Blick auf Hofwyl von Nordwesten um 1824/25. Das Institut zählte damals über 100 Schüler und 30 Lehrer, das Anwesen umfasste zwölf Gebäude; zehn Jahre später hatte sich die Gebäudezahl mehr als verdoppelt. In der Mitte das sogenannte Schloss, das der Familie Fellenberg, den Lehrern und Zöglingen in den ersten Jahren als Wohn- und Unterrichtshaus diente; links dahinter das Grosse Haus, rechts ein weiteres Schulgebäude. Es tummeln sich Schüler, Lehrer, Arbeiter, Besucher und Besucherinnen. Möglicherweise ist das Bild ein Werk des Zeichenlehrers Franz Leopold.

Der Garten vor dem Grossen Haus um 1825. Zu sehen sind wohl die Fellenberg-Töchter Olympe, Adele, Emma, Maria und Bertha; Elise, die das Bild angefertigt hat, fehlt. Die Arbeit in Feld und Garten gehörte zum Hofwyler Erziehungskonzept; sie sollte die Zöglinge lehren, zu etwas Sorge zu tragen, und sie mit der Natur vertraut machen. Der Gemüsegarten lieferte zudem einen Beitrag zur Selbstversorgung des Grosshaushalts.

Häusliche Szene im Salon von Schloss Hofwyl: die erweiterte Familie von Fellenberg um 1826 beim Blinde-Kuh-Spiel. Die Bleistiftzeichnung von Adele zeigt die Mutter Margarethe, die mit ihren Töchtern Elise, Olympe, Adele, Emma (links von der Tür stehend), Maria und Bertha sowie den Pflegetöchtern Louise Leutwein und Elisa Vaucher zusieht, wie sich Carlo Leutwein gerade noch vor Virginie Boch retten kann.

Athen um 1880, Blick von Westen. Im Mittelgrund ist der riesige Olivenhain zu erkennen, der sich vom Meer bis zur Stadt hinaufzog. Ihn hatten alle Athenbesucher zu durchqueren, wenn sie mit dem Schiff Piräus erreicht hatten. Rechts der Stadt, stark überhöht, der Tafelberg mit der Akropolis.

Das von König Otto I. ab 1840 aus dem Boden gestampfte Residenzquartier mit dem wuchtigen Palast (heute Parlamentsgebäude) und den ersten repräsentativen Wohngebäuden um den Schlossplatz (heute Syntagma-Platz) herum. Im Hintergrund links ragt, stark überhöht, der Athener Hausberg Lykabettos auf. Am Schlossplatz hatte Charles 1844 für die schwangere Emma eine Wohnung gefunden.

Basar im alten Teil von Athen. Die Befreiungskriege hatten von der osmanisch geprägten Kleinstadt Athen nur wenig übrig gelassen. Der orientalische Basar galt bei den europäischen Immigranten als schmutzig und ungesund.

Das Strassenbild Athens war im 19. Jahrhundert von Männern geprägt, Griechinnen sah man kaum. Im «Kafeneion Afrodis» (Aphrodites Kaffeehaus) sitzen Griechen wie Europäer. Sie sind an der unterschiedlichen Kleidung erkennbar.

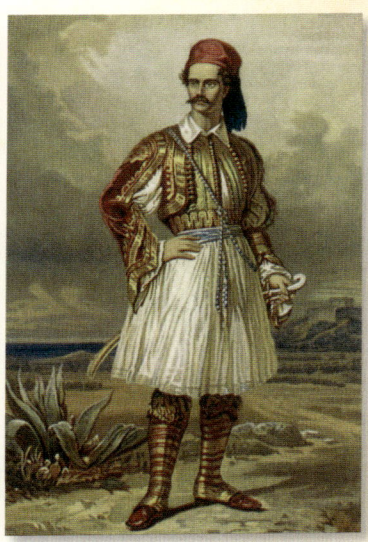

Nach den Befreiungskriegen installierten die Grossmächte England, Frankreich und Russland 1832 in Griechenland eine Monarchie. Sie ernannten einen bayerischen Prinzen zum König: Otto I., der 1836 Amalia von Oldenburg heiratete. Besonders Otto liebte es, sich «seinem» Volk im griechischen Kostüm zu zeigen. Waren die Griechen zu Beginn von der Jugend des Paares begeistert, stellte sich bald Ernüchterung ein. Otto war ein schwacher Regent. Statt den chaotischen jungen Staat zu organisieren, verbrachte er seine Zeit mit Reisen. 1845 besuchte das Königspaar auch Achmetaga. Unten: Das Königspaar mit kleinem Gefolge auf einem Ausritt in Athen. Amalia war sowohl eine mutige Reiterin wie eine unermüdliche Tänzerin.

Der Gutshof Achmetaga von Südwesten gesehen. Möglicherweise handelt es sich um ein Gemälde von Edward Noel, dem Mitbesitzer und Freund von Charles Müller. Das Herrenhaus ist dem Künstler zu gross geraten, und in der Realität ist das Gelände weniger abfallend, auch wenn das Gut auf einer leichten Anhöhe errichtet worden ist und die Umgebung mit den kleinen Dorfhäusern klar beherrscht. Nach der Zeit des Aufbaus bewirtschaftete Charles die grosse Domäne mit wachsendem Erfolg. Landwirtschaft, Holzhandel – Achmetaga umfasste sehr viel Wald – und Bergbau auf Magnesit warfen guten Profit ab.

Auch wenn die Platanen beim Fluss Kireas tatsächlich riesig waren (und noch heute eindrucksvoll sind), hat der Künstler die mächtigen Laubbäume 1882 grotesk übertrieben dargestellt.

Landschaft mit Pinien, um Achmetaga. Aquarell des britischen Malers Edward Lear (1812–1888), der Achmetaga 1848 besuchte.

Dreschen des Getreides in Achmetaga. Der Stich zeigt die griechische Methode, wie sie Charles Müller und Edward Noel auf ihrem Gut praktiziert haben. Die Landarbeiter stehen auf sogenannten Dreschschlitten, auf der Unterseite mit spitzen Steinen versehenen Brettern, und stürmen mit den Pferden über das Getreide.

Dorffest in Agia Anna, einem Dorf nördlich von Achmetaga. Griechische Tänze sind keine Paartänze, sondern Reigentänze, bei denen das ganze Dorf, Jung und Alt, mitmacht.

Achmetaga heute, von Nordosten gesehen, im Hintergrund das neue, von Flüchtlingen 1924 gegründete Dorf Prokopi. Die Besitzer von Achmetaga wurden damals gezwungen, den nach der kleinasiatischen Katastrophe aus der Türkei nach Griechenland geflüchteten Griechen viel Ackerland abzutreten.

Achmetaga heute, von Westen gesehen. Am rechten Bildrand der von Emma angelegte Gemüsegarten. Im Hintergrund die Pinien im Park des Gutshofes.

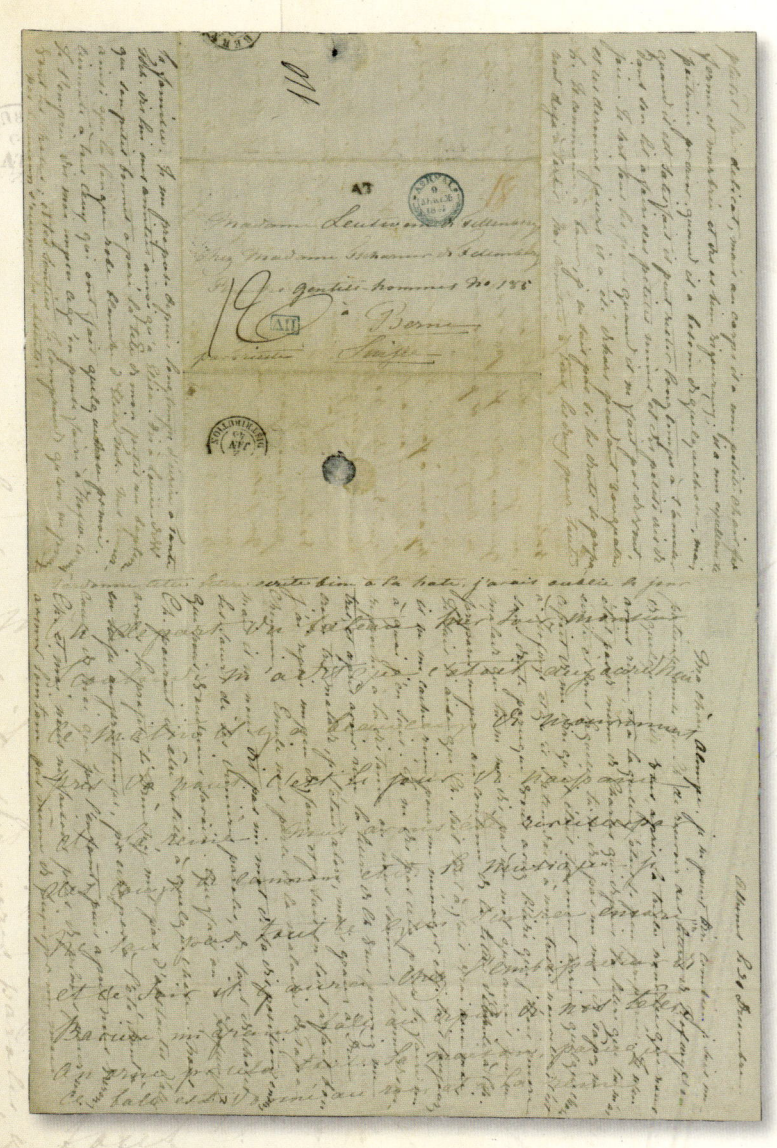

Am 21. Dezember 1844 schrieb Emma ihrer Schwester Olympe einen gut leserlichen, auf Französisch verfassten Brief aus Athen nach Bern. Andere ihrer Korrespondentinnen adressierte sie auf Deutsch; Charles korrespondierte mit Edward stets auf Englisch. Da Briefpapier kostbar war, wurde der Platz optimal genutzt, indem man Zeilen auch senkrecht zueinander schrieb, was einen Gittereffekt ergab und zum Lesen etwas Übung erforderte.

«Laissez-passer» für Emma, ausgestellt am 25. September 1846 von der britischen Botschaft in Bern. «Nous (…) prions (…) de laisser passer (…) Madame Emma de Müller, épouse de Mr. C. F. de Müller, sujet Anglais, domicilié en Grèce, allant rejoindre son mari à Athènes, accompagnée de deux enfants, deux servantes et un domestique (…).» Emma und ihre Begleitung reisen mit der Kutsche über Mailand, Verona, Venedig nach Triest, wo sie sich für Piräus einschiffen.

Anne Isabella Noel Byron (1792–1860), 11. Baroness Wentworth und Baroness Byron, kurz Lady Byron, war eine hochgebildete und vermögende Frau. Sie heiratete 1814 den Poeten Lord Byron, von dem sie sich schon 1816 wieder trennte. Lady Byron unterstützte ihren entfernten Verwandten Edward Noel beim Kauf von Achmetaga. Das Bild stammt aus den Jahren um 1840.

Charles und Emma in ihren Fünfzigern. Bis 1866 reiste das Paar jedes Jahr nach Griechenland, verbrachte dort die Wintermonate, während es die Sommer über in Hofwyl lebte. Die beiden Söhne Edgar und Frank, die im Institut eingeschult worden waren, begleiteten ihre Eltern nur noch selten. 1869 kaufte Charles das Gut Hofwyl und überliess die Bewirtschaftung Achmetagas dem Sohn seines Mitbesitzers Noel.

Charles verstarb 1884, Emma 1892. Beide ruhen in einer Gruft im Park von Schloss Hofwyl, wo auch Emanuel und Margarethe von Fellenberg-Tscharner beigesetzt sind.

Guter Hoffnung

März 1844

Zufrieden und glücklich sass Emma im Salon vor dem glimmenden Kaminfeuer. Sie war nun ganz sicher, ihre Hände glitten zart über die nur für sie wahrnehmbare Bauchwölbung. Endlich. Sie hatte schon angefangen zu zweifeln. Ihre Schwester Maria, die am gleichen Tag wie sie vor dem Traualtar gestanden war, wusste schon seit zwei Monaten, dass sie ein Kleines erwartete. Aber Maria war eben viel jünger. Charles hatte die Neuigkeit gelassen aufgenommen, schien nicht besonders überrascht, eher erleichtert. An seinen verstohlenen Seitenblicken auf ihre Mitte und den glänzenden Augen, die er dabei hatte, sah sie aber schon, dass er sich freute. Stolz hatte er zur Feder gegriffen, um seinem Freund, Schwager und mittlerweile mehrfachen Vater Carlo die Neuigkeit zu berichten.

Emma ist schwanger, und sie ist noch keinen Tag im Bett geblieben, und nur zweimal ist es bei ihr bis zum Erbrechen gekommen. Anfangs war es gar possierlich, deine Frau Olympe als erfahrene Matrone hätte sich zu Tode gelacht über ihre Besorgnisse und Zweifel. Bald fürchtete sie, die Wassersucht zu haben, bald Unverdaulichkeiten, kurz es war eine rechte Komödie. Kapriziös war sie nur hinsichtlich des Brotes, sie konnte es gar nicht mehr essen. Ich liess welches aus Chalkida kommen, aber umsonst, auch von meinem Nachbarn mit dem nämlichen schlechten Erfolge. Seit ich über dieses Ereignis sicher bin, reiten wir nicht mehr aus, sondern gehen täglich zu Fuss, und bisher hat sie die beste Gesundheit genossen. Ihre Unruhe und Sehnsucht nach der Heimat sind verschwunden, seither ist sie ruhig und sucht sich täglich neue Beschäftigungen, hat Interesse an allem, was vorgeht, besorgt die Haushaltung, macht Pläne für unseren kleinen Garten, kurz ist fröhlich und munter. Das beste Heilmittel gegen das Schweizerübel Heimweh war, wie ich vermutet hatte, die Schwangerschaft, und mein Wunsch ist von der Vorsehung nun erhört worden.

Charles Sorgen waren nicht unbegründet gewesen. Es war Emma im Februar gar nicht gut ergangen, ein übermächtiges Heimweh hatte sie gepackt. Im Januar, das Wetter war schön, kühl zwar und windig, aber mit meist klarem Himmel, hatte sie mit Marie eifrig ihren neuen Haushalt organisiert, überall sauber gemacht, die Räume wohnlich eingerichtet, bis ihr nichts mehr zu tun übrig geblieben war.

Ein später Wintereinbruch mit heftigem Schneefall hatte sie dann im Haus gefangen gehalten. Weder konnte sie ausreiten noch zu Fuss irgendwohin spazieren, der Schnee lag über einen halben Meter hoch. Als er schliesslich wieder schmolz, verwandelte das Tauwasser die Wege zuerst in Bachbetten, dann in tiefe Schlammrinnen, die nur langsam austrockneten. Wochenlang kam niemand vorbei, niemand brachte Briefe von zu Hause. Sie war so allein gewesen, fühlte sich in dieser Einöde von Gott und der Welt verlassen und spürte beinah körperlich die riesige Entfernung, die sie von ihren Lieben in Hofwyl trennte. Ihr fehlte jemand zum Reden. Mit Marie hatte sie keinen vertraulichen Umgang, und Charles war immer, sogar im tiefsten Winter, so beschäftigt. Über das, was sie damals empfand, hatte sie mit ihm nicht reden können, er hätte für ihre kleinlichen Klagen kein Verständnis gehabt. Sie hatte zur Kenntnis nehmen müssen, dass für ihren Mann Achmetaga an erster Stelle kam, dass er für diesen Gutshof lebte, so wie ihr das Fanny schon in Hofwyl erzählt hatte. Unzählige Pläne und Ideen hatte er, von denen er ihr jeden Abend begeistert berichtete. Ihre hysterischen Weinkrämpfe, die sie nicht unterdrücken konnte, hatten ihn verstört. Denn eigentlich fehlte es ihr ja an nichts. Er verstand nicht, dass zu vieles für sie hier neu war, dass sie Mühe hatte, die Sprache zu lernen, dass ihr die Sitten merkwürdig, bisweilen schlicht abstossend erschienen, dass ihr die häufigen, aber harmlosen Erdstösse Angst machten. Sie hatte damals nur einen Wunsch: Sie wollte heim, nach Hofwyl, möglichst bald, bleiben wollte sie hier auf gar keinen Fall. Lieber noch einmal diese entsetzliche Schiffsreise erdulden als hier ausharren. In Hofwyl war alles geregelt, alles und jedes hatte seinen Platz. Man wusste, was und wie es zu tun war, und alle redeten Französisch oder Berndeutsch. Dass ihr das dicht gewobene Familienleben dort nicht immer Freude bereitet hatte, dass sie mit ihren Schwestern, vor allem mit Elise, gar nicht gut auskam, dass der häufige Föhn ihr grässliche Kopfschmerzen bescherte, das alles war in den Hintergrund gerückt. Hofwyl war ihr plötzlich als die Idylle schlechthin erschienen.

Jetzt dachte Emma bekümmert an diese Wochen zurück. Sie wusste, dass sie Charles enttäuscht hatte, hatte deutlich gespürt, wie ihr Benehmen ihn befremdete. Er, der so sicher gewesen war, dass es ihr hier gefallen würde, hatte er ihr doch in den höchsten Tönen von ihrer neuen Heimat vorgeschwärmt. Und ja, sie hatte sich wirklich auf dieses Paradies gefreut, es aber dann nicht vorgefunden. Emma erinnerte sich gut an die abschätzigen Bemerkungen Fannys bei ihrer Durchreise in Hofwyl; ihr war die junge Frau zimperlich, hochnäsig und unreif vorgekommen. Jetzt schämte sie sich. Sie war keinen Deut besser gewesen, und in ihren Briefen nach Hause hatte sie sich ausgiebig beklagt. Was mussten die dort von ihr denken? Diese weinerlichen Zeilen waren ihr jetzt höchst peinlich. War sie durch die Schwangerschaft ein wenig durcheinandergeraten? Nun, es hatte sich jetzt alles zum Guten gewendet, sogar an die häufigen Erdbeben hatte sie sich gewöhnt.

Sie stand auf, um Charles draussen an die Hand zu gehen, er hatte für sie eine kleine, windgeschützte Ecke im Garten bereitmachen lassen, wo sie Salat, Lattich, Zwiebeln und Erbsen pflanzen wollte. Auf einem grösseren Stück hatte er schon Kartoffeln setzen lassen. Sie mussten bald frische Pflanzenkost haben. Allerdings hatte sie beobachtet, wie die Frauen des Dorfes nun fast jeden Tag ausschwärmten und auf den Wiesen Grünzeug einsammelten, gleich korbweise. Sie hatte den Koch gebeten, dieses auch einmal für sie zuzubereiten. Er tat wie befohlen, dünstete das Kraut, beträufelte es mit Olivenöl und Zitrone und servierte es als Beilage. Es sah aus wie Spinat, war aber viel würziger, schmeckte richtig gut. Da draussen wuchs also Gemüse, das gar nicht gehegt und gepflegt werden musste, das man einfach nur einsammeln konnte. Diese neue Erfahrung gab ihr den Anstoss, sich für die griechische Küche zu interessieren. Gut, vieles davon war ungeniessbar, das völlig verkochte Fleisch beispielsweise. Aber es gab Gerichte, die schmackhaft waren, und hin und wieder bat sie Spyros, etwas Griechisches zu kochen, zum Beispiel mit Minze gewürzte Hackfleischbällchen oder in Weinblätter eingewickelter Reis mit Korinthen und Pinienkernen. Charles hatte ihr allerdings einmal erklärt, dass diese Delikatessen eigentlich aus der türkischen Küche stammen würden ... Sie rief nach Marie, damit sie ihr die alten, festen Stiefelchen brachte, die sie zum Arbeiten im Garten bevorzugte.

Wann immer es das Wetter erlaubte, ging sie hinaus an die frische Luft. Obwohl erst Anfang März, grünte es ringsum. Auf den Feldern säten die Landarbeiter bereits Weizen und Gerste aus. Mit einem Schlag, fast explosionsartig, hatte der Frühling den Winter vertrieben. Als Erstes blühten die Mandelbäume in Schneeweiss, dann die Judasbäume in Purpur. Gleichzeitig waren Zitronen und Orangen herangereift, funkelten gelb und orange aus dunkelgrünem Blattwerk. Wann immer Emma konnte, pflückte sie eine Zitrone direkt vom Baum, rieb die Schale mit dem Daumen, um den herben Duft zu geniessen. Rasch hatte sich die ganze Umgebung verwandelt. Rote und violette Anemonen sprossen in den Wiesen, an den Wegrändern kurze himmelblaue Schwertlilien. Die Natur schüttete freigebig ihr Füllhorn aus. Viele Wildblumen, die man in Hofwyl mühsam setzen und ziehen musste, schenkte sie hier jedem, der sie haben wollte. Da war es, das Paradies, von dem Charles geschwärmt hatte.

Auf der Treppe polterte es. Aha, der kleine Wildfang war auch schon auf. Marie klopfte, öffnete die Tür, um ihr die Stiefel zu bringen, aber noch bevor sie eintreten konnte, drängte sich auf noch wackeligen Beinchen ein kleines, kurzhaariges Mädchen an ihr vorbei, lief auf Emma zu, die es geschickt auffing und mit ihm durch das Zimmer wirbelte. Die Kleine kreischte vor Vergnügen. Emma freute sich, Viki, die eigentlich Vassiliki hiess, so gesund und munter zu sehen. Charles hatte ihr die etwa einjährige Waise im Januar gebracht, mit der Bitte, für sie zu sorgen. Sie hatte sich der Kleinen gerne angenommen, weil sie sie ein wenig von ihrem Heimweh ablenkte. Viki hatte vor Schmutz gestarrt, hatte einen vom Hunger aufgetriebenen Bauch und von vielen Fieberschüben nur schwach entwickelte Ärmchen und Beinchen. Marie hatte eine Zinkwanne vor das Kaminfeuer gestellt und warmes Wasser aus der Küche geholt. Das Kind wehrte sich heftig und schrie wie am Spiess. Es war offensichtlich, dass es noch nie Bekanntschaft mit Wasser und Seife gemacht hatte und wohl meinte, man wolle ihm Böses. Marie und Emma schrubbten. Das Haar war so verfilzt und verlaust, dass sie den Kopf kurzerhand schoren. Aus der Wanne hoben sie schliesslich ein zitterndes, kahlköpfiges Wesen mit verheulten, erstaunlich blauen Augen, wie das Emma von den Kindern im Dorf nicht kannte. Sie rieben es trocken, zogen ihm ein sauberes Hemdchen an und richteten ihm in Maries Kammer eine Bettstatt. Nachdem Charles der Kleinen Brechmittel und Chinin verabreicht hatte, ging es ihr schon viel besser. Viki entwickelte einen unersättlichen Appetit, sang und plapperte bald den ganzen Tag. Der grosse Bauch verschwand, sie lernte schnell laufen, die Haare wuchsen nach, und jetzt konnte Emma schon durch die kurzen, schwarzen Locken wuscheln. Sie war stolz auf ihr Werk.

Alltag auf dem Gutshof
April 1844

Petros war wie angekündet in aller Frühe von Achmetaga weggeritten. Als Emma aufstand und kurz im Hausflur nachschaute, waren ihre Briefe, die sie ihm letzte Nacht auf das Tischchen vor seinem Zimmer bereitgelegt hatte, nicht mehr da. Sie hörte Marie bereits die Kammer ausfegen. Draussen schien die Sonne, Emma fühlte sich gut und hatte einiges vor. Am Morgen wollte sie Melonen und Erdbeeren aussäen und danach ins Dorf, am Nachmittag war ein Spaziergang mit Charles geplant, er hatte ihr das versprochen. Noch lieber wollte sie ausreiten. Das hatte er ihrer Schwangerschaft wegen jedoch abgelehnt, aber sie würde ihn schon rumkriegen. Sie würde das alte Maultier satteln lassen, den Sokrates. Wenn sie alles in ruhigem Schritt angingen, bestand keine Gefahr für sie und das Kind. Charles sollte sie durch die Ländereien führen. Sie wollte wissen, wo er die neuen Dämme baute, die den Kireas daran hindern würden, jedes Frühjahr, wenn die Schmelzwasser den Fluss anschwellen liessen, grosse Stücke des wertvollen Ackerlandes mitzureissen. Vielleicht ergab sich unterwegs auch eine Gelegenheit, ihm zu entlocken, was Edward aus Leamington geschrieben hatte, sie würde ihn ihrerseits mit den Neuigkeiten aus Hofwyl füttern.

Emma rief nach Marie und bat sie, ihr das alte braune Wollkleid herauszusuchen, für den Ausritt war das gerade recht. Auch für die Gartenarbeit und den Besuch im Dorf unten reichte das, es war dort immer so staubig. Marie half ihr beim Umkleiden.

«Heute bringen die Dorfweiber die Wäsche zurück», sagte diese beim Einhaken des Mieders. Emma verstand. Ihr Zimmermädchen würde heute und morgen mit Bügeln und Stärken beschäftigt sein, und sie konnte nicht mit seiner Begleitung ins Dorf hinunter rechnen. Hosen, Hemden, Küchen- und Bettzeug liessen sie alle paar Wochen abholen. Die Bäuerinnen wuschen am Fluss unten, die Seife dazu mussten sie ihnen geben, Bügeln und Stärken, das kannten sie nicht. Die grobe Behandlung auf den Kieselsteinen tat der Wäsche nicht gut, es gab immer viel zu flicken. Deshalb hatte Emma Marie gebeten, die feineren Baumwoll- und Leinensachen selbst zu besorgen, was begreiflicherweise nicht grosse Freude ausgelöst hatte. Sie könne nicht alles machen, hatte Marie gemault, und sowieso, jetzt gebe es dann viel mehr zu tun mit Waschen und so. Sie hatte natürlich als Erste gemerkt, dass Emmas monatliche Unpässlichkeiten ausgeblieben waren, und hatte sich nur mässig darüber freuen können. Emma versprach ihr, sich in Athen nach einer Hilfe umzusehen, und Marie vergass nicht, ihre Madame hin und wieder an dieses Versprechen zu erinnern.

Emma ging hinunter, Charles sass bereits am Frühstückstisch. Wie immer hatte er es eilig, auf die Felder zu kommen. Heute wollte er mit ein paar Männern anfangen, die Pinien anzuzapfen, das Harz der Bäume liess sich gut verkaufen. Sie begrüsste ihn mit einem Kuss auf die Wange und setzte sich.

«Ich werde heute Morgen noch ins Dorf gehen, ein paar Besuche machen, ich hoffe, du hast nichts dagegen.»

«Im Gegenteil. Bring doch bitte dem Nikos eine Dosis Chinin, du weisst schon, der im zweituntersten Haus. Es geht ihm nicht gut, und ich hab heut keine Zeit vorbeizuschauen.» Charles beugte sich über eine Abrechnung, die neben ihm auf dem Tisch lag.

«In Ordnung, aber eigentlich ist doch seine Frau viel schlimmer dran als er, oder?»

«Ja, aber ihn brauche ich, nicht sie.» Charles sah weiter konzentriert auf die Zahlen vor ihm. Als keine Reaktion kam, sah er auf: «Emma, ich kann mir hier keine sentimentalen Gefühle leisten. Ich muss rechnen. Ich brauche jetzt alle meine Männer auf dem Feld, verstehst du?»

«Natürlich verstehe ich das. Aber du musst auch bedenken, dass er eine gesunde Frau braucht, die ihm kocht und wäscht. Ohne ihre Frauen verrohen die Männer hier. Ich werde ihr – und ihm – ein wenig Kohlsuppe bringen. Wir haben noch übrig, von gestern.» Charles nickte, stand auf, strich seiner Frau kurz über den Kopf und wollte gehen, doch Emma hielt ihn an der Hand zurück.

«Hast du dich in Athen nach einer Hilfe für Marie erkundigt? Sie hat Heimweh und immer öfter schlechte Laune, und ich werde sie doch so nötig haben. Und heute Nachmittag, der Ausflug ... du hast mir versprochen ...»

«Wegen der Hilfe habe ich Scouloudi geschrieben und: Versprochen ist versprochen.» Charles lächelte, stutzte kurz, als er ihr Zwinkern bemerkte, und ging. Er wird sich noch wundern, wenn ich mit Sokrates auftauche, freute sich Emma.

Marie hatte unterdessen einen Korb mit Reis- und Mehlsäckchen bereitgestellt, aus einem Henkeltopf roch es nach Kohlsuppe. Emma rümpfte die Nase und rief nach Iannako, einem der Knechte, der Korb und Topf ergriff und hinter ihr her ins Dorf trottete.

Die Sonne schien, dünne Wolken zerfaserten am Himmel, eine frische Brise wehte vom Kandili herab, zerrte an ihren Röcken und liess die langen Seidenbändel ihrer Haube flattern. Emma war froh, doch noch ihren dicken Wollschal umgeworfen zu haben, sie musste ihn aber gut festhalten. Immer wieder blähte er sich auf wie ein Segel. Emma lachte, ihr gefiel das Spiel. Sie warf den Kopf in den Nacken, genoss die warmen Sonnenstrahlen und die kühlen Windstösse.

Schon vor den ersten Häusern wurden sie von wütend bellenden Hunden empfangen, die Iannako mit gezielten Fusstritten vertrieb, sie trollten sich mit eingezogenem Schwanz. Sie kam doch jetzt regelmässig ins Dorf, wieso kannten die Hunde sie immer noch nicht? Emma hatte sich im Kopf einen Besuchsweg zurechtgelegt, sie konnte nicht in allen Häusern vorbeischauen, wusste aber, dass sie genau beobachtet wurde. Wer bekam heute Reis, wer Mehl und wer wohl die Suppe? Ihre Idee, als sie das erste Mal ins Dorf gegangen war, nämlich den nackt herumlaufenden Kindern ein warmes Hemdchen zu schenken, hatte ihr Charles ausgeredet. Entweder allen oder keinem. Und alle konnte sie unmöglich einkleiden, also liess sie es bleiben. Die Bauersleute wachten eifersüchtig darüber, dass niemand bevorzugt wurde. Neid und Missgunst seien ein Übel im Dorf, hatte Charles sie gewarnt, sie müsse ihre Gunst nicht nach dem Gerechtigkeitssinn verteilen, sondern an alle gleichermassen. Die Dörfler würden nicht verstehen, dass die Ärmsten mehr Hilfe bräuchten als die anderen.

Emma betrat das erste Haus. Es bestand, wie alle Häuser hier, aus einem einzigen Raum. Die Bäuerin hiess sie wortreich willkommen und bat sie ans Feuer. Sie drückte den Säugling, dem sie soeben noch die Brust gegeben hatte, rasch einem älteren Mädchen in den Arm und scheuchte es in eine Ecke, derweil sich weitere halbnackte Kinder unter der Türe versammelten und neugierig hineinglotzten. Hastig schüttelte die Frau einige Decken zurecht, damit Emma nicht auf dem nackten Boden sitzen musste. Es gab fast keine Möbel, eine Holztruhe, eine dünne Matratze, ein behelfsmässiges Gestell für die wenigen Küchengeräte, Teller, Becher, Dosen. In einer Ecke sah Emma einen halb in den Lehmboden eingegrabenen, riesigen, mit einem Holzbrett zugedeckten Tontopf für Vorräte, daneben kleinere Krüge. Ein Kessel stand auf dem Feuer, an der Wand hingen ein paar Lumpen, getrocknete Krautbüschel und ein alter Strohhut. Der Raum schien sauber, der Boden gefegt, auch wenn die Hühner ungehindert rein- und rausspazierten. Aber Emma wusste, dass das Ungeziefer überall lauerte, sie würde ihre Kleider zu Hause wieder peinlichst genau absuchen müssen, Wanzen waren eine ständige Plage. Aus einer Tonschale bot die Bäuerin Emma getrocknete, wenig appetitlich aussehende Feigen und Trauben an. Emma pickte sich ein paar der Früchte heraus und bedankte sich mit den wenigen griechischen Worten, die sie beherrschte. Ein erfreuter Wortschwall ergoss sich darauf über sie, die kein Wort verstand, aber freundlich lächelte, nickte und sich gleichzeitig überlegte, wie sie die freundliche Gabe wieder loswerden konnte. Sie griff in ihren Korb, wobei sie die Dörrfrüchte diskret hineinfallen liess, und überreichte der Bäuerin ein Säckchen Reis. Die Frau bedankte sich überschwänglich, küsste ihr die Hand. Von einem in der Ecke stehenden Korb schob sie den Deckel weg, griff hinein und reichte Emma zwei Eier. Emma bedankte sich nun ihrerseits und stand auf, um sich zu verabschieden. Der Rauch des Herdfeuers kratzte bereits im Hals.

Das Gleiche wiederholte sich im nächsten Haus, bis Emmas Korb sowie der Suppentopf leer waren, auch das Tütchen mit dem Chininpulver. Langsam stieg sie wieder zum Wohnhaus hinauf, Iannako im Schlepptau, die Hunde dösten. Diese Visiten beelendeten sie. Die

Armut, der sie in den Hütten begegnete, war unbeschreiblich, und Emma verstand nicht, warum diese Menschen, die doch laut Charles ordentlich arbeiteten, in einem derartigen Elend hausten. Auch in den Dörfern um Hofwyl gab es mittellose Leute, Tagelöhner, aber so hilfsbedürftig! Sie seien gar nicht so arm dran, hatte Charles sie beschwichtigt, sie würden nur nicht denselben Dingen Wert beimessen. Sie bräuchten zum Beispiel keine teuren Möbel, weil sie eh die längste Zeit des Jahres draussen lebten. Wozu Tisch und Stühle, wenn man am Boden sitzen konnte? Sie werde sich noch wundern, bei einem Dorffest zum Beispiel, in welchen Gewändern die Frauen dann aufträten, welchen Schmuck sie trügen, mit welchem Stolz die Männer ihre silberbeschlagenen Säbel und Gewehre präsentierten. Sie habe doch die Holztruhen in den Häusern gesehen? Dort sei alles drin.

Am Nachmittag hatte Charles vergeblich versucht, Emma von Sokrates herunterzubringen. Sie sass wie eine griechische Bäuerin quer auf dem Tier und weigerte sich stur, wieder abzusteigen. Aber weil sie ihm die Zügel ihres Reittiers überliess und er vor seinen Leuten keine Szene machen wollte, gab er schliesslich nach. Und so zogen sie los, er auf seinem hohen Ross, sie auf dem braven Sokrates.

«Wie Don Quichote und Sancho Panza», kicherte Emma und rückte ihren Strohhut zurecht.

«Ja, nur dass Sancho Panza nicht schwanger war», knurrte Charles. «Dass du auch immer deinen Willen haben musst!», aber seine Mundwinkel zuckten. Sie ritten gemächlich vom Dorf in die Ebene hinunter zum Fluss. Links raschelte der Mais schon hoch, rechts wogte in sattem Grün der Weizen im Wind.

«Ende Juni ist das Korn reif, dann fangen wir an mit Sicheln. Dort, das dunklere Grün, das sind die Baumwollstauden. Ich glaub, sie kommen gut dieses Jahr.» In Charles Stimme schwang Stolz. «Mit den Maulbeerbäumen, noch weiter hinten, haben wir ein wenig Mühe. Als wir im Dezember kamen, waren viele verdorrt, zu wenig Wasser, zu wenig Mist, als ich weg war, was weiss ich. Ich hab sie ersetzt und hoffe, es wird dieses Jahr besser. Und dann will ich endlich mit den Kartoffeln im grossen Stil anfangen, nachdem wir hier so viel entwässert haben, bald werden wir setzen.» Sie begegneten einer Gruppe Landarbeiter auf dem Weg zur Arbeit. Die Männer und Frauen traten sofort beiseite, grüssten ehrerbietig, staunten bloss ein wenig über das ungewohnte Reiterpaar. Emma, die sonst auf ihrer braunen Stute ausritt, war es auf Sokrates nun doch ein wenig unwohl. Charles grinste.

Sie erreichten den Kireas. Die hohen Platanen wölbten sich über dem Fluss zu einem grünen Tunnel. Unten war es windstill, schattig und kühl, nur hin und wieder blitzte ein Sonnenstrahl durch das Blätterdach, zauberte flüchtige Muster auf den Boden. Die Zeit der grössten Fluten war vorbei, gurgelnd und plätschernd glitt das Wasser ruhig zwischen den Felsen dahin. Sie folgten dem Ufer, hoch über sich nur das Wispern des Windes im Platanenlaub. Die Reittiere blieben stehen.

«Es ist wunderschön, Charles, du hattest Recht, es hat etwas von einer Kathedrale.» Emmas Stimme war zu einem Flüstern herabgesunken. Das erste Mal, als Charles mit ihr an den Fluss geritten war, im Winter, trugen die Platanen kein Laub, dennoch drang die fahle Sonne kaum durchs dichte Geäst. Totenstill war es gewesen. Die von dunklem Efeu überwucherten Bäume standen mit ihren kahlen, grauschwarzen Ästen wie lauernd da. Bewegten sie sich wirklich nicht? Ihr war das unheimlich gewesen, und sie hatte sich gefürchtet.

Charles ritt weiter, mal im Wasser, mal auf einer schmalen Sandbank, einen Weg gab es nicht. An einer seichten Stelle führte er die beiden Reittiere auf die andere Flussseite. Erst als sie offene Felder vor sich hatten, liess er die Pferde wieder nebeneinander gehen und überliess Emma Sokrates' Zügel. Er wusste, das Maultier war viel zu alt und faul, um irgendwelche Eskapaden zu veranstalten.

Emma hatte nur wenige Neuigkeiten aus Hofwyl, alles ging dort seinen Gang. In der Familie waren sie wohlauf; die älteste Tochter von Olympe und Carlo, Laura, hatte ihren zehnten Geburtstag gefeiert; Maria und Hugo hatten sich in Blessingbourne in Nordirland eingerichtet, Marias Schwangerschaft verlief ohne Probleme, aber Hugo kränkelte; Wilhelm konnte oder wollte sich nicht mit Papa Fellenberg aussöhnen, er und Virginie würden wohl in Mettlach wohnen bleiben. Die Nachfolge von Papa, der doch immerhin schon über siebzig war, sei noch immer kein Thema, offenbar wage niemand daran zu rühren.

«Aber sag, was schreibt Edward aus Leamington?»

Charles zögerte. «Nicht viel. Es ist eigentlich alles in Ordnung, nur … Ende Juli erwartet Fanny ein weiteres Kind. Es geht mich ja nichts an, aber ich find, Edward sollte sie mal in Ruhe lassen, ständig diese Schwangerschaften, zwei Kleine hat sie schon verloren, sie ist erst 24 und bei ihrer zarten Konstitution …»» Die Pferde hatten einen steinigen Aufstieg durch einen Pinienwald zu bewältigen, und der alte Sokrates hatte etwas Mühe. Oben angelangt nahm Charles den Faden wieder auf. «Aber für uns hier wichtiger: Sie werden nicht nach Achmetaga zurückkommen. Edward hat mir in seinem Brief klargemacht, dass ihn das alles hier nicht mehr interessiere. Er sei jetzt Kunstmaler …» Charles schnaubte verächtlich. «Er malt ja ganz ordentlich, aber auch nicht mehr. Und damit kann er doch seinen Lebensunterhalt nicht verdienen, Fanny hat Ansprüche, hier war ihr ja immer alles zu wenig vornehm.»

«Und was bedeutet das für uns, für Achmetaga?»

Charles zuckte mit den Schultern. «Ich muss halt ziemlich viel Geld nach England schicken, statt es in den Betrieb hier investieren zu können.»

«Wo du doch noch so viel vorhast. Vielleicht lässt sich das eine oder andere ein wenig zurückstellen?»

«Das ist gefährlich. Wir müssen auf möglichst vielen Beinen stehen, mit dieser wankelmütigen Regierung in Athen, sonst sind wir zu abhängig und verletzlich. Aber Edward begreift das nicht. Er kann nicht wirtschaftlich denken, er versteht nicht, dass man immer investieren muss. Wie es Achmetaga geht, ist ihm letztlich egal, Hauptsache, es wirft genug Geld ab.»

«Tust du ihm da nicht ein wenig Unrecht?»

«Vielleicht. Aber manchmal scheint mir, er habe nur auf diese Fanny gewartet, um eine gute Ausrede zu haben, Euböa zu verlassen, das alles hier aufgeben zu können, alles, wofür wir uns doch jahrelang eingesetzt haben. Ja, ich bin enttäuscht! Ich soll mich hier abrackern und für ihn den Verwalter spielen, während er in England Leinwände vollkleckert.» Charles hieb seinem Gaul die Fersen in den Leib, so dass dieser laut aufwieherte und erschrocken ein paar Sätze vorwärtssprang. Sokrates hob erstaunt den Kopf, wackelte mit den Ohren und ging weiter. Charles' Pferd blieb nach ein paar Metern stehen und wartete. «Achmetaga ist ein sehr grosses Anwesen, es braucht viel Kraft, das alleine zu bewirtschaften. Aber keine Angst», fuhr Charles fort, «es geht im Moment ja alles gut, wir arbeiten vorwärts. Es ist nur ... er hat halt unsere Ideale verraten, das macht mich irgendwie traurig.» Charles lenkte sein Pferd vorsichtig zwischen den eng stehenden Pinienstämmen hindurch. «Er wolle frei sein, schreibt er. So naiv. Und er glaubt, dass man in Griechenland doch nichts ausrichten könne. Die Bauern hier seien verdorben, die Politiker verlogen, das habe alles keinen Sinn. Zum Teil hat er ja Recht. Dein Vater hat uns aber anders erzogen: Wir sollen uns für andere einsetzen, nicht nur an uns denken, wir sollen die Welt verbessern, das ist unsere Aufgabe und Verantwortung.»

«Vielleicht war Edward eben doch schon zu alt, als er nach Hofwyl kam, um diese Ideen zu verinnerlichen.»

«Stimmt. Diese Ideale, das waren nie wirklich seine. Insofern kann ich ihn verstehen. Im Grunde genommen will er sich wohl von Lady Byron befreien. In seinem Brief hat er gestanden, dass er sich mit ihr furchtbar verkracht hat. Über den Grund schreibt er nichts, aber eigentlich hat das früher oder später so kommen müssen.»

Charles schwieg nachdenklich. «Aber nun habe ich ja dich.» Er blickte zärtlich auf Emma hinunter, die mit geradem Rücken und hochgerecktem Kinn auf ihrem Sokrates thronte, als wäre er ein edler Araber. «Du läufst mir nicht weg wie Edward, ich brauche dich. Ohne dich geht das hier alles nicht. Du wirst mich doch unterstützen, nicht wahr? Immer und ewig! So wie wir uns das vor Gott in der Kirche von Münchenbuchsee versprochen haben.» Emma nickte und lächelte ihn zuversichtlich an. Ja, sie wollte das, auch wenn sie vieles in diesem Land nicht verstand und ihr etliches Mühe bereitete, sie stand an

Charles' Seite, was immer passieren sollte, wie es sich für eine gute Ehefrau gehörte.

Sie ritten durch Wiesen, lockere Pinienhaine, überquerten Bäche, immer ging es leicht aufwärts. Charles kannte den Wald wie seine Hosentasche. Gab es auf dem Gut mal nichts zu tun, ging er hier auf die Jagd und brachte Füchse, Hasen, Schnepfen nach Hause. Rotwild gab es allerdings keines mehr, nur ganz selten erlegte er ein Wildschwein. Schliesslich erreichten sie eine baumfreie Felskanzel, von wo aus man den Blick weit über die Äcker, den Fluss und das Dorf mit dem grossen Haus schweifen lassen konnte. Lauwarme Aufwinde aus der Ebene umhüllten sie mit dem harzigen Duft des Pinienwaldes.

«Schau, das alles gehört uns!» Charles wies mit dem Arm hinunter. In verschiedensten Grün- und Brauntönen breiteten sich die Felder aus, von dunklen Tannenwäldern gesäumt, zerschnitten vom helleren Grün der Platanen entlang dem Kireas, alles überwölbt vom durchsichtigen Blau des Himmels. Erst die Bergkette des Kandili begrenzte den Blick. Ruhe und Frieden lagen über dem Land.

«Dort drüben», Charles wies mit dem Arm nach Norden, «werden wir zwei Mühlen bauen, eine für das Getreide und eine Sägemühle, damit wir unser Holz selber zerlegen können, das macht den Transport einfacher und billiger.» Er dachte wieder vorwärts. Er konnte Achmetaga auch ohne Edward führen, wenn Emma bei ihm blieb. Er hatte hier lange Zeit ohne Frau gelebt, aber stets gespürt, dass ihm zu seinem Glück etwas fehlte. Jetzt hatte er alles. Die Landwirtschaft und der Holzexport liefen gut; die Sache mit dem merkwürdigen weissen Gestein, auf das er schon vor ein paar Jahren zufällig beim Holzschlagen gestossen war, behielt er vorläufig noch für sich. Er würde mit Emma erst darüber reden, wenn er Näheres über die englischen Analysen wusste.

«Ach, und übrigens, das hätte ich fast vergessen: Ans Kirchfest zu Ehren des Heiligen Konstantinos am 21. Mai hab ich unsere Nachbarn, die Familie Boudouris, eingeladen, sie werden dann wohl ein paar Tage bei uns wohnen.» Emma nickte. «Schön. Ich freue mich.

Bin gespannt, wie es auf so einem Fest zu- und hergehen wird. Und natürlich bin ich neugierig auf die elegante Madame Boudouris.»
«Ich denke, sie auch auf dich. Die beiden gehen sonst nicht an die dörflichen Feste, und ich habe eigentlich mit einer höflichen Absage gerechnet. Aber nein, sie wollen kommen, vermutlich deinetwegen. Vielleicht ergibt sich dann, während du mit Frau Boudouris Tee trinkst, auch die Gelegenheit, mit Nikolaos Boudouris ein paar geschäftliche Angelegenheiten zu besprechen.»

Kirchweih
21. Mai 1844

Das Ehepaar Boudouris, benachbarte Grossgrundbesitzer aus Mantoudi, traf gegen Mittag ein. Sie waren mit ihren beiden Söhnen zu Pferd gekommen. Vassiliki Boudouris, auf einem Apfelschimmel, trug ein apartes, burgunderrotes Reitkostüm, dessen Schnittmuster sie ohne Zweifel aus Paris hatte kommen lassen, und begrüsste ihre Gastgeber fliessend auf Französisch. Sie war, wie Charles Emma erklärt hatte, eine Tochter der bekannten Reederfamilie Giourdis von der Insel Hydra, die wiederum mit den Tombazis verschwägert war. «Alle zusammen Schiffsbesitzer, alle von der Insel Hydra, alle irgendwie miteinander verwandt. Den Tombazis gehört das protzige Landhaus in Kechries, du weisst schon, das mit den bemalten Decken, den Eichenparketten, dem fliessenden Wasser in der Küche, in jedem Zimmer ein grosser Kamin.» Es war klar, Charles hielt nichts von derartigem Luxus. «Die leben dort in Saus und Braus, kümmern sich nicht um ihr Land, überlassen es einem Verwalter. In den Befreiungskriegen haben sie alle eine wichtige Rolle gespielt und vom Staat als Belohnung Grundbesitz zum Beispiel auf Nordeuböa erhalten – oder günstig kaufen können, wie wir ja auch. Die meisten sind später in die Politik gegangen, leben in Athen oder auf ihrer Heimatinsel Hydra und lassen sich auf ihren Landgütern nur selten blicken.»

«Und die Boudouris?»

«Der Nikolaos ist anders. Er pflegt sein Anwesen, hat auch Interesse am Bergbau. Sein Haupthaus steht in Vatonda bei Chalkida, das Zweithaus in Mantoudi gehört eigentlich seiner Frau und ist einfach eingerichtet, aber arm sind sie deswegen nicht. Bei den Griechen darfst du nie nach dem Äusseren urteilen. Die einen protzen und haben nichts, die anderen kommen bescheiden daher und schwimmen im Geld.»

Während die Erwachsenen sich kurz in ihre Zimmer im Obergeschoss zurückzogen, um sich frisch zu machen, eilten die beiden Boudouris-Söhne gleich ins Dorf hinunter. Die würde man so bald nicht wiedersehen, waren sie doch in einem Alter, in dem man den Mädchen nachstellte. Und weil sie weder Hirten noch Bauerntölpel waren, sondern reiche Sprösslinge, würden es die Mütter heute Abend schwer haben, ihre Töchter zu beaufsichtigen. Obwohl: Es war völlig klar, dass ein Boudouris niemals ein Bauernmädchen nach Hause bringen würde.

Als sie später zusammen den Dorfplatz erreichten, ihre Gäste hatten sich in ihre traditionelle Inseltracht geworfen, war das Volksfest schon in vollem Gang. An langen Tischen sassen festlich gekleidete Männer und Frauen, viele hatte Emma noch nie gesehen. Über den Platz waberten Rauch und der Duft von gebratenem Fleisch, neben der Kirche drehten an langen Spiessen mehrere Schafe und Ziegen über dem Feuer. Aus dem Hintergrund erklang volkstümliche Musik. Es wurde gegessen, gelacht, man begrüsste die Neuankömmlinge laut und herzlich, Scherze flogen hin und her. Emma verstand kaum ein Wort, Charles amüsierte sich. Er nickte freundlich nach rechts und links, liess hie und da ein paar Worte fallen und bemühte sich, dass kein Aufheben um ihn und seine Gäste gemacht wurde. Es war ein Dorffest, und wenn auch das ganze Dorf sozusagen ihm gehörte, so war er doch heute hier nur zu Gast.

«Komm, wir gehen zuerst in die Kirche.» Charles führte Emma schräg über den Platz zum kleinen Gotteshaus hinüber, das zu Ehren des heiligen Konstantinos aussen blendend weiss getüncht worden war. Über dem Eingang hingen Blumengirlanden, und auch im dämmrigen Innern konnte Emma über den hier versammelten Menschen viel Blütenschmuck erkennen. Die Ikone des Heiligen stand auf einem Podest in der Mitte der Kirche, vor der Abschrankung, hinter der Emma den Popen hantieren sah. Im Kirchenraum war ein ständiges Kommen und Gehen, die Menschen näherten sich ehrfürchtig der Ikone, bekreuzigten sich, küssten das Bild und machten Platz für die hinter ihnen Wartenden. Emma fiel das Atmen schwer, sie griff nach Charles' Arm. Überall standen Kandelaber mit brennenden Kerzen, hingen Leuchter mit Öllämpchen, die Luft war dick vom Weihrauch, von den Ausdünstungen der Menschen, zudem war es unerträglich heiss. Emma wurde fast schwindlig.

«Die Messe ist schon vorüber, sei froh, das kann lange dauern, das wäre jetzt nichts für dich.» Charles geleitete sie rasch wieder hinaus an die frische Luft, Emma atmete tief durch. Sie setzten sich ein wenig abseits an ein freies Tischende zu den Boudouris und erhielten sofort verschiedene Speisen vorgesetzt: Brotscheiben, Schüsseln mit Joghurt, schwarze Oliven, weisser Käse, Gurken, gekochte Eier, in grobe Stücke geschnittene Zwiebeln, eine grosse Platte mit aromatisch gewürztem und mit Knoblauch gespicktem Schaf- und Ziegenfleisch am Knochen. Krüge mit Wein und Wasser standen bereit.

«Greift zu!», munterte man sie auf. Und Charles liess sich nicht bitten. «Du musst mit den Fingern essen, es gibt hier kein Besteck, trinken musst du aus dem Krug.» Emma rümpfte die Nase, das Fleisch triefte vor Fett, im Joghurt hatte es sicher jede Menge Knoblauch. Sie griff nach einem Stück Brot und Gurkenstücken, zupfte zaghaft ein wenig Muskelfleisch von einem Knochen, steckte es in den Mund, kaute. Ihre Augenbrauen schossen in die Höhe: Köstlich war das, zart, mit viel Thymian, so ganz anders als das stundenlang gesottene Fleisch, das ihnen Spyros vorsetzte. Sie leckte sich die Lippen und griff beherzt in die Platte. Charles, der sie beobachtete, lachte. «Nur zu, aber sei vorsichtig, es ist wirklich sehr fettig.» Er wandte sich den Boudouris zu.

«Ich erzähle euch jetzt die Geschichte von der Glocke da.» Er wies mit der freien Hand, in der anderen hielt er eine Lammrippe, zum offenen Türmchen vor der Kirche hin, wo eine Glocke hing, der Zug baumelte frei herunter. «Edward, mein Kompagnon, hat diese alte Kapelle schon vor vielen Jahren renovieren und vergrössern lassen, ich war damals noch gar nicht hier, muss Anfang der dreissiger Jahre gewesen sein. Er kaufte ein feines, schöntönendes Geläut. Und als er den Tag bestimmte, an dem es erstmals erklingen sollte, strömten Hunderte von Menschen hierher, um das wichtige Ereignis mitzuerleben. Das erste Mal seit undenklichen Zeiten ertönte auf Euböa wieder eine Kirchenglocke, unter den Türken war das ja verboten gewesen. Aber», fuhr Charles fort, «die Menschen waren so begeistert, freuten sich derart über die Rückkehr des Klangs, dass sie von nun an ständig am Seil zogen, wenn sie hier vorbeikamen. Tagein, tagaus und sogar nachts soll es in Achmetaga gebimmelt haben. Das wiederum ertrug Edward nicht, und er verbot das Läuten, ausser am Sonntag und an Feiertagen, versteht sich. Aber es halten sich nicht alle dran.»

«Ach, deshalb höre ich hin und wieder das Gebimmel und weiss nicht, was es bedeuten soll, jetzt versteh ich», sagte Emma, und Nikolaos meinte: «Wieder was gelernt: Ich wusste nicht, dass es in Achmetaga war, wo die erste Glocke auf Euböa wieder geläutet hat. Heute hört man hier ja wieder viele Kirchenglocken.»

Unterdessen hatten sich die Musikanten in die Mitte des Platzes gestellt. Dem Aussehen nach waren es Zigeuner, dunkelhäutig, mit glänzend schwarzem Haar und wildem Blick. Der Flötist entlockte seinem Instrument schrille Tonfolgen, das Tamburin gab den Rhythmus an, während der Sänger einen endlos scheinenden, merkwürdig schleppenden Sprechgesang anstimmte, den Emma beim besten Willen nicht schön finden konnte. Sofort standen die Tanzwilligen auf und formierten sich zu einer langen Reihe, die Männer voran, dann die Frauen, am Schluss die Kinder. Die Erwachsenen berührten einander nicht, sondern fassten mit den Händen ein Tüchlein, das sie mit dem Nachbartänzer verband. Die ruhige und gemessen rhythmische Schrittfolge schien einfach und kompliziert zugleich. «Sirtos nennt man den Tanz, und er soll angeblich das Auf und Ab der Fischer beim Einziehen des Netzes darstellen», erklärte Charles. «Er scheint simpel, aber nur auf den ersten Blick. Für junge Männer ist er eine echte Herausforderung, beobachte den Anführer, der zeigt jetzt dann gleich, was er kann.» Nach einigen Takten Musik begann der erste der Kette, die sich langsam um die Tische und dann rund um den Platz wand, waghalsige Sprünge zu machen, er warf die Beine hoch in die Luft, knickte ein, wand sich fast am Boden, sprang mit einem lauten Schrei hoch, schlug sich gleichzeitig mit der freien Hand rücklings auf eine seiner Fersen. Emma verfolgte verblüfft diesen unerwarteten tänzerischen Ausbruch. Während der Mann immer neue Figuren produzierte, trug er eine stolz abweisende, fast arrogante Miene zur Schau, das Kinn hochgereckt. Mit den Fingern der einen Hand schnippte er laut, mit der anderen hielt er sich am Tüchlein fest, das ihn mit seinem Nachbartänzer verband, der ihn stützte und darauf achtete, dass er bei seinen akrobatischen Einlagen das Gleichgewicht nicht verlor. Die ihnen folgenden Tänzer und Tänzerinnen bewegten sich weiterhin ruhig und gemessen. Der Vortänzer sprang herum, bis ihm die Luft ausging und er einem Konkurrenten Platz machen musste. «Vielleicht stellt der Mann jeweils den Fisch im Netz dar?», sinnierte Emma.

Gelegentlich übernahmen auch Frauen die Führung, sie bewegten sich dann verhalten und ernst. Wie in der Kirche herrschte beim Tanz ein ständiges Kommen und Gehen. Manche drehten nur ein paar Runden und scherten wieder aus, andere reihten sich ein, und in der am Anfang sauber geschlechtergetrennten Reihe herrschte bald ein kunterbuntes Durcheinander. Emma sah plötzlich Nikolaos Boudouris mittanzen, auch seine Frau Vassiliki und die Söhne machten mit, wagten es aber nie, die Führung zu übernehmen. «Besser so», meinte Charles, als Emma ihn darauf aufmerksam machte. «Die männliche Dorfjugend würde ihnen das übel nehmen, es ist ihr Fest. Die Boudouris sind reich, kommen von Hydra und sollen sich hier stillhalten. Es reicht schon, dass sie ihre eigene Tracht tragen.»

Der Pope sah dem Treiben von weitem zu. Auf seinen Stock gestützt, sass er vor der Kapelle und zwirbelte an seinem langen weissen Bart. Emma fragte Charles, was denn die orthodoxe Kirche von dieser wilden Tanzerei halte. «Die sieht das natürlich ungern», sagte er, «für sie ist das ein Rückfall ins Heidentum. Weil aber die Popen von den Dorfbewohnern abhängig sind, sie erhalten ja kaum Lohn von der Kirche, müssen sie sich mit ihnen gut stellen. Aber schau genau hin, niemand hier ist betrunken, es geht bei solchen Festen immer friedlich zu und her, es gibt keine Prügeleien wie an den Dorffesten bei uns in Bern.» Emma lachte auf. Ja, das kannte sie, veilchenblaue Augen, ausgeschlagene Zähne, gebrochene Nasen ...

Sie wandte sich wieder den Tanzenden zu, bewunderte die prächtigen Kleider. Ausser Nikolaos Boudouris und seine beiden Söhne, die weite dunkle Kniehosen aus glänzender Seide anhatten, trugen alle Männer ihre weisse Fustanella, die ihnen um die Beine flog, ein weites Hemd und eine kurze, dunkle, meist reich bestickte Weste. Hin und wieder blitzten goldene oder silberne Knöpfe und Ketten auf. Den roten Fez mit Bommel balancierten sie keck schräg auf dem Kopf. Die

Frauen – Emma stellte zu ihrem nicht geringen Erstaunen fest, dass auch einige Schwangere mittanzten – trugen lange weisse Hemden, darunter farbige Unterröcke, darüber lange Westen mit bunten Bordüren. Am roten Seidengürtel mit dem schweren Silberverschluss, derjenige von Vassiliki Boudouris war eindeutig der breiteste, klimperten Münzen und Ketten. Auch die Frauen trugen einen kleinen roten Fez, an dem je nach Wohlstand der Familie unterschiedlich viele Münzen befestigt waren. Darüber hatten sie hauchdünne weisse Tücher geworfen, die ihnen weit über den Rücken fielen. Diese Schleier bauschten sich beim Tanzen in der Abendbrise und verliehen der ganzen Festplatzatmosphäre etwas Luftig-Wolkiges. Emma konnte dieses Bild nur schwer mit den einfach gekleideten, schwerfälligen Bäuerinnen in Einklang bringen, die sie vom Dorf her kannte. Waren das wirklich dieselben Frauen?

Als Charles aufstand, war die Sonne hinter dem Kandili verschwunden. Noch war der Himmel mit einem dramatisch leuchtenden Orangerot überzogen, aber bald würde sich die Nacht über die Insel senken, es würde kühl werden. «Die Tanzerei wird noch viele Stunden dauern, das ist dann mehr für die Einheimischen.» Er legte Emma sorgsam eine Wolldecke um die Schultern. «Lass uns gehen, du bist sicher müde.» Emma protestierte, es gefiel ihr hier, sie fühlte sich wohl, es war das erste Mal, dass sie bei einem Tanzfest dabei sein konnte, und es gab so viel zu beobachten. Aber Charles hatte wohl Recht. Die Temperaturen fielen des Nachts noch recht tief, und sie wollte nichts riskieren. Sie winkten den Boudouris zu, die fröhlich weitertanzten. Charles würde erst morgen mit Nikolaos über die geschäftlichen Dinge reden, die ihn beschäftigten.

MAGNESIT, GESTERN BIS HEUTE

Die Sache, über die Charles Müller anderentags mit seinem Nachbarn Nikolaos Boudouris wohl reden wollte, war das Magnesitgeschäft. Es gab vermutlich da einiges zu besprechen: der Abbau des Gesteins, der komplizierte Transport ans Meer, der Export, den es einzufädeln galt. Boudouris musste interessiert sein, denn auf seinem Land war ebenfalls Magnesit zum Vorschein gekommen.

Der geologische Reichtum der Insel Euböa war Reisenden schon zu Beginn des 19. Jahrhunderts aufgefallen. Ein deutscher Geologe, Karl Gustav Fiedler, beschrieb zum Beispiel in seinem Reisebericht aus den dreissiger Jahren die verschiedenen Mineralien, auf die er gestossen war. Möglicherweise kannten Edward Noel und Charles Müller diese Studie, vielleicht auch den Geologen selbst, und begannen auf ihrem Land gezielt nach Lagerstätten zu suchen.

Wann genau Müller die Magnesitvorkommen auf ihrem Land entdeckt hat, ist nicht bekannt. 1842 schrieb er jedenfalls seinem Mitbesitzer Noel nach England, dass er bei Geroremma auf vier Schichtpakete weissen Gesteins von unterschiedlicher Qualität gestossen sei. Gleichzeitig muss er Proben nach England geschickt haben, um das auffällige Mineral auf seine Verwendung hin untersuchen zu lassen. Noch war nicht klar, wozu – und ob überhaupt – Magnesit gebraucht werden konnte. Die Analyseresultate blieben lange Zeit unter Verschluss. Schliesslich, 1845, bestellte die Firma Chances Brothers in Birmingham bei Müller fünfzehn Tonnen des Rohstoffs. Damit war das Magnesitgeschäft auf Euböa angelaufen. Der Abbau der obersten Schichten mit der besten Qualität war im Tagebau mit Sprengungen möglich, aber der Transport des schweren Gesteins an die Küste war schwierig, existierten doch kaum befestigte Strassen. Die ganze Infrastruktur musste zuerst geschaffen und vorfinanziert werden. Müller hatte zu entscheiden, ob er sein Magnesit durch Boudouris' Land an die Bucht von Kimasi oder an die etwas weiter nördlich gelegene von Peleki bringen wollte, beide an der Ostküste, um es von dort aus über Smyrna nach Grossbritannien zu verschiffen.

In Birmingham wurden mit Hilfe des Magnesits hitzebeständige Ziegel hergestellt, die für den Bau von Hochöfen benötigt wurden, die extrem hohen Temperaturen ausgesetzt waren. Müller entschloss sich schliesslich, sein Material in der Bucht von Peleki zu verladen; dort hatte er bereits Lagerhäuser bauen lassen, um seinen Weizen zu verschiffen. Ruinen dieser Magazine sind noch heute sichtbar. Müller hatte mit der Lancierung des Magnesitexports für

Achmetaga neben der Land- und der Forstwirtschaft einen zukunftsträchtigen und lukrativen dritten Erwerbszweig geschaffen.

Auf Euböa wurden in der Folge weitere Lagerstätten entdeckt und die Beziehungen zur Schweiz erweitert: 1898 gründete der Franzose Emil Séquin in Zürich die Euböolithwerke. Für den Export aus Euböa war die Schweizer Familie Steiger zuständig, die das Geschäft von Limni an der Westküste aus betrieb. Heute sind die Euböolithwerke in Olten ansässig. Die Firma stellt mit Magnesit einen Industriebodenbelag her, den sogenannten Sorel-Zement.

Die von Müller entdeckte Geroremma-Lagerstätte erwies sich als ausgesprochen rein und ergiebig. Gegenwärtig sind die besten Schichten zwar abgebaut, die Ausbeutung der unteren Lagen ist jedoch noch immer im Gang. 1889 verkaufte Edward Noels Sohn Francis, der 1887 alleiniger Besitzer von Achmetaga geworden war, die Schürf- und Abbaurechte (nicht aber den Boden) an eine griechische Firma. Der bis anhin kleinräumige Abbau nahm nun grossindustrielle Ausmasse an. Weite Landschaftsstriche und ein Teil der Wälder im Zentrum Nordeuböas fielen dem Magnesit zum Opfer. Der Abbau verlangsamte sich im Verlauf des 20. Jahrhunderts. Die Firma wurde vom griechischen Staat aufgekauft und weiterveräussert. Heute setzt die griechische Firma Ternamag die Ausbeutung der Lagerstätten von Geroremma fort und exportiert das Material über den Hafen von Kimasi.

Sommer in Achmetaga
1844

Die Tage wurden wärmer, Emmas Bauch wuchs. Es ging ihr gut, sie genoss den sich ankündigenden Sommer in vollen Zügen, sorgsam beobachtet von Charles, der hinter ihrem Rücken bereits die Reise nach Athen organisiert hatte. Die Geburt sollte Mitte September stattfinden, und er wollte nicht, dass seine Frau den heissesten Monat August in Achmetaga verbrachte; die feucht-schwüle Sommerhitze war höchst ungesund. Die lästigen Mücken, die aus den noch nicht entwässerten Moorwiesen stiegen, das schlimme Fieber und die Tatsache, dass der einzige Arzt in Chalkida, ein Franzose, von der Insel weggezogen war, hatten ihn zu diesem Entschluss getrieben. Er wusste, dass Emma dagegen war. Sie wollte nicht, dass man von ihrer Schwangerschaft viel Aufhebens machte. «Ich bin nicht krank», pflegte sie zu sagen, auch wenn sie sich manchmal merkwürdig schlapp fühlte.

Mit der zunehmenden Hitze hatten sie ihren Tagesablauf geändert. Charles stand sehr früh auf, um die Kühle des Morgens für die Feldarbeiten möglichst lange ausnützen zu können. Die Weizenernte versprach, gut auszufallen, er war zufrieden. Emma hatte verblüfft zugesehen, wie hier gedroschen wurde: Die Bauern breiteten das von den Frauen mit grossen Sicheln geschnittene Korn auf einem runden Dreschplatz aus, spannten die Pferde vor die Dreschschlitten – auf der Unterseite mit spitzen Steinen bewehrte, breite Bretter – und stellten sich auf diese Schlitten. Mit viel Gejohle und Peitschenknallen trieben sie die Pferde dann über das Getreide. Anschliessend worfelten die Frauen das Korn, um die Spreu vom Weizen zu trennen. Noch war die Kornmühle am Kireas nicht fertig, aber bald würden sie ihr Korn selbst mahlen können. Auch die Baumwolle gedieh gut, mit dem Pflücken wollte Charles noch zuwarten. Kummer hatten ihm hingegen die Waldbrände bereitet, die seit dem Frühsommer immer wieder irgendwo aufflackerten. Viel Holz hatten sie ihm schon vernichtet, vor allem den Jungwuchs, den er seit Jahren hegte und pflegte, sehr zur Verwunderung seiner benachbarten griechischen Grossgrundbesitzer oder auch der orthodoxen Kirche, die nach dem Abzug der Türken ebenfalls grosse Ländereien aufgekauft hatte. «Wozu Bäume pflanzen? Gott lässt sie doch alleine wachsen.» Sie hatten noch nie etwas von Waldwirtschaft gehört und holzten bei Bedarf ganze Landstriche ab, es war ja genug da. Die jungen Olivenhaine und Rebgärten hatte das Feuer Gott sei Dank verschont, obwohl sie zum Teil recht nahe an den Waldrändern lagen. Die Wein- und Tafeltrauben reiften zufriedenstellend, bei den Oliven gab es hingegen noch viel zu verbessern. Es lohnte sich, die Erde um die Stämme herum zu lockern, zu wässern und die Bäume jedes Jahr kräftig zurückzuschneiden, aber dafür hatte die Zeit heuer nicht gereicht. Er hatte im Frühjahr immerhin noch versucht, einige zu pfropfen, da ihm das Öl der Olivensorte, die noch aus Hadji Ismail Beys Zeiten stammte, zu bitter war. Hier galt es, abzuwarten, was daraus würde.

Am frühen Nachmittag kam Charles stets zurück, Emma und er nahmen ein kaltes Mittagessen ein und legten sich dann bis gegen den frühen Abend hin. Er hielt es aber meist nicht lange aus. Oft hörte Emma im Halbschlaf, wie er mit Viki draussen herumtollte; er liebte das Mädchen und verwöhnte es nach Strich und Faden; er würde ein guter Vater werden. Wenn sie schliesslich aus ihrem Schlummer erwachte, war er längst wieder weg. Sie setzte sich für den Sonnenuntergang gern mit einer Handarbeit auf die Veranda und bewunderte das Farbenspiel über dem Bergkamm des Kandili. Jeden Abend ein neues Drama, mal flammend rot, dann mehr gelborange oder zart violett mit türkisfarbenen Streifen, altrosa, blaugrau und schliesslich nachtblau, die ganze Farbpalette hinauf und hinunter. Warum hatte Edward diese Himmel nicht gemalt? Warum war er nach England gezogen, wo alles grau in grau war, wo es ständig regnete, statt hier in dieser inspirierenden Umgebung zu schwelgen? Weshalb überhaupt hatten sich die beiden Freunde damals zerstritten? Wegen Fanny? Wegen Edwards Desinteresse? Er war noch immer Charles Partner, ihm gehörte die Hälfte von Achmetaga, und wichtige Entscheidungen konnte Charles nicht allein treffen. Aber er kümmerte sich nicht mehr. Seine Briefe wurden immer seltener. Schade. Emma griff nach

Garnknäuel und Nadeln. Sie strickte Häubchen, Finken, Fäustlinge und bestickte Bettdecken und Kissenbezüge für das Kleine, das in ihrem Bauch heranwuchs.

Sie assen jeweils spät. Emma hatte sich wie immer umgezogen und ihr einfaches Alltagsgewand gegen etwas Schulterfreies aus Baumwolle getauscht. Charles war gerade dabei, seine Kleidung zu wechseln, Emma war es gewohnt, auf ihn zu warten, und setzte sich ans Fenster. Obwohl es im Zimmer stickig war, konnte sie es nicht öffnen, der Kerzenschein lockte zu viele Mücken und Nachtfalter hinein. Sie zupfte verstohlen an ihrem Mieder, es liess sich nicht mehr über ihrem Bauch schliessen, die Haken zwickten im Rücken. Aber es war ihr ein Anliegen, auch hier die Form zu wahren und nicht der Bequemlichkeit halber auf elegante Kleidung zu verzichten. Sie blickte in die Nacht hinaus und überlegte sich, ob sie nicht doch in Athen ein neues Mieder und Stoff für weite Kleider bestellen sollte, womit sie auch Gäste empfangen oder ausgehen konnte. Aber wozu eigentlich? Sie gaben ja hier nur selten Einladungen, und ebenso selten besuchten sie ihre Nachbarn, die Boudouris in Mantoudi oder die Tombazis in Kechries. Die Wege waren weit und mühsam. Und die nette Familie Leeves, englische Missionare, die sie in Athen kennengelernt hatte, wohnte in Kastaniotissa, weit im Norden der Insel. Oberst Hahn war nach dem Verkauf seiner Güter wieder nach Athen gezogen, und den alten Des Granges, der in Agio-Iannako bei Rovies einen Landsitz besass, mochte sie nicht besonders. Sein Sohn Paul war zwar nett, seine Frau und die beiden Töchter kannte sie nicht, die weilten in Deutschland. Eigentlich vermisste sie das lebhafte gesellschaftliche Leben, wie es in Hofwyl gepflegt worden war, nicht mehr.

An die Einsamkeit hier hatte sie sich gewöhnt, die Ruhe hatte sie sogar schätzen gelernt. Viele Menschen bedeuteten ja oft auch viel Unruhe und Ärger. Die Organisation des Haushalts und des Gartens waren anspruchsvolle Aufgaben, die ihr wenig Zeit für Grübeleien liessen. Und so vieles musste sie lernen. Vergass sie nur einen Abend die frisch gesetzten Tomatenpflänzchen zu wässern, verdorrten sie ihr anderentags unweigerlich. Die Natur war härter hier, verzieh wenig. Aber sie würde es lernen. Auf jeden Fall: Die Zeiten, in denen sie sich traurig und verlassen, hilf- und ratlos gefühlt hatte, waren vorbei. Sie schaffte es, sich auch mit ihren geringen Griechischkenntnissen Respekt zu verschaffen, man gehorchte ihr, meistens wenigstens, und sie brauchte Charles, den «Effendi», wie ihn die Landarbeiter nannten, nur noch selten um Hilfe zu bitten. Unterdessen machte es ihr sogar Spass zu improvisieren. Ständig war hier Phantasie gefragt, nicht so wie in der Schweiz, wo kaum Spielraum blieb, weil man eigentlich immer wusste, wie etwas zu erledigen war, hatte man es doch immer schon so gemacht. Dieses Chaotische hatte ihr zu Beginn Mühe bereitet, heute nahm sie es mit Humor. Sie freute sich, für ein scheinbar unüberwindbares Problem eine unkonventionelle Lösung gefunden zu haben, oder reagierte gelassen, wenn es eben nicht zu lösen war.

Aber was sie mittlerweile am meisten liebte, das war die Landschaft, die Natur, die sie irgendwie «poetisch» fand, ohne dass sie das genau erklären konnte. Es hatte mit dem Licht zu tun, den intensiven Farben. Sogar jetzt, wo das grosse Blühen vorüber war und die Hitze alles austrocknete, freute sie sich am goldenen Funkeln der dürren Gräser und Disteln, an den vielfältigen Formen der trockenen Blüten und Samen, die sie am Wegrand fand. Ihre nächste Umgebung zu beobachten, hatte ihr geholfen, das Gefühl von Entwurzelung und Heimatlosigkeit zu überwinden, weil sie sich damit ein neues Stück Heimat schuf. Auch das war schwierig zu erklären. Aber eines war sie sich sicher: Sie wollte nach wie vor in die Schweiz zurückkehren, irgendwann einmal, aber es musste nicht mehr gleich morgen sein. Das hatte Zeit. Und die brauchte sie auch, wenn sie sich – wie sie es ihrem Vater versprochen hatte – um die Frauen und Mädchen im Dorf kümmern wollte, deren Rückständigkeit sie beschämte. Aber alles der Reihe nach. Jetzt kam zuerst das Kind, dann folgten ihre eigenen Griechischstudien. Dann erst würde sie an die anderen denken können. Sie hörte Charles die Treppe hinunterkommen, er trat ins Speisezimmer, lächelte ihr zu.

«Alles in Ordnung? Du siehst so abwesend aus.»

«Ach, ich habe nur ein wenig nachgedacht, über Gott und die Welt und dass mein Griechisch unbedingt besser werden muss, damit ich den Frauen im Dorf helfen kann, aber es dauert halt, es ist eine schwierige Sprache.»

«Geduld, du machst es gar nicht schlecht.» Sie setzten sich an den Tisch, Emma klingelte, Marie begann aufzutragen.

Nach dem Essen, wenn Marie die kleine Viki zu Bett gebracht hatte, blieben Emma und Charles meist im Salon sitzen, wo es kühler war als auf der Veranda und sie weniger von Insekten geplagt wurden. Emma trank kalten Kirschensaft, Charles nippte an seinem Kognak. Sie spielten einige Partien Schach, Charles las im Kerzenschein Neuigkeiten aus der Augsburger «Allgemeinen Zeitung» vor, die allerdings mit wochenlanger Verspätung eintraf, oder berichtete von seiner Arbeit. Das grosse Stallgebäude für die Pferde und Ochsen gegenüber dem Wohnhaus war längst fertig, der obere Stock diente bereits als Heuschober. Nun plane er, auf der Längsseite des Hofes eine lange, zweistöckige Galerie, türkisch ein sogenanntes Hagiati, zu bauen. Das obere, trockene Stockwerk wolle er als Kornhaus nutzen, unten eine Zimmerei, eine Sattlerei und eine kleine Schmiede einrichten, hier solle auch endlich genügend Lagerraum entstehen, um im Winter die Bienenkästen und das Brennholz stapeln zu können. «Ich habe auch deinen Wunsch berücksichtigt und ein Waschhaus mit Feuerstelle eingeplant.» Emma nickte erfreut. Bald konnte sie dort die Wäsche in Aschelauge einlegen und dann in grossen Kupferkesseln mit heissem Wasser richtig waschen, wie zu Hause. Beides war im Dorf nicht üblich, und sie wusste schon jetzt, es würde sie einige Mühe kosten, die Wäscherinnen von der neuen Methode zu überzeugen. «Hast du auch nicht vergessen, die Kessel in Triest zu bestellen?»

«Nein, ist schon erledigt.» Charles dachte an alles. Nur wenn Emma ihn gelegentlich daran erinnerte, dass er seinem Schwiegervater versprochen hatte, im Dorf eine Schule zu gründen, wurde er ungehalten: «Zuerst muss die Landwirtschaft laufen, der Holzexport eingefädelt werden, dann können wir an solche Sachen denken.» Das ganze Magnesitgeschäft – sollte es funktionieren, so würde es den

Bau eines Schulhauses noch tiefer in den Hintergrund rücken – verschwieg er ihr weiterhin. Aber es war gerade dieses Projekt, das ihn am meisten reizte. Das war etwas Aufregendes, etwas Neues, von dem man nicht wusste, in welche Richtung es sich entwickeln würde. Der ganze philanthropisch-philhellenische Elan hingegen war ihm etwas abhandengekommen. Er fragte sich manchmal, ob es wirklich nötig war, den Bauern Lesen und Schreiben beizubringen. Einige seiner Landarbeiter waren ohnehin Türken, und die Kinder seiner nomadisch lebenden Schafhirten aus Thessalien und Makedonien würde er wohl kaum je in ein Schulzimmer zwingen können – aber ja, ja, versprochen war versprochen.

Geburt und Tod
Herbst 1844

Charles brachte Emma gegen Ende Juli nach Athen. Er hatte eine passende Wohnung in einem soeben fertig gestellten Gebäude an der Ecke des Syntagma-Platzes gefunden, in einer guten, neu erschlossenen Gegend, gleich gegenüber dem Königspalast. Im gleichen Haus wohnte Landsmann Oberst Hahn, der ihm die Wohnung vermittelt hatte. Sie war so geräumig, dass sogar für Viki eine Kammer hergerichtet werden konnte. Emma hätte die Kleine lieber in Achmetaga gelassen, wollte Marie für sich allein haben, um sich selbst ganz dem Neugeborenen widmen zu können. Aber Charles hatte fast ein wenig empört protestiert, sie könne doch ihre Pflegetochter nicht zurücklassen, es sei ja auch ganz ungewiss, wann sie wieder zurückkehren würden, und wer sollte sich so lange um das Mädchen kümmern?

Am 10. September 1844 schenkte Emma einem gesunden Buben das Leben. Charles unterrichtete umgehend die Familie in Hofwyl.

Mein lieber Schwiegervater
Am 10ten gegen acht Uhr des Abends ist Emma nach fünfstündigen Schmerzen eines gesunden kräftigen Knaben entbunden worden und befindet sich Gott sei Dank so wohl, als man in ihren Umständen nur erhoffen kann. Man sagt, der Kleine, wir wollen ihn Edgar nennen, sei wohlgebaut und nicht klein, worüber ich aber nicht urteilen kann, da ich keine Erfahrung habe. Die heisse Jahreszeit ist glücklicherweise vorüber, so dass Emma in den kritischen Momenten nicht mehr an der Hitze litt.
Wir sind diesen Sommer alle vom Wechselfieber verschont geblieben, was ich sowohl dem Luftwechsel zuschreibe als der grösseren Reinheit der Luft durch die nun längere Urbarmachung des Landes, denn allgemein in Griechenland hört man jetzt weniger klagen über Wechselfieber und epidemische Krankheiten als in den ersten zehn Jahren.
Die diesjährige Ernte ist in ganz Griechenland ausserordentlich ergiebig gewesen. Für das Land ist es ein wahres Glück nach dem letztjährigen Mangel; noch eine so schlechte Ernte hätte bei der jetzigen Stimmung des Volkes

*viel Unglück gebracht. Seit der vorjährigen Revolution lösen sich wegen
der schwankenden Lage und der Unfähigkeit der Regierung die Bande der
Ordnung und des Gehorsams gegen die Gesetze. Während der letzten fünf
Monate unter dem Ministerium Mavrokordatos, dessen einziges Geschäft es
war, sich durch jedes mögliche Mittel (gut oder schlecht) eine Majorität in
der Kammer zu verschaffen, haben sich drei Parteien ausgebildet, die aus
Furcht vor der Anarchie während der Nationalversammlung schlummerten.
Jetzt ist ein gemischtes Ministerium unter Kolettis (Führer der «französischen» Partei) und Metaxas (Führer der «russischen» Partei) am Ruder. Es
ist umgeben von Leuten, alle Anführer von den Kriegszeiten her und ans
Plündern und Rauben gewohnt, die durch ihre Frechheit und Anmassung die
Minister bedrängen werden, ihren Forderungen nachzugeben. Wenn nicht,
so würden sie zu den Waffen greifen. Unser König ist leider unfähig, das
Ganze zu leiten, und wird vielleicht seinen Eigensinn und seine Blindheit,
wenn nicht wie Louis XVI mit seinem Leben, so doch mit seinem Thron
büssen.*

Charles schrieb, immer noch aus Athen, auch seinem Freund und
Schwager Carlo Leutwein von dem freudigen Ereignis, allerdings erst
Mitte November, als sich Emmas Zustand verschlechtert hatte; sie
war an Tuberkulose erkrankt.

*Mein lieber Carlo
In meinem Brief vom 25sten Oktober an meinen Bruder Eduard bat ich ihn,
euch zu sagen, dass Emma sehr unwohl sei. Seither fährt sie fort mit der
Eselsmilch und dem Selterswasser und hat fortwährend ein Zugpflaster auf
der Brust. Dieses habe ihr sehr gut getan, denn sie hat wiederum Appetit,
aber sie kommt nur sehr langsam zu Kräften; sie kann jetzt schon für kurze
Zeit stricken; das Fieber und die heftigen Schweissausbrüche haben sie seit
ein paar Nächten verlassen, aber bei der kleinsten Veranlassung kommen
Letztere wieder; den kurzen, trockenen Husten hat sie noch immer, und
dieser macht mir am meisten Sorgen. Der Arzt (Dr. Treiber) behauptet, diese
Krankheit oder die Anlage zu Brustkrankheit datiere schon von längerer Zeit
her, denn sonst wären nicht Tuberkeln ausgebildet gewesen, nur sei sie durch
ihre Schwangerschaft am Ausbrechen gehindert worden. Dafür sei sie umso*

heftiger gleich nach ihrer Niederkunft ausgebrochen. Meine Pläne sind nun für die kommenden Monate gänzlich zerstört, und ich weiss noch gar nicht, ob ich nach Achmetaga werde gehen können, denn bei Emmas Schwäche und ihrem Unvermögen, sich selber zu beschäftigen, muss ich hierbleiben; kann sie sich einmal zerstreuen, das heisst arbeiten und lesen, so werde ich sie allein lassen können. Meine Gegenwart in Achmetaga ist äusserst notwendig wegen meiner Mühlenbauten; den Damm zur Sägemühle machte ich letzten Sommer, und er gelang mir recht ordentlich, nun muss ich den Graben ausheben; kann ich die Mühle fertig stellen, so kann ich viel vom abgebrannten Holz nutzen, das sonst gänzlich verloren geht. Ich habe auch eine Mahlmühle angefangen, die meiner Gegenwart bedarf. Bin ich nun genötigt, im Frühjahr wegen Emmas Gesundheit in die Schweiz zu gehen, und das behauptet der Arzt, so muss ich einige Zeit in Achmetaga zubringen, um alles in Ordnung zu bringen.

Ich habe hier ein angenehmes Quartier für den Winter gemietet, im unteren Stock eines grossen Hauses mit Bögen und Arkaden, gegen Süden gelegen, sehr hell und geräumig, es wird in den kalten Tagen warm sein. Wir haben es so gut möbliert, wie es eben ging, einiges gekauft, anderes von Freunden geliehen. Unser Kleiner ist nun ganz fett und wohl geworden, seitdem wir eine Amme für ihn genommen haben. Vor ein paar Tagen bekamen wir durch das Londoner Dampfschiff die Kleider, die man von allen Seiten dem jungen Herrn geschickt hat. Das und auch die Briefe von zu Hause machten Emma wieder viel Freude, und sie lässt jedermann danken. Die Nachricht vom Tod Hugos hat ihr sehr zu schaffen gemacht. Sie macht sich Sorgen um Maria und den kleinen Hugh, ob sie wohl nach Hofwyl zurückkehren? Emma hat jetzt einen Hang zu Naschereien, wie es bei Konvaleszenten häufig üblich ist; ein paar Tage lang waren ihr einziger Traum «petits pâtes» und ihre Beschäftigung das Durchblättern des Berner Kochbuches.

Madame Des Granges ist mit ihren Töchtern nach Griechenland zurückgekehrt und befindet sich auf Agio-Iannako, ihrem Gut bei Rovies. Die alte Dame soll sich dort gar nicht wohlfühlen und klagt über ihren Aufenthalt und die verlorenen Herrlichkeiten. Sie wird den alten Herrn noch brummiger als sonst machen, die Töchter sollen sich aber sehr glücklich befinden bei ihrer gewohnten Lebensart.

Im Dezember, nach einer Woche mit kaltem Nordwind und viel Regen, brach endlich wieder die Sonne durch. Der blau gefegte Himmel, die saubere frische Luft, alles war wie durch Zauberhand erneuert und hatte jeden Gedanken an den Winter vergessen lassen. Sofort fing es in den Gärten an zu blühen, die Vögel zwitscherten, als wäre es bereits Frühling. Riesige Starenschwärme mit Tausenden von Tieren rauschten während ein paar Tagen über die Stadt und zauberten mit ihren Formationsflügen wahre Kunstwerke in den Himmel.

Seit Emma eine Amme hatte, der sie ihren Kleinen ohne schlechtes Gewissen anvertrauen konnte, waren ihre Lebensgeister wieder erwacht, und sie fing an, mit Charles die Stadt zu erkunden. Die Amme, Paramana sagte man hier, hatte er ausgewählt. Sie teilte mit Viki die Kammer, war sehr jung, drall, eine griechische Schönheit mit dunkel blitzenden Augen, und Emma fragte sich, nach welchen Kriterien ihr Mann dieses Weib wohl ausgesucht hatte. Aber da sie ihrer Aufgabe bis jetzt gewissenhaft nachkam und der Kleine sich in ihren Armen jeweils sofort beruhigte, hatte Emma keinen Grund zur Klage. Noch war sie schwach und ermüdete rasch, aber sie fühlte ihre Kräfte zurückkehren. Eine Tanzeinladung in den königlichen Palast Ende November hatte Charles zu ihrem grossen Bedauern jedoch ausgeschlagen. «Es wird weitere Bälle geben, Königin Amalia liebt sie, und wir werden sicher wieder eingeladen», tröstete er sie. Sie wusste, dass ihm solche Anlässe ein Gräuel waren, aber sie hätte sich nach der wochenlangen Bettruhe auf ein wenig Abwechslung gefreut; man musste ja nicht unbedingt mittanzen. Zudem zermürbte sie das ständige Schreien des kleinen Edgars. Charles floh, wenn es ihm zu viel wurde, in die Natur, ging auf die Jagd, erlegte Hasen, Rebhühner und Enten, die Umgebung Athens war reich an Niederwild. Sie gönnte ihm das, auch weil sie wusste, dass ihm in der Stadt langweilig war und er sich nach Achmetaga sehnte.

Eines schönen Sonntags mietete Charles eine Kutsche. Behutsam half er seiner Frau in den offenen Fiaker, deckte sie sorgsam mit warmen Wolldecken zu, obwohl die Sonne schien und es richtig warm war.

Das Ziel des Ausflugs wollte er ihr nicht verraten. Auf der Türschwelle standen Marie und Viki, die schmollte, weil sie nicht mitdurfte.

«Los geht's», rief er dem Kutscher zu und winkte den beiden zum Abschied. Die munteren Pferdchen zogen an, sie fuhren am neuen Königspalast vorbei, die Patission-Strasse hinaus gegen Norden. Schon bald lockerten sich die Häuserzeilen. Beidseits der gepflasterten Strasse sahen sie grüne Wiesen, Gärten und kleine Wäldchen, dazwischen immer wieder halbfertige Häuser in allen möglichen Baustadien. Emma sah verwundert, wie viele Menschen unterwegs waren, alle in die gleiche Richtung. Prächtig gekleidete Spaziergänger, er mit Zylinder, sie im Reifrock. Galoppierende Pferde mit Offizieren oder mit herausgeputzten Reiterinnen im Damensattel. Schnell vorbeiratternde Kutschen mit schirmchenbewehrten Ladys. Alle bewegten sich zielstrebig stadtauswärts.

Der breite Boulevard, rechts und links mit neu gepflanzten, aber noch kümmerlichen Bäumchen, führte in das Dorf Patission hinauf, eine beliebte Sommerfrische der besseren Athener Gesellschaft. So weit liess Charles jedoch nicht fahren. Nach einer kurzweiligen halben Stunde, in der die Pferde gemächlich im Schritt gegangen waren, erreichten sie einen Platz, der gesäumt war von Cafés und Konditoreien, die ihre Stühle und Tischchen ins Freie gestellt hatten. Es wimmelte von Menschen. Viele Männer in bunten Uniformen, die Frauen in prächtiger Ausgehtoilette, alles, was Rang und Namen hatte, schien hier versammelt. In der Platzmitte stand leicht erhöht eine Rotunde, wo eine bayerische Militärkapelle spielte. Spaziergänger, Reiter und Kutschen umkreisten in gemessenem Tempo den Pavillon. «Wir bleiben in der Kutsche, es hat in den Cafés wohl eh keinen Platz mehr. Du kannst das Spektakel gut von hier aus sehen, ohne aussteigen zu müssen», sagte Charles und amüsierte sich über Emma, die verwundert den Kopf drehte.

«Was gibt das hier?»

«Das Sonntagsvergnügen der vornehmen Athener. Du wirst sehen, es dauert nicht lang, ist aber ganz eindrücklich.»

Emma lehnte sich in das weiche Polster zurück, hörte griechische, französische, deutsche, englische Wortfetzen und zählte die Kutschen, mindestens fünfzig mussten es sein. Sie begutachtete die eleganten Kleider, die teuren Kaschmirschals und die üppig mit Federn, Schleifen und künstlichen Blumen ausstaffierten Chapeaus der Frauen. Hübscher fand Emma die kleinen Feze, welche mutige Damen anstelle der europäischen Hauben trugen, die mit ihren Krempen oft wie Scheuklappen wirkten. Auch die Männer trugen ihr bestes Gewand; die Griechen promenierten mit theatralischer Grazie in ihren weissen, schwingenden Röcken und den mit kostbaren Pelzen verbrämten Westen, den roten Fez auf dem Kopf, den Krummsäbel am breiten Gürtel. Sehen und gesehen werden, das war hier offensichtlich das Motto.

Plötzlich galoppierte ein goldbetresster Offizier auf einem prächtigen schwarzen Hengst auf den Platz. Eine Fanfare schmetterte, die Gespräche verstummten, die Gäste an den Caféhaustischen standen auf. Man wandte sich dem Reiter zu respektive einem prächtig gekleideten Paar zu Pferd gleich hinter ihm. Er im griechischen Kostüm, sie europäisch gekleidet. «Der König und die Königin!», stiess Emma überrascht hervor. König Otto grüsste die Menge militärisch, Königin Amalia senkte anmutig das Haupt. Dann umrundete das Paar gefolgt von der Gardekavallerie den Pavillon, um den sich eine Gasse gebildet hatte. Die Militärkapelle war verstummt, die Musikanten standen. Das Ganze wirkte steif, die Exzellenzen lächelten kaum, wechselten mit niemandem ein Wort, nickten bloss scheinbar wahllos nach links und nach rechts. Eine Pflichtübung, die sie ihren Untertanen schuldeten. Das ganze Spektakel dauerte kaum fünfzehn Minuten, dann sprengten die Herrschaften, der Offizier voraus, in einer Staubwolke wieder von dannen. Die Menge löste sich schlagartig auf, die Kutschen rollten weg, die Kavallerie galoppierte dem Königspaar hinterher. Der Platz leerte sich, die Kaffeehauskunden sassen wieder an ihren Tischchen, und die Kellner nahmen eifrig neue Bestellungen auf. Vom Pavillon her erklang muntere Marschmusik.

«Das war's. Jetzt hast du unseren König und die Königin auch mal gesehen», sagte Charles. «Wenn er nur nicht so eine schwache Figur wäre und seine Minister besser im Griff hätte; sie wäre die bessere Regentin, sie entscheidet viel leichter als er.»

«Und das Volk liebt sie, habe ich sagen hören», meinte Emma.

«Ja, das stimmt. Eigentlich sollten die beiden endlich für einen Thronfolger sorgen, aber nicht einmal das schafft er ... So, und wir fahren jetzt wieder nach Hause, mir scheint, das war heut genug für dich.» Er wollte schon dem Kutscher befehlen zu wenden, als ihm noch etwas in den Sinn kam. «Einen Augenblick noch», er sprang aus dem Fiaker und eilte in die nächste Konditorei. Nach wenigen Minuten kam er mit einem kleinen Karton zurück. «Für Viki, weil sie zu Hause bleiben musste.» Er setzte sich und gab das Zeichen zur Abfahrt. Er bemerkte nicht, wie das erfreute Lächeln in Emmas Gesicht erstarb.

«Du kümmerst dich sehr um die Kleine.»

«Warum sollte ich nicht, sie hat ja niemanden sonst auf der Welt ... Schau, dort drüben im Café an der Ecke, die Familie Scouloudi!» Sie winkten den Sitzenden zu, bevor ihr Fiaker in den Boulevard einbog. «Lad sie doch mal zum Tee ein, jetzt wo du fast wieder gesund bist.»

«Ja, das könnte ich, vielleicht nächste Woche, mal sehen.»

«Übrigens, ich hab für morgen Abend zwei Theaterkarten angeboten bekommen, magst du gehen?»

«Oh, schön! Ja, natürlich. Was wird denn gespielt?»

«Ich weiss nicht genau, eine französische Truppe ist auf Tournee, sie gastiert nur kurz hier in Athen und reist dann weiter nach Smyrna. Die Schauspieler sind vielleicht nicht grad auf Berner Niveau, aber es soll angeblich lustig sein.» Emma freute sich. Sie hatte das ausserhalb der Stadt neu erbaute und erst vor kurzem eröffnete Theater noch nie gesehen und war neugierig.

Früh am nächsten Abend fuhren sie hin. Auf dem Programm stand «Christine ou la Reine de seize ans», ein französisches Lustspiel von Alfred Bayard. Erwartungsvoll nahmen sie ihre hübsch in Dunkelrot und Gold dekorierten Logenplätze ein. Sie hatten noch reichlich Zeit, die gute Gesellschaft in den anderen Logen sowie die Athener im Parkett unten zu beobachten, bevor sich der maisgelbe Vorhang hob. Obwohl das Stück auf Französisch aufgeführt wurde, war das Haus ausverkauft; das Kulturleben der Stadt Athen war noch recht dürftig, und jede Gelegenheit, daran teilzunehmen, wurde eifrig genutzt. Die Vorstellung konnte Emma dann nur mässig begeistern, auch weil das Publikum so unruhig war. Während der Aufführung wurde getuschelt, die Leute im Parkett gingen hinaus, kamen wieder hinein, kicherten, buhten. Sie hatte Mühe, sich auf die verwickelten Verwandtschaftsverhältnisse im Spiel zu konzentrieren, und verlor bald den Faden. In der Pause gingen sie ins Parterre hinunter, von dort hatte man Zugang zu einem improvisierten Foyer, es wurden Erfrischungen angeboten. Der Raum schien aber noch gar nicht fertig zu sein, die rohen Balken waren sichtbar, den Boden bedeckten nackte Planken. Auch der lange Schanktisch, an dem Punsch, Mandelmilch und Kaffee verkauft wurden, bestand nur aus ungehobelten Brettern.

Viel besser als die Aufführung gefiel Emma die Heimfahrt danach. Charles hatte eine Mietdroschke gerufen, und sie fuhren, warm eingepackt, langsam durch die kühle Winternacht. Der Vollmond am Horizont schimmerte so hell, dass man fast die Zeitung hätte lesen können. Sein Licht tauchte die Häuser und Ruinen Athens in fahles, unwirkliches Hellgrau. Über ihnen wölbte sich ein Himmelszelt, wie es Emma auch in Achmetaga noch nicht gesehen hatte. Tausende von Sternen glitzerten am samtblauen Firmament, das von den scharfen schwarzen Konturen der Berge um Athen wie ein Scherenschnitt eingefasst wurde. Das Knirschen der Räder und der regelmässige Hufschlag des Pferdchens waren alles, was man hörte. Emma lehnte ihren Kopf an Charles Schulter und sah ergriffen in die Nacht hinauf, er nahm ihre Hand, drückte sie zärtlich.

«Wir haben es gut, nicht wahr?», flüsterte Emma.

Am 10. Dezember, einen Tag nach der Taufe des kleinen Edgar Charles in der englischen Kirche in Athen, erreichte Emma und Charles die Nachricht vom Tod Papa Fellenbergs. Er war am 21. November in Hofwyl an den Folgen einer Lungenentzündung verstorben. Was wurde nun aus der Schule, seinem Lebenswerk? Es schien unausweichlich, dass Emma und Charles in die Schweiz zurückreisen mussten, um dabei zu sein, wenn das Erbe geteilt wurde.

AMALIA, KÖNIGIN VON GRIECHENLAND

1837 heiratete der Katholik Otto I. die achtzehnjährige Protestantin Amalie Marie Friederike, Herzogin von Oldenburg, die damit die erste Königin Griechenlands wurde. Im Gegensatz zum wenig anziehenden Äussern Ottos – seine einnehmenden Porträts sind geschönt – war Amalia tatsächlich hübsch, galt als klug und willensstark, gar eigensinnig. Die glückliche Ehe stand insofern unter einem ungünstigen Stern, als es dem Paar nie gelang, Kinder zu zeugen. Wie damals üblich, wurde die Schuld bei der Frau gesucht, weshalb Amalia zahllose Kuren in Deutschland und auch in der Schweiz unternehmen musste und zeitweise auf die von ihr geliebten Ausritte und Tanzanlässe zu verzichten hatte.
Amalia liebte Hellas, lernte sofort Neugriechisch und erkundete mit ihrem Gatten das Land. Diese Expeditionen zu Pferd waren strapaziös und gefährlich, gab es doch kaum Strassen und Brücken. Die Königin kümmerte sich um ihr Volk, baute Spitäler, Waisenhäuser, Schulen, spendete Geld für Kirchen und gründete oberhalb Athens das Mustergut Heptalofos. Ihr heute noch sichtbarstes Bauwerk ist der Amalia- oder Nationalgarten neben dem Königspalast, eine der wenigen grünen Lungen der Metropole. Anlage und Unterhalt dieses Parks kosteten viel Geld. Amalia liess Tausende von Pflanzen – Blumen, Büsche, Bäume – aus allen Weltteilen kommen. Es war aber vor allem der enorme Wasserverbrauch, der in der Bevölkerung auf Kritik stiess; Wasser war im damaligen Athen eine Rarität.
Berühmt war die Königin für ihre grossartigen Hofbälle. Sie berichtet 1845 darüber ihrem Vater nach Oldenburg:

Du wunderst dich, dass so viele Personen auf die grossen Bälle kommen, ich will dir vorrechnen, wie das zugeht. Das diplomatische Korps sind dreissig Personen, das Korps der Konsuln mit ihren Frauen sind zwanzig. Von den fremden Schiffen die Offiziere sind wieder fünfzig, denn es liegen in Piräus immer eine englische und eine französische Fregatte, ausserdem ein englischer und französischer Kriegsdampfer und auch Korvetten, dann russische Korvetten und Bricks, ein österreichisches Dampfschiff, ein türkisches Schiff etc. etc. Dann kommen noch die präsentierten Fremden, über hundert. Nun hat der Senat 35 Mitglieder, die Kammer 125, nun noch ihre Frauen und Töchter. Ausserdem die Unzahl Offiziere, die hier sind, über achtzig Stabsoffiziere, und ihre Frauen. Nun fehlen noch die Zivilbeamten mit ihren Frauen und dann die Privatpersonen von guter Familie oder reiche Eigentümer etc. etc. Es kommt die Summe von 600 bis 700 leicht heraus.

Kümmerte sich Amalia zu Beginn nicht um die Geschäfte ihres Gatten, rieb sie sich zunehmend an seiner Entschlussunfähigkeit. Sie begann Einfluss zu nehmen und amtete bei Ottos Abwesenheit gar als Regentin. Modernen Regierungsformen abhold, unterlief sie aber die griechischen Bestrebungen um mehr Mitsprache und verlor damit die Sympathien des Volkes. 1861, Otto weilte im Ausland, entging sie nur knapp einem Attentat.
Der starre Konservatismus des Königshauses, vor allem aber die Kinderlosigkeit führte schliesslich zur Absetzung Ottos im Jahr 1862. Das Paar beschloss seinen Lebensabend in Bamberg. Amalia überlebte Otto um acht Jahre und starb 1875. Das Paar wurde in der Gruft der Theatinerkirche in München beigesetzt.

Emma entdeckt Athen
Winter 1844/45

Am 17. Dezember fuhr Charles allein nach Achmetaga. «Ich muss dort noch so viel regeln, bevor wir im Frühjahr in die Schweiz fahren. Es ist absolut nötig, sonst werden unsere Mühlen nie fertig, das verstehst du, nicht wahr?» Emma bejahte zögernd. «Wenn ich den Bau nicht beaufsichtige, machen die irgendwas, ich kenn das doch. Ich mach so schnell wie möglich, Ende Januar bin ich wieder da. Du bist ja jetzt so weit gesund, dass ich dich allein lassen kann, oder?» Der völlig unerwartete Tod ihres Vaters hatte Emma zwar mitgenommen, aber sonst fühlte sie sich tatsächlich gut, fast ein wenig unternehmungslustig. Sie würde Charles' Abwesenheit für Besichtigungen in Athen nützen, denn Altertümer interessierten ihn überhaupt nicht. Auch die Korrespondenz, die sie etwas vernachlässigt hatte, brauchte wieder mehr ihrer Zeit. An ihre Schwester Olympe schrieb sie am 21. Dezember:

Papas Tod hat uns sehr bestürzt. Wir waren hier völlig unvorbereitet auf diese Nachricht. Was macht man nun in Hofwyl? Könnte Charles irgendwie nützlich sein? Wir werden, so Gott will, im nächsten Frühjahr in die Schweiz kommen, vor allem, um dem heissen Sommer hier zu entgehen. Was nachher kommt, wissen wir noch nicht. Wir machen keine Pläne auf lange Zeit, die letzten Monate waren turbulent, und nur Gott kennt die Zukunft. Ich bin auf dem Weg zur vollständigen Genesung, dank dem einzigen Medikament, das ich zu mir nehme: dem Selterswasser. Seine Frische tut mir gut, denn hier ist es nicht kalt, wir haben warme Tage wie in der Schweiz im April oder September. Unsere Wohnung ist warm, ich kann draussen spazieren gehen, als wäre ich auf dem Land, denn das Haus steht etwas ausserhalb der Stadt. Charles ist nach Achmetaga abgereist, aber ich komme gut zurecht. Im gleichen Haus wohnt Herr Hahn, und auch die Scouloudi sind nicht weit. Papa Scouloudi war gestern hier. Er trank diesen griechischen Kaffee, den keiner liebt, der in Europa schon mal Kaffee getrunken hat. Ich habe Eichelkaffee zu mir genommen, denn ich mag auch den Tee hier nicht, weil die Milch schlecht ist. Ich bin so froh, dass sich Charles entschieden hat, in die Schweiz zu fahren. So wird mein Kleiner nicht hier seine ersten Zähne haben und hoffentlich auch von diesen schrecklichen Durchfällen verschont, an denen so viele Kinder sterben und gegen die man machtlos ist. Ich freue mich sehr, euch alle zu sehen. Und ich freue mich, weil es Charles ist, der sich entschlossen hat zu reisen, nicht ich. Ich würde nun klaglos hierbleiben, wenn es sein müsste.

Unserem Kleinen geht es prächtig. Man könnte nicht sagen, dass er ein schönes Kind ist, aber er ist wohlgeformt und lebhaft. Er scheint zart zu sein, hat aber eine gute Brust, um zu schreien, wenn er etwas will. Ich bringe ihn jeden Tag nach draussen, drei bis vier Stunden, das tut ihm gut. Heute ist hier sehr viel los, Königin Amalia feiert ihren Geburtstag, schon am frühen Morgen böllerten Kanonenschüsse. Auch in unserem Haus wird es Musik geben und was weiss ich noch alles, weil die bayerische Gesandtschaft hier einen grossen Ball veranstaltet. Das ganze Gebäude ist geschmückt.

Emma musste allerdings die Erfahrung machen, dass sie als Frau nicht allein in der Stadt herumspazieren konnte, das gehörte sich nicht. Athen war eben dem Orient doch sehr nahe, und auch von den europäischen Frauen wurde eine gewisse Zurückhaltung erwartet. Ging sie mit dem Kinderwagen und Marie oder der Amme spazieren, so war das in Ordnung. Auch zwei Frauen konnten, Arm in Arm, Besichtigungen oder Einkäufe machen; eine Frau allein jedoch, das ging nicht, erklärte ihr der alte Scouloudi mit Bestimmtheit. Weil er schlecht zu Fuss sei, könne er sie nicht begleiten, aber er würde Leute vorbeischicken, wenn sie ausgehen wolle. So kamen nun jeweils sein Sohn mit einem der Neffen oder Schwiegersöhne, Emma hatte den Überblick über die grosse Familie Scouloudi längst verloren, um sie auf ihren Erkundungstouren zu begleiten. Die wohlerzogenen jungen Männer sprachen alle mehr oder weniger gut Französisch, und so konnte Emma ihre Unternehmungslust auch ohne Charles befriedigen. Sie ging fast täglich aus, nur der gelegentlich aufkommende kalte Boreas-Wind vermochte sie zurückzuhalten. Die Spaziergänge taten ihr gut, sie fühlte, wie sie kräftiger wurde.

Athen war eine Stadt im Bau, und Emma liebte es, über die frisch gepflasterten Strassen zu gehen, die neuen Gebäude zu bewundern, die neben oder gleich auf den antiken Ruinen gebaut wurden. Sie erlebte dabei allerlei Merkwürdiges. Einmal stiessen sie zufällig auf eine kleine Menschenmenge vor einer Baugrube am Strassenrand. Als sie sich, obwohl ihre Begleiter sie davon abhalten wollten, näher heranwagte, sah sie in der Grube einen bärtigen Popen vor einem Fundamentloch stehen. Er murmelte fortwährend, vermutlich Psalmen, hielt in der einen Hand einen geköpften Hahn an den Füssen und liess das Blut in die Grube laufen, wo schon der Kopf und eine kleine Blechbüchse lagen, mit der anderen Hand schlug er fortwährend das Kreuz. Das Ritual, das Emma ziemlich heidnisch vorkam, war rasch vollzogen, die Menge zerstreute sich. Als Emma sich ebenfalls abwandte, sah sie gerade noch aus dem Augenwinkel, wie der Pope den kopflosen Gockel verstohlen unter seine schmutzige Soutane stopfte. Hinter ihm schaufelten die Bauarbeiter eilig Erde über die Opfergaben und setzten gleichzeitig den Grundstein für das neue Gebäude.

Ein anderes Mal konnte sie durch ein Kirchenportal schlüpfen und einer griechisch-orthodoxen Taufe beiwohnen. Unter lautem Psalmodieren, es waren gleich mehrere Sänger anwesend, wurde das Kind vom Popen gesalbt und danach dreimal in eine Art hohe Badewanne getaucht, was es mit lautem Geschrei quittierte. Das Ganze war kaum feierlich, und Emma störte sich am Kommen und Gehen der zahlreichen Anwesenden, die der Zeremonie wenig Aufmerksamkeit schenkten. Wo blieb in der orthodoxen Kirche die innere Andacht und Besinnlichkeit, die doch zu einem so wichtigen Ritual gehörten?

Bereits durchzogen breite Avenuen die Innenstadt, die nach einem strengen Plan über den Trümmern des letzten Krieges und der Antike neu errichtet wurde. König Otto schwebe eine europäische Residenzstadt vor, für die Entwürfe habe er namhafte Architekten aus dem Ausland kommen lassen, Deutsche, Italiener, erklärte Anastasios, einer der Scouloudi-Neffen. Nur in wenigen Stadtteilen hatten die engen alten Gassen und niedrigen weiss getünchten Lehmhäuser aus der Zeit vor dem Befreiungskrieg überlebt. Dort hausten die Ärmsten, oft Flüchtlinge von den Inseln. Es sei dort sehr schmutzig und rattenverseucht, meinte Anastasios. Er weigerte sich, sie hinzuführen, Emma musste sich fügen. An diese Quartiere schlossen sich neue Wohngegenden für Beamte und Kaufleute an – hübsche, zweistöckige Häuser, niedrige Ziegeldächer, gusseiserne Balkone, die Fenster schmal, aber hoch, mit grün oder blau gestrichenen Klappläden, winzige, liebevoll gepflegte Gärten in nur zimmergrossen Höfen. Und zwischendurch immer wieder Ruinen: Tempel und Grabbauten aus der Antike, Moscheen und Badehäuser aus osmanischer Zeit, eine merkwürdige Mischung.

Die grossen, öffentlichen Gebäude wurden rund um den neuen Königspalast am Syntagma-Platz gebaut, wo Charles eine Wohnung für sie gefunden hatte. Emma gefiel die Universität ganz in ihrer Nähe, entworfen vom dänischen Architekten Hans Christian Hansen; sie war noch nicht fertig, versprach aber grossartig und echt altgriechisch zu werden. Wenn sie an die Berner Universität und überhaupt an Bern dachte, dann musste sie sich eingestehen, dass hier in Athen etwas ganz anderes im Entstehen war: eine Metropole mit grossstädtischem Charakter, mit beeindruckenden Repräsentationsbauten wie dem neuen Palast, der ihr aber nicht nur übertrieben gross erschien, sondern auch plump und ohne jede Anmut – ein grober Klotz. Königin Amalia liess zurzeit gleich daneben einen grossen Park anlegen mit vielen schattenspendenden Bäumen, ganze Olivenhaine seien geplant, Pinienwäldchen, Rosengärten, man sprach derzeit von nichts anderem in der Stadt, exotische Gewächse aus ganz Südeuropa würden herbeigeschafft, Palmen, was für ein Luxus. Einmal fertig, würde er sicher wunderbar sein, dieser Park. Aber darin spazieren, das durften ja dann nur die Königin und ihre Entourage.

Und die neuen Einkaufsstrassen: Hier gab es unterdessen fast alles zu kaufen, was das Herz begehrte, und es war für Emma und Marie, die sie begleitete, ein wahres Vergnügen, die Auslagen zu bewundern. Sie tätigten Einkäufe für Achmetaga, vor allem Tuchware: feine Baumwolle für Sommerkleider, broschierte Gardinenmousseline, holländisches Leinengewebe für Küchentücher und blau-weiss gestreiften, derben Matratzenzwilch. Ihnen gefielen diese sauberen Geschäftsstrassen viel besser als der alte, schmutzige Basar, den es auch noch gab. Dort war es immer so laut und geschäftig – orientalisch eben; das war nichts für sie.

Den gut bestückten Lebensmittelmarkt hingegen besuchten sie fast täglich, und Marie kehrte jeweils schwer beladen nach Hause zurück. Hier kauften sie Hammel-, Rind- und Schweinefleisch, tote oder lebende Hühner, Enten, Puten und verschiedene Wildvögel, die sie nicht kannten. An den Gemüseständen häuften sich Kohl, Rüben aller Art, Spinat, Endivien, Bohnen, Kohlrabi, Kopfsalat, Kartoffeln, Sellerie, Zwiebeln, Tomaten, Auberginen – alles sehr frisch und appetitlich angeordnet, dazu viele aromatische Kräuter. Die Obstauswahl hielt sich eher in Grenzen: Äpfel, Birnen, Trauben; dafür waren Granatäpfel, Zitronen, Orangen und Zitronatfrüchte im Angebot. An Extraständen lagerten in Säcken Trockenwaren aller Art: Reis, Bohnen, Erbsen, Rollgerste, Nüsse, Datteln, Feigen und Rosinen. Das Geschrei der Fischhändler, die einander zu übertönen versuchten, hallte durch die Gassen; sie priesen Frischware aus dem Meer an, dann auch getrocknete Fische, gesalzene oder in Essig eingemachte. Auf die Butter, die aussah wie Schweineschmalz und in Häuten von Schafen eingenäht angeboten wurde, verzichtete Emma des üblen Geschmacks wegen; mit Wehmut dachte sie jeweils an die süsse, goldgelbe Butter zu Hause. Und natürlich gab es verschiedene Käsesorten zu kaufen, daneben Eier, Mehl, Milch und Backwerk, vom gröbsten Brot bis zum feinsten Gebäck. Für Kaffee, Tee, Kakao und Zucker mussten Spezialgeschäfte aufgesucht werden.

Emma besichtigte selbstverständlich auch die Akropolis und all die anderen antiken Sehenswürdigkeiten, die auf dem Programm jedes Reisenden standen, der Athen besuchte. Beeindruckt war sie vom geheimnisvollen «Turm der Winde» mit seinen vielen Allegorien, schön fand sie die Ruinen des olympischen Zeustempels, weil von ihm noch Säulen aufrecht standen. Sie war dort eines späten Nachmittags mit dem alten Scouloudi in der Kutsche hingefahren. Es war so warm, dass man draussen sitzen konnte. Zwischen den Säulen der auf einer leichten Anhöhe stehenden Tempelruine hatte ein gewitzter Kaffeehausbesitzer Tischchen und Stühle hingestellt. Eine kleine Blasmusik spielte. Sie tranken Zitronenlimonade, knabberten dazu honigtriefendes Gebäck, und genossen den farbenfrohen Sonnenuntergang. Emma liebte es, mit dem Alten zu plaudern. Er strahlte eine ruhige Würde aus, machte ihr auf charmante, unaufdringliche Weise den Hof und wusste so viel Spannendes über Athen und die Freiheitskämpfe zu berichten, an denen er selbst teilgenommen hatte. Sie hätte ihm stundenlang zuhören können. Die kühle Abendbrise und die aus den Ruinen aufsteigende Feuchtigkeit zwangen sie jedoch zur Rückkehr, es wurde in der Nacht empfindlich kalt.

Obwohl Emma sich gut selbst zu beschäftigen wusste, vermisste sie ihren Mann. Da sie, im Gegensatz zu ihm, in Athen kaum jemanden kannte, erhielt sie auch keine Einladungen, weder zum Tee noch zu Tanzveranstaltungen, deren es jetzt im Winter viele gab. Besonders über die Weihnachts- und Neujahrstage fühlte sie sich einsam. Dachte sie nicht an Charles, so kreisten ihre Gedanken hauptsächlich um den kleinen Edgar und sein Wohlergehen, über das sie getreulich nach Hofwyl rapportierte.

Ich glaube, Edgar gleicht mehr Charles als mir, obwohl er kugelrund ist und ein Doppelkinn hat. Er ist ganz zufrieden mit seinem Leben und verbringt Stunden damit, kleine, lustvolle Schreie auszustossen und seine Hände zu bewundern. Seine Zähne machen ihm allerdings ein wenig Mühe. Die Amme ist die Fröhlichkeit in Person. Sie glaubt, der Kleine sei das schönste Baby auf der Welt, da er ja auch von der besten Amme genährt werde. Sie hat ein kindliches Gemüt, ist aber sehr sorgfältig, klug und eifrig. Das kleine Büchlein vom Herrn Haller, das mir von zu Hause geschickt worden ist, habe ich gelesen und mich dabei amüsiert. Ich habe vieles ganz anders gemacht, als er empfiehlt. Ich habe den Kleinen in Baumwolle gekleidet, nicht Leinen, er hatte nie eine wunde Stelle. Ich habe ihn nie mit Daunen zugedeckt, sondern immer mit einer Baumwolldecke, und er schläft auf einer kleinen, harten, mit Wolle gestopften Matratze, auf die ich ein gewachstes Leintuch gelegt habe. So oft ich kann, gehe ich mit ihm an die frische Luft. Nach dem Bad reibe ich ihn mit einem etwas rauen Tuch ab, er giggelt. Und ich erlaube nicht, dass man seine Kleider vorwärmt, wie Haller es empfiehlt. Seit seiner Geburt haben wir rund um ihn herum gelebt, ohne dass das seinen Schlaf gestört hätte. Wir tragen ihn nicht unnötig herum, ihm ist wohl in seinem warmen Bettchen. Aber was ich auch tue, es ist nicht mein Verdienst, wenn er heranwächst. Gott allein gibt ihm die Gesundheit.

Weniger glücklich als mit der Amme war Emma mit Marie, die offenbar in Athen einen Liebhaber gefunden hatte und heiraten wollte.

Marie hat nichts im Kopf, auch wenn sie sehr willig ist. In der Schweiz hätte ich sie nicht länger als sechs Monate behalten, aber hier muss man sich mit wenig zufrieden geben. Die ersten Monate gingen ganz gut, und in Achmetaga habe ich nicht von ihr verlangt, dass sie mitdenkt, ihr guter Wille reichte aus. Aber hier in Athen ist sie eine Null. Nichts macht sie mit Sorgfalt und Genauigkeit. Die Näharbeiten erledigt sie so schlecht, dass ich sie mit anderem beschäftigen muss. Sollte ich nach der Schweiz wieder nach Griechenland zurückkehren, werde ich ein hiesiges Mädchen nehmen, das an das Klima hier gewohnt ist. Die Deutschen sind alle krank geworden und haben keine Kraft mehr, um zu arbeiten. Ich muss Marie deshalb schonen. Sie benimmt sich jetzt wie die Dame des Hauses, steht erst um sieben Uhr auf und geht zwischen acht und neun Uhr wieder schlafen. Und doch scheint sie immer sehr müde zu sein und ist schlecht gelaunt. Es ist schwer zu ertragen. Charles meint, es sei, weil sie verliebt ist.

Charles kehrte gegen Ende Januar aus Achmetaga zurück und brachte gleich zwei Überraschungen mit: eine Einladung an eine Athener Hochzeit Mitte Februar und eine weitere für einen Ball im Königspalast Ende Februar. Im neuen Königspalast – welche Ehre! Emma freute sich und liess sogleich den italienischen Schneider kommen, denn ein Ballkleid besass sie nicht, das musste schleunigst entworfen und angefertigt werden; es konnte zuerst für die Hochzeit dienen, dann leicht verändert auch für den Ball; zu viel Aufwand wollte Emma nicht treiben, solche Spezialanfertigungen waren kostspielig. Wenn sie wieder in Achmetaga war, würde sie eh kaum mehr Gelegenheit haben, die teure Anschaffung zu tragen.

Eine noble Hochzeit, ein königlicher Ball

Februar 1845

Die Hochzeit war ein glanzvolles Ereignis, über das man in Athen schon seit Tagen geredet hatte: Zwei mächtige Familien, die Kolokotronis und die Karatzas, gingen eine Verbindung ein. Viele wichtige Persönlichkeiten waren erschienen, Diplomaten mit ihren Frauen, hohe Beamte, Premierminister Ioannis Kolettis selbst war Brautführer. Emma fragte sich, wie Charles zu dieser Einladung gekommen war, und sah etwas beklommen an sich herunter. Ihre neue, karamellfarben changierende Seidenrobe mit dem dunkelbraunen Spitzenschal war vielleicht etwas gar protestantisch schlicht geraten, und erst ihre alten Schnürstiefelchen, auch wenn man diese unter dem bodenlangen Kleid kaum sah.

Hier war man sehr bunt gekleidet, sei es in griechischer Tracht oder in Uniform: Dunkelblaue Jacken, weisse Beinkleider mit grünen Seitenstreifen, weinrote Hosen mit grünen Jacken, gelb, hellblau, braun und schwarz, alle möglichen und unmöglichen Farbkombinationen waren zu sehen, und als wäre das nicht genug, schlangen sich noch rotseidene Schärpen um mächtige Bäuche. Charles, lang und dünn, im schwarzen Anzug und mit seinem alten, bereits etwas speckig glänzenden Zylinder, drückte beruhigend ihren Arm, nickte freundlich nach rechts und links, aber auch er schien niemanden wirklich zu kennen. Emma hegte den Verdacht, dass sie nur eingeladen worden waren, um die Menschenmenge zu vergrössern. In der Kirche hatten sie grosse Mühe, einen Platz zu finden, um das Ritual mitzuverfolgen. Auch heute herrschte im Gotteshaus ein ständiges Kommen und Gehen, die Menge war immer in Bewegung, was ihnen erlaubte, sich mit der Zeit nach vorne zu schieben. Emma freute sich, dass die Modistin ihre neue, zum Kleid passende Seidenhaube nur mit einer schmalen Krempe versehen hatte, so dass sie den Kopf nur wenig zu drehen brauchte, um ihre Umgebung beobachten zu können.

Sie mussten nicht lange warten. Die Braut Rallia Karatzas hielt am Arm des Brautführers Kolettis Einzug, während der Bräutigam Konstantinos Kolokotronis in seiner weissen, reich gefältelten Fustanella, eingeklemmt zwischen zwei verheirateten Freunden, hereinkam. «Sie haben ihn in die Geheimnisse des Ehelebens eingeführt und ihm gute Ratschläge erteilt, wie er in seinem Haus der Herr bleibt, was ja bekanntlich nicht so einfach ist», sagte Charles, ohne eine Miene zu verziehen. Emma schubste ihn mit dem Ellbogen in die Seite und kicherte hinter vorgehaltener Hand.

Die Brautleute blieben vor einem kleinen Tisch mit einem aufgeschlagenen Evangelium stehen, auf dem zwei Ringe und zwei Hochzeitskränze bereitlagen. Auf der anderen Seite wartete der Pope. Als die Psalmensänger anfingen zu singen, segnete er Eheringe und Kränze je dreimal, bevor sich die Brautleute die Ringe gegenseitig dreimal an den Finger steckten. Dann ergriff der Pope die Hände der beiden und legte sie zusammen. Damit war der Bund vor Gott besiegelt.

Unterdessen hatte der hinter dem Paar stehende Trauzeuge die zwei mit einem feinen weissen Seidenband verbundenen Hochzeitskränze ergriffen und wechselte sie dreimal über den Köpfen der Brautleute. Weihrauchschwaden vernebelten die Sicht, Emma hielt sich verstohlen ein parfümgetränktes Tüchlein vor die Nase, Glöckchen bimmelten, Psalmen ertönten. Anschliessend nahmen Braut und Bräutigam je einen Schluck Wein aus einem Becher, der dann vom Trauzeugen in einem Zug geleert wurde. Schliesslich, die ganze Zeremonie hatte nur etwa eine halbe Stunde gedauert, schritten alle vier, der Pope voran, noch dreimal feierlich um den Tisch mit dem Evangelium.

Danach strömte alles aus der Kirche. «Was für ein Theater, bin ich froh, nicht auf diese Weise geheiratet zu haben.» Emma atmete tief ein und füllte ihre Lungen mit frischer Luft. Vor dem Portal wurden Reiskörner über das Paar geworfen und Mandelbonbons verteilt. «Der Reis symbolisiert viele Kinder, das bittersüsse Mandelkonfekt hingegen, dass es im Leben neben Süssem immer auch Bitteres gibt», erklärte Charles. Auf dem Kirchplatz blieb das Brautpaar stehen, um die Glückwünsche der Gäste in Empfang zu nehmen, und es war wunderlich anzusehen, wie all die griechischen Persönlichkeiten mit ihrer übertriebenen Arroganz und Grandezza der Braut Ehre erwiesen und ihr artig Komplimente machten. Premierminister Kolettis hielt sich stets im Hintergrund. Er machte, fand Emma, eine gute Figur, hatte in seiner griechischen Tracht etwas vornehm Stolzes und gleichzeitig Elegantes an sich. Ohne Zweifel war er hier die wichtigste Persönlichkeit, die Leute benahmen sich ihm gegenüber besonders respektvoll.

Langsam formierte sich der Hochzeitszug, der zum Haus der Braut führte, wo das Fest stattfinden würde. Hinter den aufspielenden Musikanten gingen die Verwandten, tanzte eine ausgelassene Kinderschar, das Brautpaar bildete den Schluss. Rallia Karatzas ging langsam, stolz, ohne Lächeln, bewegte sich hölzern und hielt die Augen gesenkt. Ihr schweres, weisses Moiréunterkleid schleppte am Boden, es schien brettig-steif zu sein. Darüber trug sie eine enge, bestickte Weste mit langen Ärmeln aus gestreifter Seide, die vorne mit Gold- und Perlenketten in dichten Reihen geschlossen war, Emma stand nah genug, diese durch den allgemeinen Lärm klimpern zu hören. Um den Hals hatte sie ein feines Mousselinetuch drapiert, darunter schimmerte eine mit Goldmünzen behängte Kette. Das lange schwarze Haar, in das Goldfäden eingeflochten waren, fiel ihr offen über den Rücken, auf dem starr gehaltenen Kopf balancierte ein roter Fez mit blauer Seidenquaste; um den Fez schlang sich ein dicker Tuchwulst, eine Art Turban, der wiederum mit Ketten und Goldstücken besteckt war.

«Sie ist sehr jung ... Ob das alles echt ist?», fragte Emma leise.

«Da kannst du Gift drauf nehmen. Beide kommen aus reichen Familien. Die Kolokotronis haben sich im Befreiungskrieg 1821 hervorgetan, was vom griechischen Staat grosszügig – zu grosszügig meiner Meinung nach – vergolten worden ist. Die Karatzas hingegen sind eine Händlerdynastie mit bulgarischen Wurzeln. Ich hatte vor einiger Zeit mal mit ihnen zu tun, wegen einer Schiffsladung Holz nach Smyrna, vielleicht haben wir deswegen eine Einladung erhalten.»

«Sie wirkt so steif, so unnatürlich ... Mir kommt sie vor wie ein geschmücktes Opfertier, das man zum Altar führt», sagte Emma mitfühlend. «Sie scheint sich jedenfalls nicht zu freuen.»

«Sie hat ihren Mann ja auch nicht selber ausgesucht. Hier ist es üblich, dass die Familien die Ehe arrangieren, die Brautleute werden nicht gefragt. Zudem: Er ist viel älter als sie, bereits über dreissig, sie erst sechzehn.»

Zum Hochzeitsfest waren Emma und Charles nicht eingeladen. Sie sahen dem heiteren Zug nach, wie er in einer der Altstadtgassen verschwand, die Musik wurde leiser, der Kirchplatz leerte sich, es wurde wieder ruhig und still. «Weisst du noch, in Münchenbuchsee ...?» Emma schmiegte sich an Charles, beide lächelten und dachten an die schlichte Zeremonie, die einfache, kleine Kirche, das fröhliche Familienfest danach in Hofwyl. «Das ist doch viel schöner gewesen, damals, mit Maria und Hugo.» Emmas Gedanken schweiften ab. Ihrer Schwester Maria, die am gleichen Tag geheiratet hatte, war das Glück nicht hold gewesen. Nicht nur war Hugo vor einem Jahr in Irland an Schwindsucht gestorben, auch Maria ging es gesundheitlich nicht besonders gut, wie Emma aus ihren Briefen wusste.

Der Ball eine Woche später verlangte etwas mehr an Vorbereitungen, würden doch König Otto und Königin Amalia anwesend sein, und es bestand durchaus die Möglichkeit, mit dem Königspaar ein paar höfliche Worte wechseln zu müssen. Allerdings enthielt die Einladung keine näheren Angaben zur Kleidung, was Emma in Ungewissheiten stürzte. Sie setzte auf ihren Schneider, der wissen musste, wie ihre Robe passend zu ändern war. Er riet ihr dringend von echtem Blumenschmuck am Kleid ab, weil die Königin Blumenduft nicht ausstehen könne. «Es wird aber gemunkelt, dass es nicht der Duft ist, der sie stört, sondern ihre Vermutung, dass die Blumen heimlich in ihrem Park gestohlen wurden, was wohl nicht ganz aus der Luft gegriffen ist», sagte er, während er ihr neues Dekolleté absteckte. Er hatte den Ausschnitt so vergrössert, dass ihre Schultern nun zwar frei waren, vom Busen aber nicht viel zu sehen war. Charles schätzte es nicht, wenn sich Frauen zu sehr entblössten. Das Kleid hatte der Schneider mit hellbraunen Samtschleifen, die von kleinen roten Knöpfen auf Kniehöhe fixiert wurden, ergänzt. Diese nahmen ringsum den Stoff hoch und liessen das cremefarbene Spitzenunterkleid hervorblitzen. Das Oberteil hatte er nun eng anliegend genäht, so dass sich die Seide an Emmas Hüften umso üppiger bauschte, am Busen befestigte er eine Rose aus derselben Spitze wie das Unterkleid.

Auch Charles bereitete sich vor. Am Nachmittag liess er nach dem Barbier rufen. Das tat er selten, meist rasierte er sich selbst oder suchte den Mann in seinem Geschäft an der Aeolusstrasse auf. Emma beobachtete den Türken durch die geöffnete Tür des Esszimmers. Unter Bücklingen und barfuss betrat er den Salon, seine pantoffelartigen Schuhe hatte er an der Schwelle abgestreift. Er trug einen roten Fez und die typischen weiten, an den Knien zusammengenähten Beinkleider. Um den sich weit vorwölbenden Bauch spannte sich eine blau und rot gestreifte Schürze, an seiner Seite hing ein Lederriemen. In der einen Hand hielt er einen Kessel mit warmem Wasser, in der anderen ein grosses Waschbecken aus Porzellan. Im Becken lagen ein Stück grüne Seife, schneeweisse Handtücher, ein runder Handspiegel mit einem schimmernden Perlmuttgriff und ein Parfümfläschchen. Der Barbier schlug im Becken einen hohen Berg Seifenschaum auf, stemmte das Bein gegen den Stuhl, auf dem Charles sass, und nahm dessen Kopf aufs Knie, das er mit einem Tuch bedeckt hatte. Nun wurden seine Wangen mit grosser Sorgfalt eingeseift, dann glitt das Messer durch den Schaum, wurde zwischendurch ritsch-ratsch am Lederriemen gewetzt. Dazu summte der Türke leise eine scheinbar endlose, eintönige Melodie vor sich hin.

Charles sass bewegungslos, mit geschlossenen Augen und liess seinen Kopf auf dem Knie hin- und herwenden. Schliesslich erschien Marie mit einem grossen Kübel kaltem Wasser, der Schaum wurde abgespült, das Gesicht behutsam mit dem Handtuch trocken getupft. Dann widmete sich der Barbier dem Stutzen des Backenbarts, die Augenbrauen brachte er mit einer Pinzette in Form, mit der er noch rasch einige Haare aus Ohren und Nasenlöchern zupfte, Charles zog die Nase kraus. Zum Schluss träufelte sich der Türke ein paar Tropfen duftende Essenz in die Handflächen, verrieb sie und klatschte damit sanft auf Charles' rosige Wangen. Dieser seufzte und stand erleichtert auf. Emma wusste, dass er das Prozedere hasste, aber hin und wieder musste es eben sein. Aus der Hosentasche klaubte er ein paar Münzen und drückte sie dem Barbier in die Hand. Sich überschwänglich bedankend, verbeugte sich dieser, bewegte sich rückwärts zur Tür, wo er nach seinen Schnabelschuhen angelte, um schliesslich schlurfend die Treppe hinunter zu verschwinden.

Der Ball begann abends um halb neun und fand in der obersten Etage des noch nicht fertig gestellten neuen Palastes statt, was bedeutete, dass Charles und Emma fast hundert marmorne Treppenstufen hinaufsteigen mussten. Charles, der weder eine Uniform noch irgendwelche Orden besass, trug wieder sein schwarzes Kostüm. Er stützte Emma, die sorgfältig ihr Seidenkleid raffte, um nicht zu stolpern. In ihrem brav gescheitelten Haar steckten, passend zu ihrem Kleid, cremefarbene Rosen aus feiner Spitze, um den Hals lag eine Rubinenkette, und die Ohren waren mit ebensolchen, zierlichen Ohrgehängen geschmückt, beides Hochzeitsgeschenke von Charles. Gegen die Kühle der Nacht hatte ihr der Schneider ein dunkelbraunes Samtcape mit hellbraunem Seidenfutter angefertigt, das sie nun beim Aufstieg in den Tanzsaal bereits von den Schultern streifte. Sie war nervös und schwitzte. Wenn sie tatsächlich dem König, der Königin vorgestellt würde, was sollte sie um Himmels willen sagen? Charles hatte sie beruhigt, sie würde, wenn überhaupt, nur mit Amalia sprechen, diese sei unkompliziert und wisse schon etwas zu berichten. Sie brauche bloss zu lächeln, zu nicken, mehr werde von ihr nicht verlangt.

Charles war dem Königspaar schon früher bei einem diplomatischen Anlass vorgestellt worden. Seine einzige Sorge war, wie sie möglichst bald wieder von hier verschwinden konnten, ohne unangenehm aufzufallen. Es schienen sehr viele Einladungen verschickt worden zu sein, die Menge der festlich gekleideten Menschen, die sich die Treppe hinaufdrängte, war eindrücklich, das würde ihm den Abgang erleichtern.

Charles und Emma betraten, nachdem sie Cape, Haube und Zylinder an einer der vielen Garderoben abgegeben hatten, einen hohen, hell erleuchteten Saal. Er war mit Blumengestecken und Papiergirlanden geschmückt und bereits voller Leute. Von der Decke strahlten riesige, kerzenbestückte Leuchter, von denen Emma hoffte, dass sie gut befestigt waren. Es war einer der ersten grossen Bälle im neuen Palast, und etliches schien ihr noch recht provisorisch zu sein. Sie schnupperte. Die Düfte der Damen, vermischt mit dem Mottengeruch der Mäntel und Uniformen, lagen schwer in der Luft. Es summte verhalten, aber emsig wie in einem Bienenstock, aus dem Gemurmel drangen russische, deutsche, französische, griechische Wortfetzen. Im Hintergrund sah Emma zwei erhöhte Throne und auf der einen Längsseite des Saals drei Reihen mit Sesseln für die Damen, gegenüber diejenigen für die Herren.

Noch standen alle herum. Es hatte viele Griechen und Griechinnen in traditioneller, ganz unterschiedlicher Tracht. Die Männer von den Inseln trugen Pumphosen, keine Fustanellen; und die Röcke der Inselgriechinnen waren anders geschnitten als diejenigen der Frauen von der Peloponnes oder vom Festland. Besonders die älteren Matronen waren über und über mit Schmuck behangen, schwer lagen Gehänge mit Brillanten, Smaragden, grossen Perlen sowie Gold- und Silberketten auf den stattlichen Busen. Ihre goldbestickten Kleider wirkten steif und schienen sie zu hindern, sich frei zu bewegen. Ganz anders die jungen Mädchen, schlank und hübsch, schritten sie mit einer natürlichen Anmut dahin, drehten und wendeten sich, tuschelten und liessen ihre Blicke verstohlen kreisen, obwohl sie von ihren Müttern aus der Ferne mit Sperberaugen beobachtet wurden.

Die europäischen Männer trugen mehr oder weniger phantasievolle Uniformen oder erschienen in einem schlichten schwarzen Frack. Bunt waren ihre Begleiterinnen, Ehegattinnen und Töchter, in enggeschnürten Taillen und weiten Röcken. Mit geröteten Wangen und glänzenden Augen fieberten vor allem die jungen Frauen dem Tanzvergnügen entgegen. Auf ihren gewagten Dekolletés blitzten im Kerzenlicht Gold und Edelsteine. Seide und Atlas schimmerte, Brokat knisterte, feine Spitze kräuselte sich um elfenbeinfarbene Schultern. Schleifen und Volants, Rüschen und Bänder, Rosetten, Blumen, Federn … Luxus und Pracht, wohin man blickte. Wieder kam sich Emma wie ein hässliches Entlein vor. Aber nein! Sie straffte ihre Schultern, reckte das Kinn. Sie würde sich von diesem Theater nicht beeindrucken lassen. Ja, das Ganze kam ihr vor wie eine Bühne, auf der reich gekleidete Schauspieler herumstolzierten. Oder wie ein Käfig voller bunter Papageien. Oder noch besser: Wie Karneval in Venedig, es fehlten nur die Masken. Emma biss sich auf die Lippen, um nicht zu kichern. Sie freute sich, einmal dabei sein zu dürfen, aber wenn sie daran dachte, dass dieser Ball jede Woche stattfand und es offenbar, wie Charles ihr gesagt hatte, Leute gab, die immer dabei waren, wunderte sie sich. Hatten die nichts Besseres zu tun?

Punkt neun Uhr ein Tusch. Es erschienen der König und die Königin in Begleitung ihres Hofstaats, des Hofmarschalls, der Hofdamen und Adjutanten – ein glanzvoller Auftritt, fand Emma, die wie alle anderen in den obligaten Hofknicks versank. Sie schwitzte in ihrem Kleid, das aus mehreren Lagen Stoff bestand. Von den vielen brennenden Kerzen war die Raumtemperatur schon beträchtlich gestiegen. Der König trug eine einfache griechische Tracht, die Königin hingegen eine Robe, die nur aus Paris stammen konnte. Die exquisite Art, wie das enge Mieder geschnitten war, die Länge der winzigen Puffärmel, die Vielzahl der gestuften Volants beim Rock, die Raffung des knisternden Brokats mit goldenen Spangen in Hüfthöhe und schliesslich die ungewohnte Farbkombination des Stoffes – Rostrot und Lindengrün –, das alles sah man an keinem anderen Kleid hier im Saal. Auch das hochgesteckte Haar und das breite Stirnband mit der olivengrossen, fast bis zur Nasenwurzel herunterhängenden Perle waren nach der neuesten Mode. Obwohl: Emma fand den auffälligen Kopfputz viel zu üppig, er störte das schöne, ebenmässige Gesicht der Königin.

Diplomaten, Minister und wichtige Gäste, wie die Kommandanten der in Piräus vor Anker liegenden ausländischen Kriegsschiffe, stellten sich nun mit ihren Gattinnen im lockeren Halbkreis um das Paar auf. Dieses machte die Runde und wechselte ein paar Worte, die Königin mit den Frauen, der König mit den Männern und dann umgekehrt, wie es die Hofetikette vorschrieb. Sie redeten mit den Griechen Griechisch, Deutsch mit den Deutschen und mit allen anderen Französisch, in der Sprache der Diplomatie. Emma bewunderte die

Frau, die ohne Probleme von der einen zur anderen Sprache wechselte, genau wusste, wer wie angesprochen werden musste, und keine Fehler machte. Das Ganze dauerte ungefähr eine halbe Stunde, während der die übrigen Gäste stehend zusahen. Emma, die heimlich aus einem ihrer drückenden Schuhe geschlüpft war, beobachtete Charles, der ihr gegenüberstand und sich sichtlich langweilte. Verstohlen blickte er durchs offene Fenster in die Nacht hinaus, sicher dachte er an Achmetaga. Sinnierte er über den Bau der Getreidemühle, den Ertrag der Olivenernte, über alles, was noch erledigt werden musste, bevor sie in die Schweiz fuhren? Im Saal entstand Bewegung. Emma schlüpfte hastig wieder in ihren Schuh und beobachtete den Marschall, der erst mit der Königin flüsterte, dann dem Orchester ein Zeichen gab: Der musikalische Teil war eröffnet. Emma wusste, dass sie sich nun endlich setzen durfte. Sie hatte ihre Tanzschuhe seit ihrer Heirat kaum getragen, sie waren steif geworden.

Charles hatte ihr am Morgen erklärt, wie der Ball ablief. «Der erste Tanz, nur für Mitglieder des Hofs und des diplomatischen Korps, ist immer eine Promenade. Das dauert rund eine Viertelstunde, dann ist das Parkett offen für alle, es werden hauptsächlich Walzer und Quadrillen getanzt, also kein Problem für dich. Wenn du müde bist, kannst du dich irgendwo auf der Frauenseite hinsetzen. Etwa in der Mitte des Abends kommt die erste Polka, Ottos Lieblingstanz. Danach zieht sich das Paar zurück, und die ersten Gäste gehen bereits.»

«Kriegen wir auch etwas zu trinken und zu knabbern serviert?», hatte Emma sich erkundigt.

«Es gibt zwischendurch ein paar wenige Erfrischungen, von denen aber nur die Flinksten und Frechsten was ergattern können. Mach dir also keine grossen Hoffnungen.»

«Und wie lang dauert das Ganze?»

«So gegen drei Uhr, nach einem endlosen Kotillon, ist der Ball zu Ende. Aber wie gesagt, sobald das Königspaar verschwunden ist, kann man gehen. Übrigens: Es kann sein, dass dich der König auffordert, die Chancen sind aber nicht gross, wie du dir denken kannst. Er ist ganz unkompliziert und plaudert ohne Probleme über Gott und die Welt. Ablehnen darfst du natürlich nicht.»

Es war dann nicht ganz so. Emma, von kleinem Wuchs und in einem schlichten Ballkleid, fiel dem König nicht auf, der hochgewachsene und gut aussehende Charles hingegen der Königin schon. Emma sah amüsiert zu, wie ihr Mann sich kleinmachte und hinter einem dicken Griechen zu verschwinden versuchte, aber er entging der Majestät nicht und musste mit ihr einen Walzer drehen. Emma wurde unterdessen vom jungen Scouloudi aufgefordert und absolvierte auch ein paar Runden mit Oberst Hahn.

Es tanzten nicht alle Gäste. Vor allem die älteren Griechen, distinguierte Männer, Helden des Befreiungskampfes von 1821, standen mit ihren Frauen nur herum und hielten Palaver ab. Auch der alte Scouloudi zog es vor, in einer Ecke sitzend zuzusehen. Andere verschwanden im Raucherzimmer oder in den Spielsalons, wo man laut Charles hauptsächlich dem Kartenspiel Whist frönte.

«Und, was hat die Königin mit dir geredet?», fragte Emma, als sie wieder in Charles Armen über das Parkett glitt, neugierig und leicht beunruhigt. Sie spürte, er war verärgert.

«Sie hat gefragt, wo ich herkomme. Und ich hab natürlich wahrheitsgemäss geantwortet. Da hatte sie gleich die Idee, uns zu besuchen. Sie wolle demnächst sowieso mit ihrem Mann und einem gewissen Herrn Ross, einem Archäologen, endlich die Insel Euböa bereisen, mit der es, wie man ihr gesagt habe, kaum eine andere an Naturschönheit aufnehmen könne.»

«Oh, die Königin bei uns in Achmetaga ...» Emma wusste nicht recht, was sie davon halten sollte. Charles fuhr fort: «Ich hab versucht, ihr durch die Blume mitzuteilen, dass wir uns grad für eine Reise in die Schweiz vorbereiten, uns das also nicht gelegen kommen würde, aber das wollte sie nicht verstehen. Auch die Tatsache, dass es in unserer Gegend gar keine Altertümer gibt, war ihr egal. Sie und Otto seien durchaus nicht nur an der Vergangenheit interessiert, im Gegenteil, sie wollten sehen, wie ihre Untertanen heute lebten. Was sollte ich da sagen?»

«Nichts, einer Königin darf man nicht widersprechen. Kennst du denn diesen Herrn Ross? Vielleicht kannst du ihn von einer anderen Reiseroute überzeugen.»

«Nicht gut genug, ich bin ihm schon mal begegnet, aber richtig zusammen geredet haben wir nicht. Das ist so einer von diesen komischen Altertumsforschern, die den griechischen Boden wie Maulwürfe durchwühlen. Die suchen nach altem Kram aus längst vergangenen Zeiten ... ist mir ein Rätsel, was daran gut sein soll. So eine alte Inschrift bringt die ganz aus dem Häuschen.»

«Also mich interessiert das schon, wie man früher so gelebt hat, zur Zeit Homers oder Cäsars. Und die Akropolis ist doch grossartig, findest du nicht?»

«Schon, aber muss man unbedingt weitere Tempelreste finden ...? Achtung! Da kommt ein wild gewordener Walzertänzer!» Geschickt manövrierte Charles seine Frau aus dem Weg des heranstürmenden Paares und dirigierte sie in ruhigere Gefilde am Rand der Tanzfläche.

«Wie auch immer. Ich bin der Meinung, dass unser Königspaar Wichtigeres zu tun hätte, als sich um die Vergangenheit zu kümmern oder Naturschönheiten nachzureisen.»

«Sie wollen halt ihr Land kennenlernen, das ist doch verständlich.»

«Aber dieses Land hat grosse Probleme, in der Verwaltung herrscht ein Chaos, jeder macht, was er will. Diese Herumreiserei, das ist Zeit- und Geldverschwendung. Er müsste Ordnung schaffen.»

«Da hast du wohl Recht.»

«Wie auch immer: Ich muss jetzt früher nach Achmetaga. Ich wollte das ja sowieso, weil es so viel Arbeit gibt, aber dieser Besuch, der hat mir jetzt grad noch gefehlt. Nichts als zusätzliche Arbeit und Umtriebe.»

«Wir fahren bald nach Achmetaga?» Emma war unschlüssig, ob sie sich freuen sollte oder nicht. Doch, eigentlich schon, sie hatte den Frühjahrsbeginn in guter Erinnerung. Letztes Jahr um diese Zeit waren ihre Lebensgeister zurückgekehrt, zusammen mit der erwachenden Natur hatte sie erstmals geahnt, dass sie selbst guter Hoffnung war. Und die Ruhe dort, ja, nach dem quirligen Athener Stadtleben freute sie sich auf diese Ruhe.

«Nicht wir fahren, nur ich. Du bleibst natürlich hier.»

«Ich soll wieder allein in Athen bleiben?» Emma war empört und fiel fast aus dem Walzertakt. «Ich will das aber nicht. Ich will mitkommen, es ist jetzt so schön dort! Und der Garten? Jetzt muss doch gepflanzt und gewässert werden, sonst wird das nichts! Und natürlich wäre ich auch gern dabei, wenn Otto und Amalia kommen.»

«Und Edgar?»

«Kommt mit.»

«Nein, Emma, das geht nicht, wirklich nicht. Unser Sohn ist zu klein für eine solche Reise. Wir sollten ihn dieser Gefahr nicht aussetzen. Du musst hierbleiben, ein paar Wochen nur. Der Garten kann warten, das ist nicht so schlimm.»

Emma schwieg verärgert. Sie kannte Charles gut genug, um zu wissen, dass die Entscheidung gefallen war. Aber sie wünschte sich von ihm mehr Rücksicht auf ihre Bedürfnisse. Warum konnte er sich nicht mit ihr absprechen, bevor er entschied, vor allem, wenn es sie direkt betraf?

Sie verliessen den Palast gegen ein Uhr auf Französisch und leicht missgestimmt.

Emma auf Besuch

Frühling 1845

Charles ritt Ende März 1845 aus Athen weg. Er machte sich nicht nur Sorgen um den Fortgang der Arbeiten in Achmetaga und den angekündigten königlichen Besuch, da war auch noch Hofwyl. Wie sollte es nach dem Tod des Schwiegervaters weitergehen? Er musste sich entscheiden. Wo lag die Zukunft für ihn und seine junge Familie? Hier oder dort? Das ungewisse Abenteuer oder die Sicherheit? Wäre er noch alleine, der Entscheid würde ihm nicht schwerfallen, aber nun hatte er Frau und Kind. Seinem Schwager Carlo, der ihn über die Familienangelegenheiten in Bern auf dem Laufenden hielt, schrieb er am 20. März:

Es ist doch merkwürdig, dass der Vater kein Testament gemacht hat, entweder meinte er noch manches Jahr zu leben, oder er wähnte es überflüssig bei der Stimmung seiner Kinder und der Ungesetzlichkeit einer Verteilung zum Nachteil eines der Kinder. Emma und ich billigen ganz euren Plan, die Anstalten auf gemeinsame Rechnung fortzuführen. Es ist mir aber unmöglich, von hier aus irgendeine Meinung über die Art und Weise, die ihr gewählt habt, zu fällen. Nur erlaube ich mir, nach Elises letztem Brief, eine Bemerkung. Es scheint mir nämlich, ihr seid geneigt, durch das Familienwohnen im grossen Haus den so oft von uns gerügten Fehler noch zu vergrössern. Man spricht davon, eingerichtet zu sein, um Freunde empfangen zu können, jedes Familienmitglied unabhängig für sich, was meiner Meinung nach in einem Erziehungshaus grosse Störung verursachen wird. Du weisst doch, dass der Niedergang der grossen Anstalt seit der Einführung des Weiberregiments ins grosse Haus datiert. Ich bin monarchisch gesinnt, ein Wille muss regieren, sonst können Untergebene nie verantwortlich gemacht werden. Allgemeine Massregeln wie auch der allgemeine Gang der Geschäfte können vorgängig gemeinschaftlich besprochen, aber die Ausführung muss einer Person anvertraut werden, und der Brief von Emmas Schwester Elise (entre nous) hat mir einen unangenehmen Eindruck gemacht.
Ich bin bereit, soviel es in meinen Kräften liegt, behilflich zu sein und im allgemeinen Familieninteresse vorzutreten. Was ich zu Vaters Lebzeiten nie

getan hätte, das tue ich nun mit Freuden, nur fürchte ich, dass es einen Haken haben wird mit Emils Frau Elisa, denn vielleicht meint sie, er solle das Landwirtschaftliche übernehmen, aber zu etwas anderem tauge ich selber nun einmal nicht, die Pädagogik ist mir ein zu hohes Fach.
Ich denke, es wird sich alles ergeben, obwohl ich meinen Weg die nächsten acht Monate gar nicht deutlich vor mir sehe, es ist alles in Nebel gehüllt. In ein paar Tagen reise ich nach Achmetaga, um noch manches vor meiner Abreise zu berichtigen, bis Ende Mai werde ich dort bleiben. Wir versuchen, mit dem Dampfschiff am 7. Juni abzureisen. Ich werde aber wahrscheinlich im Herbst auf ein paar Monate hier zurückkommen müssen.

Emma nahm sich vor, sich in Athen zu beschäftigen, so gut es ging. Sie hatte nicht mehr versucht, Charles umzustimmen. Aber die langen Monate alleine in der Stadt bereiteten ihr keine Freude. Wenigstens war das Wetter auf ihrer Seite. Nach ein paar Tagen mit heftigem Scirocco, gefolgt von starken Regengüssen, die das Ausgehen unmöglich gemacht hatten, nahm sie ihre langen Spaziergänge in männlicher Begleitung wieder auf. Vom Meer her wehten nun angenehm kühle Brisen, und aus den Gärten strömte der Duft der blühenden Orangenbäume. Die in Athen üblichen Vergnügungen wie Tanzanlässe, Theater und Clubs interessierten Emma nicht mehr, mit ein paar Einladungen und dem Ball im Palast hatte sie ihr Bedürfnis nach Lustbarkeiten befriedigt. Am 10. April schrieb sie ihrer Schwester Olympe:

Charles ist seit zehn Tagen in Achmetaga, und ich fühle mich hier recht einsam. Am Tag vor seiner Abfahrt waren wir noch beim Ambassadeur von Grossbritannien zum Abendessen eingeladen. Es waren gegen hundert Gäste da, und es war alles wunderbar, wir wurden hervorragend bedient. Einen schönen Abend habe ich auch beim englischen Konsul verbracht, der eine sehr nette Frau hat. Sonst gehe ich kaum aus, nehme keine Einladungen an und führe ein sehr ruhiges Leben. Abends gehe ich um neun Uhr schlafen. Oft fühle ich mich müde und denke, dass eine Luftveränderung mir gut getan hätte. Alle meine Bekannten reisen ab, weil die Ärzte einen heissen, ungesunden Sommer vorhersehen. Auch Oberst Hahn ist nun nach Deutschland abgereist. Er war noch bei den Des Granges auf Euböa und hat berichtet, dass

der alte Des Granges immer unleidlicher wird. Seine Frau leide unter seinem schlechten Charakter und die beiden Töchter wohl auch.
Unserem Kleinen geht es gut. Er ist kein schönes Kind, aber er scheint mir intelligent. Ausser wenn er schläft wie ein Murmeltier, ist er sehr unruhig. Seine Zähne wachsen. Wir freuen uns, eine gewisse Zeit in Diemerswyl und Hofwyl zu verbringen, und ich hoffe, dass zu Hause alles gut läuft. Nachdem nun alles verteilt worden ist, wird sich für uns schon noch eine kleine Ecke finden lassen, wir sind nicht anspruchsvoll. Unterdessen werden in Achmetaga überall neue Türen und Fenster eingesetzt, so dass wir bei unserer Rückkehr ein komfortables Haus vorfinden werden.

Charles hatte Emma vor seiner Abfahrt ans Herz gelegt, endlich das Ehepaar Hill und deren Schule zu besuchen. Die beiden Amerikaner von der Missionsgesellschaft – John Henry Hill war evangelischer Pfarrer, seine Frau Francis amtete als Schulleiterin – hatten vor vielen Jahren nicht nur Fritz gepflegt, als er mit dem schlimmen Fieber darniederlag, sondern auch Edward und ihn selbst. Emma hatte den Besuch aufgeschoben, weil sie fürchtete, vom Bericht der beiden zu sehr aufgewühlt zu werden. Dem unglücklichen, einsamen Tod von Fritz haftete auch nach mehr als zehn Jahren noch immer etwas Schmerzliches an, etwas, woran man lieber nicht rührte. Nun aber fühlte sich Emma stark genug, sie hatte bei den Hills ihre Visitenkarte abgegeben und war von der Dame des Hauses umgehend zu einem Nachmittagstee eingeladen worden. Sie liess sich mit der Kutsche in die Plaka bringen, den alten Stadtteil Athens.

Die neue Schule stand in der Nähe vom «Turm der Winde», dort, wo noch viele alte Säulen und Ruinen aus römischer Zeit aus dem Boden ragten. Die Mauer um den stattlichen, zweistöckigen Gebäudekomplex umfasste eine ganze Strassenecke, das schmiedeeiserne Tor auf der einen Seite stand offen. Emma bezahlte den Kutscher und bat ihn, sie in zwei Stunden abzuholen. Sie trat ein und schaute sich um. Der kleine, von zwei hohen Zypressen dominierte Garten wirkte gepflegt. Unter der Haustüre stand eine Mulattin mit weissem Spitzenhäubchen und Schürze. Emma, die in Hofwyl nie einem dunkelhäutigen Menschen begegnet war, hatte sich anfangs über die vielen

Farbigen in Griechenland gewundert. Charles hatte ihr erklärt, dass das alles ehemalige osmanische Sklaven seien, die mit der Befreiung Griechenlands ihre Freilassung erlangt hätten.

Die Frau geleitete Emma in den schlicht möblierten Salon, nahm ihr die Haube und den hellblauen Wollschal ab. Emma setzte sich auf die Kante des harten Sofas und zog ihre Handschuhe aus. Es duftete nach Bienenwachs, wohl von der Möbelpolitur. Weder Nippsachen noch gehäkelte Decken oder Zierkissen lagen herum, kein Teppich am Boden, alles war peinlich sauber. An der Wand hing lediglich eine königliche Urkunde, offenbar hatte die Schule einen Preis gewonnen, eine Anerkennung durch den Monarchen? Emma konnte es von ihrem Sofa aus nicht lesen. Durch die gezogenen Vorhänge sickerte nur ein Streifen spärlichen Sonnenlichts, im Raum herrschte angenehm kühles Halbdunkel. Emma hörte energische Schritte durch den Gang eilen, eine resolute Stimme bat um Tee im Salon, dann stand Francis Hill auch schon vor ihr und begrüsste sie auf Englisch. Sie freue sich sehr, eine Tochter des bekannten Pädagogen Fellenberg hier empfangen zu dürfen. Die magere Frau, in einem einfachen, dunkelbraunen Kleid mit weissem Kragen, war bereits älter. Sie trug ihr graues Haar straff zurückgebunden, hatte strenge Gesichtszüge, aus ihren Augen leuchteten jedoch Güte und Wärme. Francis Hill entschuldigte ihren Mann, der vor ein paar Tagen zu einer Reise nach Smyrna hatte aufbrechen müssen. Emma bedankte sich für die Einladung und erkundigte sich interessiert nach dem Aufbau der Schule.

«Wir sind, im Auftrag der amerikanischen Mission, seit 1830 in Athen und eine der ältesten Schulen der Stadt», erklärte die Direktorin. «Ursprünglich stand unsere Schule nur armen griechischen Mädchen offen. Unser Ziel war, ihnen ein Grundwissen zu vermitteln, das ihnen helfen sollte, nicht nur ihren Lebensunterhalt selbst zu verdienen, sondern auch ihre Familien zu unterstützen.» Das Hill-Institut sei schnell erfolgreich geworden und unterrichte mittlerweile über 500 Schülerinnen und Schüler.

«Oh, das sind viel mehr, als Hofwyl je hatte.»

«Wir führen heute auch Klassen für Knaben, nehmen zahlende Schüler auf und sind offiziell vom Staat anerkannt», erläuterte die

Schulleiterin stolz. Es sei ihnen aber strikt verboten worden zu missionieren. Das sei die Bedingung gewesen, um den Segen der orthodoxen Kirche zu erhalten, ohne die in Athen nichts laufen würde. «Und wir haben uns selbstverständlich daran gehalten. Mein Mann feiert evangelische Gottesdienste, die jederzeit von Aussenstehenden besucht werden können, wir sind offen und haben keine Geheimnisse», und sie freue sich nun speziell, eine im Schulwesen erfahrene Frau durch die Räumlichkeiten führen zu dürfen.

Die Gastgeberin ging voraus. Die beiden Frauen begegneten auf ihrem Rundgang kaum jemandem, weil zurzeit gerade alle im Unterricht waren. Francis Hill war besonders stolz auf die Lehrerinnenschule, und Emma spürte die Begeisterung in ihrer Stimme und den festen Willen, in der Welt etwas ändern, etwas verbessern zu wollen.

«Wir möchten die jungen Frauen befähigen, ihre hier erworbenen Kenntnisse weiterzugeben. Sie sollen in ihre Dörfer zurückkehren und dort die Mädchen unterrichten, in Handarbeiten, Nähen und Stricken, aber auch in Lesen, Schreiben und ein wenig in Rechnen. Die Frauen auf dem Land sind noch sehr rückständig, das muss sich ändern. Wissen und Vernunft sollen sich mit den Lehrerinnen ausbreiten und alle Schichten der Bevölkerung erfassen», dozierte die Schulleiterin.

Später bei Tee und Gebäck im Salon lenkte sie das Gespräch auf den ihr gut bekannten Pädagogen Fellenberg, dessen Schriften ihr bekannt waren. Als Emma ihr mitteilte, dass ihr Vater kürzlich verstorben sei, tat Francis Hill ihr Beileid in mitfühlenden Worten kund. Das gab Emma den Mut, nach ihrem Bruder Fritz und seinem Schicksal zu fragen. Aber ihre Gastgeberin konnte ihr nichts Näheres berichten.

«Wissen Sie, das waren entsetzliche Jahre, 1833 und 1834. Die Epidemie wütete grausam, wir hatten das Haus ständig voller Kranke, und mein Mann, obwohl er nicht Arzt ist, machte ununterbrochen Besuche, reiste viel herum, um zu helfen. Es grenzt an ein Wunder, dass er selbst gesund geblieben ist. So viele raffte das Fieber dahin, besonders Kinder, auch bei uns an der Schule, es war schrecklich.» Sie verstummte, in Gedanken an die schwere Zeit versunken. Nach einem Schluck Tee nahm sie den Faden wieder auf. «Zum Tod ihres

Bruders weiss ich leider nichts, er verstarb ja nicht hier in Athen, sondern auf Euböa; sehr wohl erinnere ich mich aber an ihren Mann, Charles Müller, und an Edward Noel, um den wir lange gekämpft haben. Beide haben das Fieber Gott sei Dank überstanden.»

«Ja, dafür müssen wir Gott innigst danken», sagte Emma.

«Das neue Medikament, dieses Chinin, ist ein grosser Segen für die Menschheit. Seit seiner Entdeckung sind wir von so heftigen Epidemien verschont geblieben, und ja, wir wollen zu Gott beten, dass das so bleibt – Amen.» Sie schenkte ihrem Gast noch etwas Tee nach.

Anfang Juni kam Charles aus Achmetaga zurück. Er hatte versucht, alle dort anstehenden Arbeiten so rasch wie möglich zu erledigen und den königlichen Besuch in Würde hinter sich zu bringen. Aus Athen schrieb er am 10. Juni 1845 an Carlo, von dem er gute Nachrichten über den Gang der Dinge in Hofwyl erhalten hatte.

Seit vorgestern bin ich wieder zurück. Hier ist alles in Ordnung, und wir bereiten uns darauf vor, mit dem Dampfschiff vom 22sten abzureisen. Ich konnte unmöglich früher loskommen, es gab so viel zu tun. Um noch mehr Embarras zu haben, bekam ich ein paar Tage vor meiner Abreise in Achmetaga einen Besuch des Königs und der Königin, die mit dem Archäologen Ross auf ihrer Durchreise über die Insel waren. Sie blieben einen ganzen Nachmittag und die Nacht bei mir, und nun musste alles wieder in Ordnung gebracht werden. Dann musste ich noch für vier Tage nach Kastaniotissa zur Familie Leeves, um ihr die schreckliche Nachricht vom Tod des Herrn Leeves zu melden; er wurde auf seiner Pilgerreise nach Jerusalem in Beirut umgebracht.
Zu Hofwyl: Wer konnte glauben, dass Emil nach seiner Wahl seine Krücke wegwerfend gerade ging und gesund wurde und nach des Vaters Tod ein so glänzendes Genie würde? Und du kannst dir wohl vorstellen, dass ich das hiesige Leben dem langweiligen pedantischen in Hofwyl vorziehe und nur höchst erfreut sein kann über dieses Wunder. Schreibe mir ein paar Zeilen Poste restante Milano, damit ich weiss, ob Olympe in Leukerbad ist, denn da ich über den Simplon zu reisen gedenke, könnten wir sie im Durchfahren aufsuchen, sofern der Weg dahin von der grossen Walliser Strasse fahrbar ist.

LUDWIG ROSS (1806–1859)

Ludwig Ross war ein deutscher Archäologe und Philologe. Nach dem Studium in Kiel reiste er 1832 nach Griechenland, wo er die Gunst des jungen Königs Otto I. gewann. Er wurde königlicher Beauftragter und führte als Erster die Aufsicht über die antiken Denkmäler in Griechenland. Ebenfalls als Erster wurde er 1837 Professor für Archäologie an der neu gegründeten Universität in Athen. 1843, nach der griechischen Militärrevolte, musste ihn König Otto auf Druck der Griechen aus seinem Amt entlassen; wie viele andere Ausländer im Staatsdienst auch wurde er des Landes verwiesen. Er fuhr nach Deutschland, wurde Professor für klassische Archäologie in Halle, kehrte jedoch immer wieder nach Griechenland zurück. Dort unternahm er mit dem Königspaar mehrere Reisen durch das Land. Nicht nur Altertümer waren dabei sein Ziel, er schrieb in seinen ausführlichen Berichten auch über Brauchtum und Menschen, denen er begegnete. Mindestens einmal, 1845, besuchte er mit Otto und Amalia Euböa und kam in Achmetaga vorbei.

Auf einer dieser Reisen verliebte sich Ross unklugerweise in die junge Hofdame Katerina Botsaris, die Tochter des Freiheitshelden von 1821 Markos Botsaris. Sie galt damals als die schönste Frau Griechenlands. Seine Werbung wurde jedoch von der stolzen griechischen Familie rüde zurückgewiesen. Dieser Affront sowie ein Rückenmarksleiden, an dem er mit vierzig Jahren erkrankt war, stürzten ihn in Depressionen. Er verliess definitiv Griechenland, wo er seinen Lebensabend hatte verbringen wollen, und setzte seinem Leben in Halle 1859 ein Ende.

Während er sich um die Archäologie grosse Verdienste erwarb – er führte als Erster systematische Ausgrabungen auf der Akropolis durch, die nicht nur dem Einsammeln von Kunstobjekten galten, sondern auch den Fundkontext berücksichtigten –, scheiterte er in der Philologie. Seine Herleitung der lateinischen Sprache aus dem Griechischen fand in der Wissenschaft keine Anerkennung.

Erbteilung in Hofwyl
Frühling 1846

Emma sass in einer schattigen Ecke des Hofwyler Gartens, vor den Blicken der Vorübergehenden durch eine dichte Haselhecke geschützt, und stillte Frank, der zufrieden an ihrer Brust nuckelte. Charles war ausgeritten. Während ihr Mann stolz auf seinen zweiten, am 25. April geborenen Sohn war, hätte Emma nun lieber eine Tochter gehabt. Aber sie beklagte sich nicht, es war Gottes Wille. Die Geburt war leichter gewesen als bei Edgar, sie hatte sich bald erholt, und – Gott sei's gedankt: Der befürchtete Rückfall in ihre Krankheit blieb aus, sie war sogar in der Lage, das Baby selbst zu stillen. Emma zupfte das gestrickte Wollhäubchen auf Franks Kopf zurecht und wechselte die Brust.

Ruhe lag über dem Institut, die meisten Schüler waren im Unterricht. Nur hin und wieder drangen Edgars wütendes Geschrei und Vikis Gezeter bis in ihren stillen Winkel. Unter Obhut des griechischen Kindermädchens vertrieben sich die beiden auf der Spielwiese neben dem Schulhaus die Zeit und gerieten sich gelegentlich in die Haare. Die junge Frau griff nur selten ein. Aber wenn sie es tat, schaffte sie es mit ihrer schrillen Stimme mühelos, die beiden Streithähne zu trennen. Ihr Wortschwall, den Charles seiner Frau nie wörtlich übersetzen wollte, tat immer seine Wirkung. Sie war bei aller Liebe zu den Kindern sehr streng, besonders gegenüber Viki. Nicht gerade selten rutschte ihr die Hand aus, und die Kleine flüchtete sich heulend zu Charles. Er nahm sie dann auf den Arm, tröstete sie und schalt das Kindermädchen. So ungerecht dieses für Edgar Partei ergriff, so parteiisch benahm sich Charles, wenn es um seine Pflegetochter ging. Diese Auseinandersetzungen geschahen immer auf Griechisch, und Emma fühlte sich ausgeschlossen, konnte nicht eingreifen, weil sie nicht genau verstand, worum es ging. Wenn sie Charles bat zu übersetzen, nicht nur um sie einzubeziehen, sondern auch um die Kinder hier in Hofwyl an die französische Sprache zu gewöhnen, winkte er ab. Das sei bloss Kinderkram. Emma war verunsichert. Sie hatte einmal die Bemerkung einer in Hofwyl neu eingestellten Köchin aufgeschnappt, die meinte, Viki sei seine Tochter: «Diese blauen Augen hat die Kleine doch eindeutig von Monsieur», hörte sie durch das offene Küchenfenster. Emma war verblüfft stehen geblieben.

Jedes Mal, wenn sie nun in die Augen Vikis blickte, beschlich sie ein seltsames Gefühl, das sie nicht einordnen konnte. Aber sie weigerte sich, diesem Geschwätz eine Bedeutung beizumessen. Viki hatte ihr mit ihrem Schalk und ihrer Lebhaftigkeit geholfen, das brennende Heimweh zu überwinden. Sie liebte sie dafür.

Frank hatte genug getrunken und war an ihrer Brust eingeschlafen. Emma richtete ihre Kleidung, knöpfte die hellblaue Bluse zu und legte den Kleinen behutsam in den Kinderwagen zurück. Mit einer leichten Baumwollsteppdecke deckte sie ihn zu, denn wenn sich die schwache Frühlingssonne hinter die weissblauen Wolkenschleier verkroch, wurde es kühl. Charles musste jeden Moment von seinem Morgenritt zurückkommen. Es war Zeit, dass sie miteinander redeten, über die Zukunft, wie und wo es weitergehen sollte, denn hier konnten sie nicht bleiben. Charles war nicht glücklich. Sie spürte, dass es in ihm brodelte. Und auch sie fühlte sich in dem grossen Familienhaus nicht mehr wohl, vermisste die Ruhe, den Frieden Achmetagas. Es waren – ganz abgesehen von der Schülerschar, den Lehrern, den Knechten und Mägden – zu viele da, Brüder, Schwestern, Schwägerinnen, man war zu nahe aufeinander, geriet zu leicht wegen Nichtigkeiten in Streit. Es fehlte auch die oberste Instanz, mit anderen Worten: die harte Hand Papa Fellenbergs, es fehlte ein Institutsleiter, der sagte, wo es langging, dem man gehorchte, auch wenn es einem nicht passte.

Der Winter 1845/46 hier in Hofwyl war für die kleine Familie besonders schlimm gewesen. Wegen des schlechten Wetters, des ewigen Regens, der Kälte und des Schnees, der nicht weichen wollte, waren alle ans Haus gefesselt. Nach dem Leben in Griechenland, wo man auch im Winter viel draussen war, fühlten sie sich wie im Gefängnis. Charles litt am meisten, die Kinder zerrten an seinen Nerven. In Griechenland hatte er kaum etwas mit ihnen zu tun gehabt. Hier, im Haus, wurden sie unleidlich, konnten sich nicht selbst beschäftigen.

Er hatte versucht zu lesen, hatte mit Mühe die neuen agronomischen Bücher mit den modernen Entwicklungen und Theorien zu Ackerbau und Viehzucht durchgearbeitet, aber er war ein Praktiker, er wollte es ausprobieren, er wollte hinaus ins Feld.

Emma drängte Charles, die Zeit nicht ungenützt verstreichen zu lassen, er solle doch nach England reisen. Es sei an der Zeit, mit Edward ins Reine zu kommen. Im Dezember hatte sie nämlich ein trauriger Brief aus Leamington erreicht: Fanny war, nur 25-jährig, gestorben. Edward blieb verstört zurück. Das Paar hatte drei überlebende Kinder, der Jüngste, Francis, war erst eineinhalb Jahre alt. Edward wusste sich nicht zu helfen, sein Brief war eine einzige lange Klage, ein Hilferuf. Charles könne sich dem nicht verschliessen. Fanny sei tot, er dürfe ihr nicht mehr böse sein, und Edward sei doch trotz allem sein Freund aus alten Tagen. Charles lenkte ein. Er konnte sich denken, dass der Kunstmaler Noel mit seinen Bildern kaum etwas verdiente, aber er hatte drei Kinder zu versorgen und musste für sie jetzt wohl eine Gouvernante einstellen, das war kostspielig. Von seiner einstigen Förderin Lady Byron könne er, wie er ihnen geschrieben hatte, nichts mehr erwarten, das tiefe Zerwürfnis zwischen ihnen sei unüberbrückbar.

Bevor Charles abreiste, griff er zur Feder und versuchte, Edward zu trösten und aufzumuntern. Er schilderte ihm ausführlich den vielversprechenden Start des Magnesitgeschäfts in Achmetaga, beschrieb die lohnenden Abbaustellen auf ihrem Land, berechnete die Kosten der Sprengungen, des Transports an die Küste und der Verschiffung nach Smyrna und von dort nach Birmingham. Er machte ihm klar, dass vorerst alles erwirtschaftete Geld in die Infrastruktur von Achmetaga investiert werden müsse, wollten sie mit dem Magnesit reüssieren. Edward solle sich um eine Anstellung bemühen, er könne im Moment nicht mit mehr Geld aus dem Gut rechnen als bis anhin. Charles bat ihn, mit der Firma Chances Brothers in Birmingham Kontakt aufzunehmen, um über Lieferungen, Bedingungen und Preise des Magnesits zu verhandeln, und rechnete ihm vor, was er ungefähr verlangen könne. Er wusste allerdings, dass Edward – so gut kannte er seinen Freund – nicht der Typ war, knallharte Auseinandersetzungen über Preise und Konditionen mit einer Firma zu führen, deren tägliches Brot solche Verhandlungen waren. Auch deshalb fand er Emmas Idee, nach England zu fahren, gut. Er konnte dann selbst mit den Chances verhandeln, gleichzeitig Edward besuchen und ihn moralisch aufrichten. Das Einzige, was ihn damals zögern liess, war die Schwangerschaft seiner Frau. Aber Emma ging es gut, sie überzeugte ihn, die Reise anzutreten, und versprach, ihn auf dem Laufenden zu halten.

Sobald es das Wetter im Januar erlaubte, war Charles mit der Postkutsche nach Calais abgereist. Auf dem Weg nach Birmingham stieg er in London ab und besuchte im Auftrag der Familie seine Schwägerin Maria, die nach dem Tod Hugos mit ihrem Söhnchen Hugh dort Wohnsitz genommen hatte. Sie hatte Emma geschrieben, dass es ihr nicht gut ging und sie nach ihrer hoffentlich baldigen Genesung eine Rückkehr nach Hofwyl erwog, um sich um ihr und Hughs Erbe zu kümmern. Anschliessend weilte Charles noch einige Tage bei Edward und seinen Kindern, die von Leamington an die Küste nach Torquay gezogen waren, bevor er im Frühling 1846, kurz vor Emmas Niederkunft, nach Hofwyl zurückkehrte.

Die Reise hatte ihm gut getan. Er hatte bei den Chances Brothers ein vorteilhaftes Geschäft aushandeln können und genoss das Gefühl, etwas Wichtiges für sein Gut in Griechenland erreicht zu haben. Die Folge war indessen, dass nun in Achmetaga noch mehr Arbeit auf ihn wartete.

In seiner Abwesenheit war in Hofwyl das Erbe geregelt und am 23. April, zwei Tage vor Franks Geburt, vollzogen worden. Die noch lebenden Geschwister erhielten je einen Siebtel, aber das Institut Hofwyl sollte weitergeführt werden, was bedeutete, dass das Erbe bis auf ein wenig Hausrat und Bargeld unverteilt blieb. Die Leitung übernahmen definitiv die Brüder Wilhelm und Emil. Damit hatten sich alle einverstanden erklärt, und Charles und Emma waren frei, nach Griechenland zurückzukehren. Aber Emma lag noch im Kindbett, an eine sofortige Abreise war nicht zu denken.

Charles' Ruhelosigkeit wuchs mit jedem Tag. Er half zwar im Betrieb mit, weil er aber keine Verantwortung trug, für nichts zuständig war, brachte ihm das keine Befriedigung. Es war Emil, der die Landwirtschaft leitete. Da Papa Fellenberg überhaupt nichts geregelt hatte, waren der jüngste Fellenberg-Sohn und seine Frau Elisa sofort nach dessen Tod aus Schottland zurückgekommen, wo sich die beiden eigentlich eine eigene Existenz hatten aufbauen wollen. Aber nun galt es, das Institut vor der völligen Auflösung zu bewahren. Noch kurz vor seinem überraschenden Ableben hatte Fellenberg nach einem neuen Schuldirektor gesucht, aber keinen gefunden, der seinen absurd hohen Ansprüchen genügt hätte. Deshalb hatte sich Wilhelm anerboten, die vakante Stelle einstweilen zu übernehmen. Dann hatte der Alte mehrmals versucht, Hofwyl dem Kanton Bern zu übergeben, es also zu verstaatlichen, was aber wegen seiner Bedingungen und der undurchsichtigen Finanzierung auch nie geklappt hatte. Schon zu Lebzeiten Fellenbergs waren die Dinge aus dem Lot geraten, der Ruf des Instituts hatte begonnen zu leiden, die Schüler blieben aus. Es galt mittlerweile als viel zu teure «Prinzenschule», die sich nur noch die Reichsten leisten konnten.

Erstaunlicherweise schien Emil in Hofwyl Tritt zu fassen, er leitete umsichtig und mit wachsendem Erfolg die Bewirtschaftung des Gutshofes. Er, der unter seinem Vater gelitten und im Betrieb immer nur widerwillig mitgearbeitet hatte, begann sich zum Erstaunen Charles' und zur freudigen Überraschung seiner Geschwister zu bewähren. Mit seinem Bruder Wilhelm als Schuldirektor führte er das Institut aus der Talsohle. Ruhe kehrte ein. Aber das bedeutete für Charles umso mehr, dass er in Hofwyl überflüssig war; unter Emil mochte er nicht arbeiten, er musste sein eigener Herr sein. Für die Zeit seiner Abwesenheit hatte er in Achmetaga Albrecht Ruoff aus Burgdorf als Verwalter angestellt, damit nicht alles liegen blieb. Er wurde aber das ungute Gefühl nicht los, dass der junge Mann, eigentlich ein Mühlenbauer, mit diesem grossen Anwesen in einem ihm fremden Land überfordert war. Die Rechenschaftsberichte, die ihn aus Griechenland erreichten, waren merkwürdig unpräzis, oft gab Ruoff auf seine Fragen gar keine Antworten, liess ihn im Unklaren. Was ging dort vor? Und was hielt ihn hier in Hofwyl? Er musste endlich reisen.

Emma hörte, wie Charles über den Hof galoppierte, zu den Stallungen herüber, und wenig später die Zweige des Haselstrauches auseinanderbog. Sie legte den Zeigefinger an die Lippen: «Still, er schläft.» Charles, vom Ritt erhitzt, beugte sich über den Kinderwagen, strich dem schmatzenden Kleinen mit dem Daumen leicht über die gerötete Wange und lächelte stolz. «Er hatte grossen Durst, so wie du wohl auch?» Sie langte nach dem Glöckchen und bat das herbeieilende Mädchen um einen Krug Bier. Charles liess sich schwer atmend neben seiner Frau auf die Gartenbank plumpsen.

«Musst du denn immer so scharf reiten? Denk doch an das arme Pferd», rügte Emma milde. Charles gab keine Antwort, spielte mit seiner Reitgerte, und so verharrten sie eine Weile schweigend. Im nahen Gebüsch zeterte ein Finkenpärchen, vom Schulhaus her drang das Geschrei der spielenden Kinder. Die Magd erschien mit dem blaugrauen Bierkrug, auf dessen Aussenseite Wassertropfen abperlten. Sie schenkte Charles gleich einen Becher ein, murmelte ein leises «Proscht» und verschwand. Charles nahm einen grossen Schluck der trüben Flüssigkeit, leckte sich mit der Zunge den Schaum von der Oberlippe und stellte den Becher resolut zurück auf den Tisch.

«Ich habe beschlossen, nach Achmetaga zurückzukehren ... ich muss einfach», stiess er hervor, blickte zu Boden, scharrte mit seinen Stiefeln den Kies zusammen. Emma sah ihn ruhig an.

«Ich dachte mir schon, dass du dir das überlegst.»

«Du hörst mir nicht zu: Ich überlege nicht, ich habe beschlossen.» Charles sah Emma von der Seite an, diese kniff die Lippen zusammen. «Ja, ja, ich habe das schon gehört. Aber wir könnten doch auch gemeinsam überlegen, vorher, meine ich, bevor du einfach etwas entscheidest, was auch mich betrifft.» Ihre Stimme klang noch immer ruhig, aber sie war verärgert. «Und wann willst du abreisen? Morgen?», fragte sie schnippisch.

«Emma!» Charles nahm ihre Hand, die sie ihm prompt entzog.

«Du denkst nur an dich. Ich kann ja nicht reisen, jetzt, er ist erst acht Wochen alt.» Emma wies mit dem Kinn auf den schlafenden Frank.

«Ich weiss. Aber ich habe jetzt lange genug gewartet. Hier ist alles geregelt, ich habe nichts zu tun, während in Achmetaga ... Ich muss gehen, versteh doch, du kannst hierbleiben, bis du den Kleinen abgestillt hast, bis nächstes Frühjahr, nach den Winterstürmen, dann kommt ihr alle zusammen, du, Edgar, Frank, Viki, das Kindermädchen ... dann ist er alt genug.» Charles redete hastig, um Emma nicht zu Wort kommen zu lassen.

«Oh, das hast du dir ja alles sehr schön ausgedacht. Und wenn ich nicht will?»

«Wenn du was nicht willst?», fragte Charles stirnrunzelnd.

«Ich will nicht allein in Hofwyl bleiben. Du und ich und unsere beiden Buben, wir sind jetzt eine Familie, gehören zusammen. Ich fühle mich hier ja auch nicht mehr zu Hause, es hat sich so vieles verändert. Papa lebt nicht mehr, Emil und Wilhelm mit ihren Frauen führen das Regiment, Elise kann ich nicht leiden, und Adele ist mir fremd geworden. Ich bin deine Frau, ich will bei dir sein, ich will mit dir nach Achmetaga zurück!»

«Aber wie soll das denn gehen? Ich hab jetzt mit den Chances Brothers einen festen Vertrag, ich hab unterschrieben. Wir müssen dieses Jahr eine gewaltige Menge Magnesit liefern, so steht's im Kontrakt. Der Ruoff kann das nicht machen! Ich kann ihn nicht länger allein lassen.» Charles sprang erregt auf und lief vor Emma hin und her.

«Beruhige dich. Ich habe einen Vorschlag, einen Kompromiss», sagte Emma nach einer Weile. Sie nahm die Hand ihres Mannes und zog ihn zu sich auf die Gartenbank zurück. «Du fährst sofort, allein. Und ich komm im Herbst nach, bevor die Stürme einsetzen.» Emma fürchtete sich vor einer Schiffsfahrt im Winter. Ihr blieb die erste Überfahrt nach Griechenland in schlimmster Erinnerung. Das wollte sie keinesfalls noch einmal erleben, schon gar nicht mit einem Baby, deshalb musste es im Herbst sein, länger wollte sie in Hofwyl nicht ausharren.

Charles zögerte, überlegte. «Aber dann musst du den Kleinen früh abstillen, ist das vernünftig? Es wäre doch bes...»

«... ob ich ihn vier, fünf, sechs Monate oder länger stille, wer sagt schon, was vernünftig ist? Du weisst, dass man sich darüber streitet – und überhaupt, das kannst du jetzt wirklich meine Sorge sein lassen.»

«Er ist mein Sohn!»

«Und meiner!»

Charles gab sich geschlagen. Emma blickte zärtlich in den Kinderwagen.

«Schau ihn an: Er ist gross und dick, völlig gesund, das sagt auch Doktor Wild. Er ist viel kräftiger als Edward in seinem Alter, noch nie war er krank, er wird das aushalten.» Sie strich dem Kleinen eine verschwitzte Strähne aus der Stirn.

Charles betrachtete das sanft schnorchelnde Wesen in den hellblauen Kissen. «Also gut, machen wir es so, das ist ein guter Vorschlag.» Er grinste und tätschelte den Arm seiner Frau. «Er könnte von mir sein.» Emma lächelte nachsichtig.

NIKOLAOS KRIEZOTIS (1785–1853)

Nikolaos Kriezotis war ein griechischer Freiheitskämpfer der ersten Stunde. Geboren im Bergdorf Argyro auf Südeuböa, stammte er aus ärmlichen Verhältnissen und hatte nur eine geringe Schulbildung genossen. Seine Jugendjahre verbrachte er als Schafhirte in den Bergen der Insel.

1821, mit dem Beginn des griechischen Befreiungskrieges gegen die Osmanen, schloss er sich den Partisanen auf Euböa an, zeichnete sich im Gefecht um die Stadt Karystos aus, wurde Gruppenführer und organisierte schliesslich den Widerstand auf der ganzen Insel.

In den folgenden, bürgerkriegsähnlichen Auseinandersetzungen focht er auf der Seite der neuen griechischen Regierung, nahm an allen grossen Kämpfen gegen die Türken auf dem griechischen Festland teil und tat sich vor allem bei der Verteidigung der Akropolis von Athen hervor.

In nachrevolutionärer Zeit stieg Kriezotis in der griechischen Armee zum Oberst auf und wurde schliesslich Adjutant des jungen Königs Otto I., der ihn zum Militärkommandanten Euböas ernannte. Politisch gehörte er der französischen Partei an und war ein Anhänger des Politikers Ioannis Kolettis.

Vom König enttäuscht, schlug sich Kriezotis in der Revolution von 1843 auf die Seite der putschenden Antimonarchisten. Bei den darauffolgenden ersten Wahlen in Griechenland liess er sich als Abgeordneter Euböas ins Parlament nach Athen wählen. Weil er weiterhin gegen den König opponierte, wurde er 1847, mittlerweile 62 Jahre alt, gefangen genommen und in Chalkida festgesetzt. Seine Anhänger befreiten ihn jedoch, worauf er sich mit ihnen in der Burg von Chalkida verschanzte. Von dort aus unternahm er bewaffnete Ausfälle gegen die Regierungstreuen. Bei einem dieser Zusammenstösse wurde er schwer verletzt. Um dem Wundbrand zu entgehen, soll er sich selbst die Hand abgehackt haben.

Schliesslich floh Kriezotis nach Smyrna, wobei die Osmanen ihm erlaubten, seine Familie nachzuziehen. 1853 starb er dort; unbestätigten Gerüchten zufolge wurde er ermordet. Zehn Jahre später wurden die Gebeine des Freiheitshelden nach Euböa überführt.

Zurück in Achmetaga
1846/47

Es gab dann doch noch einiges zu erledigen, bis Charles abreisen konnte. Die Reisedokumente liessen auf sich warten, und ein Todesfall in der Familie verzögerte alles noch einmal: Adele, Emmas ältere Schwester, starb Ende Juni 1846 in Wildbad bei Möttlingen. Sie war von einer Grippe geschwächt mit ihrer Schwester Elise in den badischen Kurort gefahren, es war ihr jedoch keine Erholung mehr vergönnt.

Erst Anfang Juli konnte Charles der Schweiz endlich den Rücken kehren. Die Reise verlief ohne Probleme, und in Achmetaga fand er seine Befürchtungen nicht bestätigt. Verwalter Ruoff hatte umsichtig gewirtschaftet, der Hof war in ordentlichem Zustand. Charles hielt Carlo, der ebenfalls Hofwyl verlassen hatte und mit Olympe in das nur wenige Kilometer entfernte Diemerswyl gezogen war, wie immer auf dem Laufenden. Carlo hatte neuerdings, nach den positiven Schilderungen von Charles, grosses Interesse an einem Landkauf auf Euböa gezeigt. Charles schrieb ihm Ende September:

Ich habe schon öfters schreiben wollen, bin aber seit meiner Ankunft hier von Geschäften überhäuft gewesen. Am Abend war ich zu müde, am Sonntag hatte ich gewöhnlich den ganzen Morgen Audienz. Das Dreschen war im Gange, das Abmessen und Abholen des Getreides in den Dörfern dauerte sechs Wochen, zugleich musste ich die Maurer beaufsichtigen, die das Dach meines Hauses erneuern. Hinzu kam noch die Ausbeutung unseres Magnesits, die wie alles am Anfang viel Mühe und Kopfzerbrechen kostete. Ich hatte den Weg einzurichten, eine Brücke zu bauen, den Akkord mit meinen Bauern für die Fuhren auszuhandeln und zuletzt noch die Ochsen zu kaufen. Alle Tage gibt es da und dort Probleme. Viel Zeit wurde mit dem Herbeischaffen von Stroh für den Winter verbraucht und mit der Weinlese und, und, und. Wenn das Wetter noch einen Monat schön bleibt, werde ich ziemlich viel Magnesit ans Meer liefern können und so mein Wort halten, das ich meinen englischen Kontrahenten gegeben habe.

Alles braucht hier viel Geduld, nicht wie in der Schweiz, wo man alles an der Hand hat. Vor ein paar Tagen schickte ich nach Chalkida für Nägel, die ich noch für das Haus brauchte, man brachte mir viel zu grosse, und ich musste eigens nach Limni schicken für drei Sack Nägel! Dann muss ich selber anstreichen und glasen und meine Haushaltung besorgen. Wir hatten eine günstige Ernte sowohl an Getreide als an Mais, weil wir im August öfters Regen hatten. Deswegen sind aber auch viele Leute im Land krank geworden. Vor ein paar Wochen bekam ich auch einen Fieberanfall und fühle mich noch nicht wie früher. Es ist mein fester Entschluss, immer Ende Juni mit Frau und Kindern von hier fortzuziehen, denn die Monate August und September sind immer fieberhaft.
Übrigens: Oberst Hahn hat nun sein Dorf tatsächlich den Bauern verkauft, und auch Dafnouda ist dem angrenzenden Dorf Nerotrivia verkauft worden. Scouloudi hat mich gebeten, dir sein Gut zu Maroussi oder Kephisia bei Athen anzutragen. Ein gutes Angebot, das Land wird im Wert steigen, schreib mir hierüber deine Meinung. Auch andere wollen verkaufen, sie haben es satt hier; ich glaube, der Baron Des Granges auch. In ein paar Wochen werde ich nach Athen gehen, um Emma, die Buben und meine Schwester zu empfangen, Elizabeth wird meiner Frau im Haushalt ein wenig zur Hand gehen. Dieser Brief wird Emma nicht mehr in Hofwyl antreffen. Es war mir bange hinsichtlich der Reise wegen ihrer Gesundheit und der so frühen Entwöhnung des kleinen Frank. Da aber Doktor Wild seine Erlaubnis dazu gegeben, bin ich beruhigt und freue mich sehr, sie alle hier zu haben, denn es wird mir doch die Zeit manchmal lang, so ganz allein, ich bin jetzt verwöhnt! Schreib mir auch, wie es mit Hofwyl geht, mit der Buchhaltung. War die Ernte gut? In Irland und einigen Teilen Deutschlands, sehe ich in den Zeitungen, ist wieder grosse Not mit Kartoffeln.

Emmas Abreise im Herbst verzögerte sich ebenfalls. Völlig unerwartet verstarb Mitte September ihre jüngere Schwester Maria. In Aachen erlag sie mit nur 27 Jahren wie bereits ihr Mann Hugo der Tuberkulose, noch bevor sie ihr Reiseziel Hofwyl hatte erreichen können. Die beiden Schwestern, die am gleichen Tag geheiratet und gleichaltrige Söhne hatten, standen sich sehr nahe. Emma war erschüttert. Und die Frage, was nun mit dem zweijährigen Neffen geschehen solle, beschäftigte sie. Es wurde im Familienrat beschlossen, Hugh, der nun Marias Anteil an Hofwyl geerbt hatte, in Irland in der Obhut der Familie Montgomery zu belassen. Seine Grosstante Mary Montgomery hatte sich anerboten, die Vormundschaft zu übernehmen.

Die Reisegesellschaft erreichte Athen erst im Oktober, wo sie eine Weile bei den Scouloudis wohnte, bevor sie nach Achmetaga weiterreiste.

Emma stürzte sich voller Elan in die Arbeit. Der Gemüsegarten war in einem desolaten Zustand, ausser ein paar Zwiebeln, Melonen, Tomaten und aufgeschossenem Salat gab er nichts mehr her. Sie konnte mit Hilfe Elizabeths lediglich noch die Beete für Kartoffeln, Bohnen, Linsen und Artischocken vorbereiten. Dafür war die Traubenlese ein voller Erfolg. Nebst den Weintrauben erntete man viele süsse Tafeltrauben, die zu Marmeladen, Saft und Sirup verarbeitet oder in der noch heissen Oktobersonne zu Korinthen getrocknet wurden.

Der Obstgarten, den Charles hatte anlegen lassen, war verwildert und lieferte kaum schöne Früchte, doch galt es, wenigstens diese paar Äpfel und Birnen zu pflücken und einzumachen; das Schneiden und Pfropfen der Aprikosen-, Kirsch- und Mandelbäume überliess Emma ihrem Mann. Die Quittenbäume lieferten überraschenderweise zwei Sorten: Die einen trugen grosse gelbe Früchte für Konfitüre, die anderen eine kleinere grüngelbe Sorte, die sich, nachdem man die pelzige Haut abgerieben hatte, wie Äpfel roh essen liess und ausgezeichnet schmeckte. Mit den Granatäpfeln musste sich Emma erst anfreunden. Sie zweifelte, ob sich die aufwändige Rüstarbeit lohnte, um an die saftigen Kerne zu kommen. Aber man überzeugte sie: Granatapfelsaft sei gesund, wirksam gegen Durchfall und, so die bisweilen unverblümten Dörflerinnen, gut für den Mann im Bett.

Mit den beiden Bäuerinnen, die Charles angestellt hatte, um ihr im Garten zu helfen, verstand Emma sich nicht gut. Sie waren unzuverlässig, arbeiteten nur auf «Effendi» Charles' Anordnungen hin und hatten ständig zu nörgeln, zudem hegte Emma den Verdacht, dass sie hin und wieder etwas aus dem Garten unter die eigene Schürze steckten. Deshalb entliess sie sie und stellte zwei Türkinnen ein, mit denen sie besser zurechtkam. Diese Frauen arbeiteten schweigend und gehorchten, ohne aufzubegehren.

Das Arbeiten draussen im Garten gefiel Emma, sie lebte auf, fühlte sich ausgefüllt und nützlich. Ihre Schwägerin Elizabeth, das Kindermädchen und der Koch Spyros entlasteten sie von der Hausarbeit. Sie hatte auch, nachdem sich Marie in Athen tatsächlich verheiratet hatte, ein neues griechisches Mädchen für den Zimmerdienst und das Aufwarten bei Tisch gesucht. Fünf Anwärterinnen hatte sie bis jetzt wieder nach Hause schicken müssen, nun schien sie endlich jemand Brauchbares gefunden zu haben. Elizabeth hatte es übernommen, die junge Frau einzuarbeiten, die gelehrig war, freundlich und sauber. Emma war zufrieden, vor allem, als sich herausstellte, dass das Mädchen auch sehr gut nähen konnte. Emma beschränkte nun die eigene Näharbeit auf ihre und Charles' Unterkleider. Noch immer gab es viel zu flicken, noch immer war die Waschküche im Hagiati nicht gebaut.

Die Temperaturen waren jetzt im November fast immer angenehm warm, nur die Tage wurden merklich kürzer, und gegen den Abend wehte ein kühler Wind vom Meer herauf. Die Mückenplage hatte nachgelassen, Charles und Emma sassen nun abends gerne noch ein Weilchen auf der Veranda.

Eines Abends, Emma hatte sich eine Tasse Kräutertee aufbrühen lassen, während Charles an einem Glas Rotwein nippte, betrachteten sie schweigend den tintenblauen, im Westen noch leicht gelblich angehauchten Nachthimmel. Fledermäuse flitzen vorüber. Emma fühlte, dass Charles etwas belastete, es schien mit Briefen von zu Hause in Zusammenhang zu stehen. Sie wartete, irgendwann würde er damit herausrücken.

«Und, hat es geklappt mit dem ägyptischen Ziegenbock?», fragte Charles. Die ägyptische Rasse gab mehr und bessere Milch, und sie hatten kürzlich beschlossen, es mit ein paar Tieren zu versuchen.

«Ja, zwei der Geissen sind trächtig, und mit der ägyptischen Ziege und ihren zwei Zicklein werden wir bald eine kleine Herde haben», sagte Emma zufrieden. Sie selbst hatte sich an den Geschmack von Ziegenmilch gewöhnt, Charles aber doch gebeten, vor allem den Kindern zuliebe, bald einmal eine oder zwei Milchkühe anzuschaffen, dann würde es auch süssen Rahm und Butter geben.

«Du musst die Geissen gut beaufsichtigen lassen», sagte Charles.

«Ja, ich weiss. Im Hühnerhof ist übrigens schon wieder ein Huhn weniger, nur noch 23 sind es jetzt, dazu die beiden Gockel, der Fuchs kann's nicht gewesen sein. Und beim Kaninchenstall ist das Schloss vermurkst. Wir sollten uns einen jüngeren Wachhund zulegen, was meinst du? Die Enten schnattern zwar laut, aber beissen können sie nicht.»

«Ich erkundige mich nach passenden Welpen. Aber zuerst muss ich mich um den Wein kümmern.»

«Du gibst hoffentlich kein Harz bei, das schmeckt scheusslich!»

«Natürlich nicht. Die Griechen müssen das tun, weil sie unsorgfältig keltern. Das Harz macht ihren Wein haltbarer. Wir können das besser, wirst sehen.»

«Gut, ich freue mich, was wird's denn sein?»

«Ich möchte einen kräftigen, eher süssen Roten produzieren, so in Richtung Madeira. Den Keller haben wir ja jetzt, und ich glaube, das kommt gut, die heurige Weinlese war hervorragend. Im Übrigen, ich find den harzigen Retsina gar nicht so übel, er muss einfach sehr kühl sein. Vielleicht kommst du auch noch auf den Geschmack.»

«Das glaube ich eher nicht. Aber sag, was macht der Landkauf von Carlo?»

«Ach ... das läuft gar nicht gut. Dieser Des Granges ist unmöglich.» Charles schien erleichtert, davon reden zu können. «Du weisst ja, dass der schon lange seine drei Güter verkaufen will, er steckt wieder mal in finanziellen Nöten. Zuerst – du warst noch in der Schweiz – hat er es bei seiner Schwester versucht. Sie sollte ihm Agio-Iannako, Koullouro und Marouli für 64 000 Drachmen abkaufen. Ich habe ihr dringend abgeraten, weil die Güter vernachlässigt sind und zu wenig abwerfen. Sie hätte ja noch einen Verwalter einstellen müssen, wenn sie in Deutschland hätte bleiben wollen, das sind zusätzliche Kosten. Er hat ganz einfach versucht, sie hinters Licht zu führen, seine eigene Schwester, die extra angereist kam, weil es ihrem Bruder schlecht ging!»

«Und dann? Hat sie auf dich gehört?»

«Ja, Gott sei Dank. Ich habe ihr das auf Heller und Pfennig vorgerechnet, Oberst Hahn war dabei und hat alles bestätigt, woraufhin der alte Des Granges uns eine Szene gemacht hat – peinlich war das, sag ich dir. Der war so sauer, und jetzt wird er dann noch viel wütender auf mich sein.»

«Warum?»

Charles holte einen Brief aus seiner Brusttasche, von Carlo aus Diemerswyl, und faltete ihn auseinander. «Du glaubst es nicht, aber nun hat er dem Carlo sein Anwesen Koullouro für sage und schreibe 70 000 Drachmen angeboten, Marouli könne er für 35 000 Drachmen haben. Das ist doch unglaublich! Als Zückerchen hat er ihm vorgeschlagen, sein Sohn Paul könne für 20 000 Drachmen Koullouro verwalten. Das ist doch kein Verwalter, der ist viel zu jung und hat von nichts eine Ahnung. Und ich soll erst noch das ganze Geschäft in die Wege leiten und absegnen.»

«Du wirst Carlo wohl abraten?»

«Ja sicher werd ich das. Ich kann nicht Hand bieten zu einem solchen Betrug. Soll ich denn zum Gespött aller werden? Man würde vermuten, dass ich à la Grecque mit dem Des Granges gemeinsame Sache mache, um meinen Schwager übers Ohr zu hauen!» Charles stand auf und lief auf der Veranda hin und her.

«Wieso will er dich überhaupt noch in diese Sache hineinziehen, nachdem du ihm das Geschäft mit seiner Schwester vermiest hast? Ich versteh das nicht.»

«Ich auch nicht. Er ist ein seltsamer Kauz, wird immer schrulliger. Sein Sohn tut mir leid, den mag ich ganz gut.»

«Ja, Paul ist erstaunlicherweise – von seinem Vater hat er das jedenfalls nicht – umgänglich und höflich.» Emma zog ihren Schal enger um die Schultern.

«Sollen wir hineingehen, frierst du?», fragte Charles fürsorglich. «Der Nachtwind ist tückisch, Edgar hat sich schon einen tüchtigen Schnupfen geholt. Du darfst nicht krank werden.»

«Ach nein, mir ist warm genug, lass uns noch ein Weile draussen bleiben, der Sternenhimmel ist so schön, und hörst du die Nachtigall?» Charles gab einen bestätigenden Laut von sich, ging aber ins Haus, um eine warme Decke zu holen, die er sorgsam um Emmas Knie stopfte.

«Hat denn nicht Herr Scouloudi dem Carlo auch ein Angebot gemacht?», nahm Emma den Faden wieder auf.

«Doch, das hab ich Carlo schon geschrieben, das wären schöne, gepflegte Anwesen. Kephisia liegt nahe bei Athen, hat eine prächtige Aussicht und gesunde Luft, jede Menge Quellwasser, fruchtbaren Boden, viele Olivenbäume und Trauben, alles in gutem Zustand. Nur das Wohnhaus, da müsste man einiges machen. Scouloudis Bedingungen sind fair, muss ich sagen, 70 000 bis 80 000 Drachmen will er dafür. Das wär für Carlo auf jeden Fall ein gutes Geschäft. Auch das Gut Kechries hier auf Euböa, das ja neuerdings zum Verkauf steht, ist eine Option. Es hat guten Boden, viel Wald, ist aber halt kleiner.»

«Er soll doch Scouloudis Angebot annehmen und dieses Kephisia kaufen. Ich fände es schön, meine Schwester in der Nähe zu haben.» Emma erhob sich, schüttelte ihren Rock auf und faltete die Decke zusammen.

«Na ja, Athen ist so nah nun auch wieder nicht, aber immerhin einiges näher als Diemerswyl!» Charles lachte und legte Emma den Arm um die Schultern, zusammen gingen sie ins Haus.

Carlo befolgte Charles' Rat und wies Des Granges' Angebot zurück. Charles überzeugte ihn, selbst nach Euböa zu kommen, es sei besser, sich persönlich vor Ort umzusehen. Im April und Juni 1847 schrieb er ihm:

Es freut mich sehr, dass du meinem Rat gemäss Herrn Des Granges' Anträge abgewiesen hast, er hätte dich geprellt. Wenn du diesen Herbst herüber-

kommst und ein Landgut kaufen willst, können wir die Sache noch besprechen. Das Gut Kechries möchten die Einwohner selber von den Tombazis kaufen, aber ich zweifle, ob sie die Summe zusammenbringen können. Herr Des Granges ist höchst brummig mir gegenüber, und wie ich von Freunden höre, soll er in Limni ungeheuer über mich geschimpft haben; ich sei geizig, habsüchtig etc., es macht mir aber weder warm noch kalt.
Ruoff hat seine Arbeit fertig gemacht und sich als tüchtiger Mühlenbauer bewiesen. Wegen Mangel an guten Zahnrädern, die wir, uns auf die hiesigen verlassend, von Triest zu besorgen vergessen haben, geht die Mahlmühle einstweilen noch nicht. Ich bin mit ihm sehr zufrieden, er hat keine Ansprüche und arbeitet gut und fleissig. Morgen wird er seine Rückreise antreten, ich benutze diese Gelegenheit, um dir diese Zeilen zukommen zu lassen. Er soll mir einen Wagner und einen Schmied suchen, die ich dringend für meine Steinfuhren brauche, die jetzt mit zehn bis zwölf Wagen en gros gehen. Dieses Jahr gibt es eine ungeheure Nachfrage für Schiffsbauhölzer, man hat über 3000 Stämme von mir verlangt, die ich aber nicht habe liefern können wegen Mangel an Wagen und Vieh, da ich jetzt mit dem Magnesit zu viel zu tun habe. Habe ich dann Wagner und Schmied, so kann ich beide Zweige, Steine und Holz, betreiben. Ich habe vor ein paar Tagen acht schöne Büffel von der Türkei bekommen, die bei den Steinfuhren tüchtig mithalten. Die grösste Schwierigkeit bei meinen Magnesitspekulationen ist der Mangel an Schiffen. Ich hatte über tausend Zentner in Piräus liegen, aber da sich keine Gelegenheit bot, sie nach England zu fahren, hab ich alles nach Smyrna verschifft. Ich denke, von dort lässt sich durch die Feigen- und Weintraubenschiffe leichter eine Gelegenheit finden.
Apropos Hofwyl: Mein Bruder Eduard schreibt mir nicht erfreuliche Nachrichten und meint, das Ganze werde sich schwerlich noch ein Jahr halten können. Es tut mir wohl leid, aber bei einer solchen Verwaltung und den politischen Umständen des Kantons Bern muss es so weit kommen. Wilhelm ist nun einmal nicht dazu gemacht, einem Geschäft vorzustehen, es mangelt ihm am praktischen Blick und an Energie. Und ich behaupte, die Hofwyler Pädagogik hat ihre Rolle ausgespielt. Von Emil habe ich bis jetzt keine Nachrichten vom Zustand der Geschäfte. Dieses lange Schweigen ist wohl kein gutes Zeichen. Ich erlaube mir von so weitem nicht ein hartes Urteil und will mich nicht einmischen, sollte sich aber bis Dezember 1847, dem Ende des dritten

Jahres der neuen Führung, kein günstigeres als bis dahin erzieltes Resultat zeigen, dann wird es Zeit und notwendig sein, anders als bloss passiv zu handeln. Es hilft nichts, gegen den Strom der Zeit schwimmen zu wollen, die Schweiz ist verpfuscht, sie ist so wenig tauglich zu Erziehungsanstalten wie Hofwyl als zu etwas anderem.
Es geht uns allen hier recht wohl, der Frank hat schon vier oder sechs Vorderzähne. Edgar, der anfängt, Griechisch zu singen, zu sprechen und zu tanzen, war vor einigen Tagen wieder unwohl. Wir hatten einige warme Tage, die das wahrscheinlich verursachten. Sonst wird er immer kräftiger und mutwilliger, ich allein kann ihn in Ordnung halten. Emma leidet etwas an Magenschwäche, und es tut mir leid, dass sie letzten Herbst herüberkam, noch ein Jahr Aufenthalt in der Schweiz wäre ihr von grossem Nutzen gewesen. Ihr habt ihren Brief missverstanden, denn von Schwangersein ist gar keine Rede – gottlob! Ich selber hatte ein paar Fieberanfälle, bin aber jetzt wieder wohl. Ich habe übrigens nun einen sehr guten Verwalter bekommen, meinen Vetter Karl von Wild. Ich brauche ihn, weil wir beabsichtigen, für den Sommer nach Piräus zu ziehen.
Ich freue mich sehr auf deine Ankunft im Herbst. Bitte zahle dem Ruoff Fr. 523.75 für seine Arbeit, wofür ich ihm einen Wechsel auf dich gegeben habe. Sei so gut, beim Hofwyler Schuhmachermeister zwei paar starke, wasserdichte Schuhe zu bestellen wie die letzten (mein Mass hat er), und wenn möglich bringe sie mit, denn hier findet man kein gutes Leder. Auch für die beiden Kinder bitte Schuhe, Emma hat die Masse schon an Olympe geschrieben. Man kann in ganz Athen keine Schuhe für Kinder finden.
Hier fangen die Deputierten-Wahlen wieder an, Mord und Totschlag kommen dabei häufig vor, doch wird Kolettis wohl Minister bleiben.

Für den Sommer mietete Charles in Piräus ein Haus. Mit dem Schiff, das gleichzeitig eine Fuhre Magnesit geladen hatte, fuhren sie mit Sack und Pack in die Hafenstadt. Von dort brachte sie eine Kutsche und ein Wagen, der die Kinder, das Kindermädchen und den Koch beförderte, zu einem grossen Gebäude nahe dem Meer. Piräus war bekannt für seine auch im Sommer frische Brise, für die Seebäder. Viele Athener, vor allem Ausländer, mieteten sich von Juli bis Oktober hier ein und genossen die Luftveränderung.

Der Herbst 1847 brachte politische Turbulenzen, welche die Familie länger als geplant in Piräus festhielten. Anfang September bat Charles seinen Schwager Carlo, die angeforderten Handwerker doch nicht nach Griechenland zu schicken.

Die politischen Verhältnisse sind solcher Art, dass ich nicht daran denken kann, die Handwerker mit ihren Familien herkommen zu lassen. Die ganze Welt scheint in Bewegung, also müssen wir hier unseren Anteil auch mit ertragen. Die Deputierten-Wahlen sind an unserem Unheil schuld, Kolettis wollte durch Gewalt eine Mehrheit in der Kammer haben, er hat sie nun, aber die Folgen sind schwer abzuschätzen. Der von Kriezotis angestachelte Aufstand auf Euböa ist nicht der einzige, denn kaum ist dieser gedämpft, so brennt es wieder anderswo los. Die ganze nördliche Küste des korinthischen Meerbusens ist in offener Empörung und verlangt neue Deputierten-Wahlen und die Absetzung des Kolettis. Die Regierung ist zu schwach, um Widerstand zu leisten. Kolettis liegt nun auf dem Totenbett, das ganze Land ist in Gärung über die Wahlen und die Untätigkeit der Regierung und, und, und. – Was soll aus all dem werden? Niemand wagt zu sagen, wohin es kommen könnte, und das einzige Heil sieht man in einer Intervention der drei Schutzmächte. Unsere Insel ist noch militärisch besetzt, und in den Dörfern um Chalkida soll es arg hergehen; die zur Dämmung des Aufstandes hingesandten Offiziere brandschatzen die armen Bewohner, um sich für die Gefahren und Mühen zu entschädigen. In Achmetaga ist kein Schaden geschehen, wie mir mein Verwalter schreibt, nur einem Bauern wurde von Kriezotis' Leuten ein Säbelhieb über den Kopf versetzt, und aus meinem Magazin sollten dreissig Säcke Getreide zur Fütterung der Aufständischen entnommen werden, was aber nicht ausgeführt werden konnte. Dreissig meiner Bauern wurden mit Gewalt gezwungen, zu Kriezotis zu stossen, und jetzt sind sie wie alle anderen in Untersuchung deswegen. Meine Steinfuhren sind durch diese Aufregungen aufgehalten worden, und jetzt kann ich mit dem Sprengen der Felsen nicht vorwärtsmachen, weil es nicht erlaubt ist, Schiesspulver auf die Insel zu bringen. Hoffentlich wird sich aber alles legen, entweder so oder anders.
Wir sind hier in Piräus ganz ruhig und wohl und denken, wenn es nicht schlimmer wird bis Ende Oktober, wieder nach Achmetaga zurückzukehren. In unseren zwei Dörfern haben wir eine sehr ergiebige Ernte gehabt. Die Kin-

der sind alle wohl, die Seebäder haben uns sehr gut getan wie gewiss auch die Luftveränderung. Wir haben nicht wirklich über die Hitze zu klagen gehabt. Lass dich nicht abhalten hierherzukommen, und drohen die Zeiten noch schlimmer zu werden, so werde ich dir schreiben.

Bereits Ende September 1847 änderte sich die Situation wieder:

Kolettis ist ein Tag nach meinem letzten Brief wirklich gestorben, nachdem der König ihn mit Ehren überhäuft hatte; er wurde mit allem Pompe begraben, und somit wäre ein grosser Schurke weniger im Lande. Mit ihm ist aber auch der Meisterschurke dahin, der alle die anderen Schurken bändigen konnte, mit denen er die Ämter gefüllt und den König umgeben hatte, und wir befinden uns deswegen in einer verhängnisvollen Periode. Der König hat den Kriegsminister Kitsos Tzabellas, einen Veteranen von 1821, zum Ministerpräsidenten gemacht, ein ganz schwacher, unwissender Mensch, der kaum lesen und schreiben kann und nicht im Geringsten fähig ist, die Parteiintrigen in Zaum zu halten. Seine Majestät wird selber regieren und so allmählich in die Hände der mehr Russland zugeneigten Partei fallen. Somit werden wir wiederum den Zyklus der drei Grossmächte durchgemacht haben, und es wird dann der Ordnung gemäss eine Revolution eintreten, wie wir sie schon einmal erlebten. Die gegenwärtige Kammer soll aus ganz mittelmässigen, untergeordneten Menschen bestehen, die zu allem ja sagen werden, um ihre 250 Drachmen monatlich behalten zu können. Geld soll genug vorhanden sein für die nächsten sechs Monate, da gegenwärtig die Zehnten bezahlt worden sind, wir können also ruhig sein. Überdies kommt der Winter heran, und zu dieser Zeit rücken die griechischen Helden nicht ins Feld. Man kann nicht mehr draussen campieren und findet im Fall einer Flucht keine Lebensmittel mehr bei den Hirten, da diese sich nun mit ihren Herden in den bewohnten Ebenen befinden. Auch sind die Bauern überall mit ihren Feldarbeiten beschäftigt und werden sich keinen politischen Feldzügen anschliessen. Von Kriezotis habe ich keine grosse Furcht, denn obwohl er mit einem erneuten Überfall auf unsere Insel droht, so wird er es kaum wagen. Der Verlust seiner linken Hand und seine Bauchverwundung werden seinen Ehrgeiz gedämpft haben, zudem ist unsere felsige Küste im Winter nicht zum Anlanden und Entfliehen geeignet. Für den Augenblick ist's, glaub ich, ruhig bis im Frühjahr.

Also denke ich, gegen den 25. Oktober von hier mit Sack und Pack in unser Winterquartier nach Achmetaga abzuziehen. Du wirst uns bis dahin hier in Piräus finden, falls du für den Winter noch herzukommen gedenkst, sonst in Achmetaga. Wir haben hier nun kühles Wetter, am Morgen 14 bis 15 Grad Reaumur. Um zwei Uhr nachmittags 20 bis 21 Grad, auch häufig Regen, man kann jetzt schon anfangen zu pflügen. Gestern machten wir eine Lustpartie zu Scouloudi auf sein Gut in Kephisia und brachten einen recht fröhlichen Tag dort zu. Des Granges war vor ein paar Tagen in Piräus, kam aber nicht zu uns, was mich ausserordentlich freute.

GRIECHENLAND, MEGALI IDEA

Die Revolte im September 1843 hatte Otto I. zwar gezwungen, der Bevölkerung eine Verfassung zu gewähren. Griechenland hatte damals ein parlamentarisches System erhalten – mit einem sehr fortschrittlichen allgemeinen Männerwahlrecht – und war eine konstitutionelle Monarchie geworden. Jedoch gelang es dem König immer wieder, auch mit Hilfe griechischer Politiker, die Spielregeln der demokratischen Mitbestimmung zu unterlaufen.

Einer dieser Politiker, der Führer der sogenannten französischen Partei, Ioannis Kolettis (1774–1847), ein Veteran des Befreiungskrieges von 1821, wurde 1844 Ministerpräsident. Er entwarf und propagierte das politische Motto der «Megali Idea», des «Grossen Plans». Es wurde zum Leitmotiv des griechischen Nationalismus, ohne ein klares Programm zu beinhalten. Dieses Fehlen machte aus der Megali Idea ein Sammelsurium aussenpolitischer Visionen, die kaum etwas mit politischem Pragmatismus zu tun hatten. Ihre wichtigste Botschaft war die Feststellung, dass die gegenwärtigen Landesgrenzen nur ein Zwischenstadium darstellten, das es zu überwinden galt. Griechenland umfasste damals nur einen kleinen Teil der Griechisch sprechenden Menschen, der grössere Teil, rund zwei Drittel, lebte weiterhin unter türkischer Herrschaft. Fernziel der Megali Idea, der auch Otto und Amalia anhingen, war die Wiederherstellung des orthodoxen byzantinischen Kaiserreiches mit der Hauptstadt Konstantinopel bei gleichzeitigem Rückgriff auf die griechische Antike.

Die Fokussierung der griechischen Politik auf unrealistische aussenpolitische Phantasien verstellte den Blick auf die tatsächlich existierenden innenpolitischen Probleme, die nur als vorübergehende Malaise interpretiert wurden. Die Lösung der aktuellen wirtschaftlichen und sozialen Aufgaben war nicht von Interesse, und die drei parlamentarischen «Parteien», eigentlich Wahlvereine, kümmerten sich nicht darum. Sie vertraten kein politisches Programm, sondern ausschliesslich Eigeninteressen sowie die Interessen der drei Grossmächte Frankreich, Grossbritannien und Russland. Eine zielgerichtete Innen- oder Wirtschaftspolitik, die dem darbenden jungen Griechenland auf die Füsse geholfen hätte, fand nicht statt.

Die Regierungen wechselten ständig, womit ein Karussell von Entlassungen und Einstellungen je nach Parteizugehörigkeit in Gang gesetzt und am Laufen gehalten wurde. Das Verschachern von Ämtern war an der Tagesordnung. Nur gegen Schmiergelder wurden politische Aktivitäten unternommen. Die Staatsfinanzen gerieten immer stärker aus dem Lot. Auf dem Land, wo Räuberbanden ihr Unwesen trieben, gärte es.

Besuch in Achmetaga

März 1848

«Und, wie laufen die Geschäfte mit diesem mysteriösen weissen Gestein? Weisst du noch immer nicht, wozu die Engländer es gebrauchen wollen?» Carlo sah Charles neugierig an.

«Nein, ehrlich gesagt, hab ich keine Ahnung, sie machen ein grosses Geheimnis draus. Aber eigentlich kann mir das ja egal sein, solange sie das Zeug tonnenweise kaufen und ich zurzeit der Einzige bin, der gute Qualität in diesen Mengen liefern kann. Also, das Geschäft läuft gut, um deine eigentliche Frage zu beantworten.»

Der Rattanstuhl knarzte, als sich Charles zufrieden zurücklehnte. Er und Carlo sassen in den Sesseln der Sitzgruppe, die Emma letztes Jahr in Triest bestellt hatte; das exotische Material war hier in Griechenland noch kaum bekannt. Emma räkelte sich auf einer gepolsterten Chaiselongue, die junge Katze an ihrer Seite liess sich nicht stören, Elizabeths Sessel war noch leer. Sie hatte die Kinder für eine Siesta in ihr Schlafzimmer hinaufgebracht und sich wohl gleich selbst noch ein wenig hingelegt. Es war das erste Mal, dass die neuen Gartenmöbel aus dem Hagiati geholt worden waren, denn heute durfte man es wagen, ganz ohne Schal oder warme Wolldecken länger in der Frühlingssonne zu sitzen. Gleich nach dem Essen hatten sie es sich auf der Veranda unter dem schüchternen Grün der Weinpergola bequem gemacht, die Sonne funkelte durch die noch kaum belaubten Zweige, Vögel zwitscherten. Das Küchenmädchen hatte Tee serviert, alle dösten, hingen ihren Gedanken nach.

Mittägliche Ruhe lag über den Gebäuden und dem Dorf, das erst am späteren Nachmittag wieder zum Leben erwachen würde. Emma hatte sich auf ihrer Liege aufgesetzt, um die Kissen im Rücken zurechtzuklopfen, alles war noch ein wenig steif. Das Kätzchen hatte die Unruhe mit einem empörten Maunzen quittiert, sich dreimal um die eigene Achse gedreht, war aufs Polster geplumpst und wieder eingeschlafen. Emma war glücklich, dass ihr Schwager es endlich geschafft hatte, sie in Achmetaga zu besuchen. Seit ein paar

Wochen schon wohnte er bei den Des Granges in Agio-Iannako und sah sich die verschiedenen Güter, die der Alte verkaufen wollte, aus der Nähe an. Charles hatte ihm dringend geraten, so zu verfahren, wenn er vom Des Granges etwas kaufen wolle. Er sei ein schlauer Fuchs, und nur die eigene Anschauung könne einen Käufer vor unangenehmen Überraschungen bewahren. So war Carlo, allerdings ohne seine Familie, was Emma wiederum sehr bedauerte, nach Euböa gereist.

Sie sah verträumt den Schnürchenwolken nach, die sich vom Meer heraufziehend gegen den Kandili hin langsam auflösten, und hörte dem tröpfelnden Männergespräch nur mit halbem Ohr zu. Träge glitt ihr Blick über die abfallende Wiese unter der Veranda, wo der Frühling rote Anemonen, weisse Gänseblümchen und eine gelbe, namenlose Blume zu einem leuchtenden Farbenteppich vereint hatte. Mit den dunkelgrünen Pinien in der Tiefe des Gartens und dem in intensivem Purpurlila erblühten Judasbaum gerade vor dem Haus hatte man das Gefühl, in eine gepflegte Parkanlage zu blicken.

Gestern, bei ihrem täglichen Spaziergang mit den Kindern, hatte sie zufällig gelbe und rosafarbene Orchideen einer ihr unbekannten Art entdeckt. Warum legte sie nicht ein Herbarium an? Mit all diesen fremden Blumen und Kräutern? Sie schloss die Augen, war zufrieden mit sich und der Welt. Schritte auf der Treppe, Elizabeth trat auf die Veranda heraus, rückte ihren Sessel etwas mehr in die Sonne und setzte sich. Aus einem Beutel klaubte sie eine kleine Näharbeit hervor, Emma sah jedoch, wie sie diese schon nach ein paar Stichen wieder sinken liess, wie ihr Kopf nach hinten auf das Polster sank, bald hörte man ihre tiefen, regelmässigen Atemzüge.

«Und du, Carlo, hast du dir ein Bild davon gemacht, was der Des Granges anzubieten hat?» Charles' Stimme unterbrach die Stille, Elizabeth zuckte aus ihren Träumen hoch.

«Ja, gründlich, und weil ich gerne hier auf Euböa bleiben möchte, ist meines Erachtens Koullouro die beste Wahl. Es passt mir von der Grösse her, ist jetzt zwar vernachlässigt, aber die Böden sind ausgezeichnet, und mit etwas Dünger und mehr Pflege lässt sich da auf jeden Fall viel herausholen. Ich werde in ein paar Tagen nochmals über die Felder rei-

ten – ohne den Des Granges – und dann, denke ich, werde ich es kaufen ... zu einem vernünftigen Preis.»
«Das will ich doch hoffen. Nachdem ich ihn so erzürnt habe.» Charles lachte.
«Und, wie kommst du mit Edward klar?», wollte Carlo nach einer Weile wissen.
«Ach, ganz gut, er ist ja in England, also Gott sei Dank weit weg. Er ist natürlich knapp dran und möchte mehr Geld aus Achmetaga ziehen, aber gerade hab ich ihm in einem langen Brief auseinandergesetzt, was wir in den letzten zwei Jahren alles erreicht haben. Dass ich halt viele Investitionen tätigen musste und auch weiterhin muss, damit das Magnesitgeschäft gut vorankommt, du weisst schon: mehr Ochsen und Wagen kaufen, Strassen und Brücken bauen, die Lagerhäuser und so fort. Und dann haben wir ja auch die neue Getreidemühle bei Drazi gebaut, zusammen mit dem Ruoff, ein fähiger Mann, muss ich sagen. Das alles kostet eine Menge Geld. Aber diese Mühle läuft jetzt fast Tag und Nacht. Alle Bauern aus der Umgebung kommen mit ihrem Getreide zu uns.»
«Hat sich also gelohnt», warf Carlo ein.
«Sicher. Also ich bin zufrieden, Ausgaben und Einnahmen halten sich in etwa die Waage, ein bisschen springt sogar raus, doch reich werden wir nicht, Luxus liegt nicht drin. Edward muss seinen Lebensstil ein wenig einschränken.»
«Ja, ja», meldete sich Emma aus dem Hintergrund. «Alles läuft gut, aber die Waschküche im Hagiati ist noch immer nicht fertig, und vom Projekt Dorfschule habe ich auch schon lange nichts mehr gehört.» Emma rückte ihre Kissen zurecht. Sie wollte jetzt nicht streiten, zu friedlich war die Stimmung hier auf der Veranda. Ihre Gedanken wanderten wieder zum Herbarium. Wo sollte sie bloss die grossen, weichen Löschpapiere beschaffen. In Triest? Charles sah solche, wie er dem sagte, unnützen Einkäufe nicht gern. Auch die neuen Gartenmöbel hatte er nur stirnrunzelnd akzeptiert, obwohl er unterdessen zugeben musste, dass sie sehr bequem und brauchbar waren.
«Geduld, Geduld», murmelte Charles und lauter zu Carlo: «Apropos Schule: Hast du Neuigkeiten aus Hofwyl? Ich mach mir Sorgen.»

«Ja, das tönt nicht so gut. Es sind nur noch zwanzig Schüler dort, darunter, stellt euch vor, auch Ralph King, der jüngere der beiden Enkel von Lady Byron ...»

«Der Sohn ihrer Tochter Ada, nicht wahr?», fragte Elizabeth, die ihre Näharbeit wieder aufgenommen hatte.

«Genau. Und das ist gut für den Ruf des Instituts. Aber es sind insgesamt natürlich viel zu wenige Eleven. Die Realschule ist ja schon seit zwei Jahren geschlossen, und wie ich kurz vor meiner Abreise noch gehört habe, denkt man gar darüber nach, das Institut zu schliessen, obwohl Wilhelm die Pensionspreise gesenkt hat.»

«Ach, dieser Wilhelm. Dann wird es nur noch die Armenschule geben. Willi ist einfach unfähig», schnaubte Charles.

«Emil hingegen schlägt sich mit der Leitung der Landwirtschaft ganz gut.»

«Mir scheint, wir sollten dringend etwas unternehmen, sonst geht das Erbe unserer Frauen verloren, und uns bleiben lediglich die Schulden. Der Wilhelm schaut für sich, benimmt sich wie ein Alleinerbe und gibt Geld aus für Projekte, die mit Hofwyl nichts zu tun haben.» Charles war verärgert. «Was hat mir da mein Bruder Eduard kürzlich geschrieben: Willi wolle ein landwirtschaftliches Volksblatt gründen, dann träume er von einer ökonomischen Gesellschaft, habe gar eine Ackerbauschule ins Leben gerufen und was weiss ich noch alles? Statt dass er sich um das kümmert, was da ist.»

«Schon richtig, aber du musst dich an der eigenen Nase nehmen, Charles. Wir haben gemeinsam beschlossen, dass Willi die Leitung übernehmen soll, weil wir beide das nicht wollten. Du, und jetzt auch ich, wir sind weit weg von Hofwyl, und wie du weisst, könnte der Rückgang der Schülerzahlen nicht nur an den zu hohen Pensionspreisen liegen, sondern an der politischen Situation in Europa. Wir haben zwar den Sonderbundskrieg hinter uns, aber es gärt überall. Hast du gehört? In Sizilien war ein grosser Aufstand, die Insel hat sich unabhängig erklärt, und der König von Sardinien hat seinem Volk eine Konstitution nach französischem Muster gegeben, in Paris soll es ebenfalls einen Aufruhr mit vielen Toten gegeben haben, und von den

Deutschen hört man auch so einiges. Überall wollen die Menschen mehr Rechte, mehr Freiheit, mehr Gerechtigkeit.»

«Ja, ja, diese Demokraten. Die stürzen Europa noch ins Elend. Aber ich glaube nicht, dass es nur die politische Lage ist, die für den Niedergang der Schule verantwortlich ist, Söhne müssen doch immer erzogen werden. Es ist der Wilhelm, der macht ein Durcheinander, ein Pfuscher ist das!», entfuhr es Charles. «Wenn ich wegen dieser Misswirtschaft gezwungen bin, in die Schweiz zu reisen, muss ich hier einen Verwalter einstellen, das ist teuer, und dann erledigt der die Arbeiten doch nicht so, wie ich es will. Und für mich ist klar: In Hofwyl unter Emil arbeiten – kommt nicht in Frage.»

«Kann ich gut verstehen. Aber könntest du nicht nochmals deinen Von-Wild-Cousin, den Karl, anstellen? Er hat seine Arbeit letzten Sommer doch gut gemacht und würde gern wiederkommen, das hat er mir jedenfalls so gesagt, als ich abreiste.»

«Ja, doch, das könnt ich. Aber solange es nur irgendwie geht, bleiben wir hier.»

Das Gespräch versiegte, Stille machte sich breit, bis im Dorf plötzlich die Hunde anschlugen. Das Gebell wurde lauter, kam näher, der Wachhund fiel ein. Das schwere Hoftor knarrte, Hufgetrappel, Rufe und wütendes Bellen im Hof. Charles stellte seine Tasse ab. «Ich geh nachschauen.» Er eilte mit langen Schritten um die Hausecke.

«Willst du wirklich morgen wieder nach Agio-Iannako zurück, Carlo? Überleg es dir doch noch mal», bettelte Emma. «Ich möchte noch so viel hören von Hofwyl, von Olympe, von deinen drei Töchtern, von Tante Lise und all den anderen. Du hast erst wenig erzählt. Bis du dann wiederkommst, vergehen Wochen, und im Sommer ziehen wir wohl nach Piräus, wie letztes …» Plötzlich verschwand das Kätzchen mit einem Satz unter der Chaiselongue, Carlo stand auf, Charles bog mit zwei jungen Männern im Schlepptau um die Hausecke. Der eine dünn und blass, der andere, deutlich jüngere, braun gebrannt und kräftig, beide trugen staubige, ein wenig abgetragene Reisekleidung.

«Darf ich vorstellen: Meine Frau Emma Müller-von Fellenberg, meine Schwester Elizabeth Müller und mein Schwager Carlo Leutwein-von Fellenberg, er ist gerade zu Besuch hier, aus Agio-Iannako.» Charles wandte sich mit einer fragenden Geste an die beiden Männer.

«Ich bin Charles Marcus Church, Philologe aus Oxford, mein Reisegefährte Edward Lear ist Maler und Schriftsteller.» Churchs Französisch war holperig, mit einem starken englischen Akzent, aber fliessend, Lear sagte kein Wort. Beide verbeugten sich knapp, Emma nickte freundlich und forderte sie mit einer Handbewegung zum Sitzen auf. Elizabeth war bereits aufgestanden und schenkte Tee in zwei weitere Tassen ein, die das Zimmermädchen gebracht hatte.

«Was führt Sie hierher?»

«Wir sind auf der Durchreise, unser Ziel ist der Norden der Insel. Wir haben ein Empfehlungsschreiben von Herrn Scouloudi aus Athen.» Church kramte in seiner abgewetzten Ledertasche.

«Schon gut.» Charles winkte ab. «Wie geht es ihm, wir hoffen, gut, er ist ja nicht mehr der Jüngste?»

«Ja, danke, er machte sich gerade auf zu seinem Gut im Norden Athens ... den Namen habe ich vergessen.»

«Anavrita?», half Emma nach, und Church nickte. «Ja, Madame.»

«Nehmen Sie doch erst eine Tasse Tee zur Stärkung, Sie sind sicher den ganzen Tag von Chalkida aus hierhergeritten und wohl durstig und müde. Meine Schwägerin Elizabeth wird Ihnen anschliessend Ihr Zimmer zeigen, wo Sie sich frisch machen können. Wir essen um neun Uhr. Wenn Sie mögen, können Sie uns vorher auf einen kurzen Abendspaziergang begleiten.»

Als sich die Gruppe auf den Weg machte, stand die Sonne bereits tief. Eine frische Brise erinnerte daran, dass das Jahr noch jung war. Blaue Schatten umspielten die lila Hänge des Kandili, während die Felder und Platanenwälder im Osten noch einmal rotgolden aufleuchteten. Emma, in einem leichten Nachmittagskostüm, hatte den Sonnenschirm noch aufgespannt und trug den wärmenden Merinoschal locker in die Armbeugen gelegt. Sie schritt zwischen den beiden Gästen voraus, Charles, Carlo und der grosse Hofhund folgten. Elizabeth hatte es vorgezogen, sich den Vorbereitungen des Abendessens zu widmen.

«Schade, ist es bereits zu dunkel, um zu zeichnen», murmelte Edward Lear. «Die Farben, jetzt gerade, während die Sonne untergeht, die langen Schatten, phantastisch. Und es ist erstaunlich, die Natur hat alles wie in einem englischen Park angeordnet, hier die bunten Blüten, die Baumgruppen in der Senke dort, die sanft hügeligen Wiesen, die Platanen da unten am Fluss ... so abwechslungsreich, wunderbar.» Lear blickte sich begeistert um.

«Sie haben sich auch die schönste Jahreszeit ausgesucht, um Euböa zu bereisen!», sagte Emma freundlich. «Aber erzählen Sie uns doch ein wenig, wir leben hier so abgeschieden und freuen uns immer über Neuigkeiten», munterte Emma ihn auf. Um sich gegen das blendende Licht zu schützen, hielt sie ihren kleinen Schirm gegen die untergehende Sonne. Da Lear nichts sagte, übernahm Church das Konversieren.

«Mein Reisegefährte führt den Pinsel besser als das Wort, ausser Sie sprechen mit ihm über Malerei. Doch ich gebe Ihnen gerne Auskunft: Wir haben uns vor rund zehn Jahren in Rom getroffen. Edward war da schon ein recht bekannter Landschaftsmaler, ich kaum der Universität entronnen auf der Grand Tour in Europa. Er suchte jemanden, der über gute Kenntnisse der Antike verfügte und ihn begleitete. So haben wir uns zusammengetan und sind zuerst durch Italien, dann nach Griechenland gereist und nun seit ein paar Monaten in diesem herrlichen Land unterwegs. Edward skizziert, ich erkläre ihm die Landschaft in Bezug auf die Antike. Sie verstehen: die Tempel und Ruinen ... was Homer oder andere darüber geschrieben haben.»

«Höchst interessant», hörte Emma Charles hinter sich brummeln. Sie verbiss sich eine boshafte Bemerkung an seine Adresse, stattdessen wandte sie sich dem Maler zu: «Dann zeichnen Sie also Ruinen, Herr Lear?»

«Nein, hauptsächlich Landschaften, aber immer im Wissen, wie sie entstanden sind, und was darin geschehen ist. Ich bin der Meinung, dass solches Wissen in die Bilder einfliessen muss, sonst sind sie nicht authentisch.»

«Oh, das habe ich mir noch gar nie überlegt. Dann zeichnen Sie keine Phantasielandschaften?»

«Ganz und gar nicht. Meine Bilder entsprechen immer der Realität, sie sind eine Auseinandersetzung mit der Topografie. Ich produziere keine schönen Fiktionen, die einfach nur hübsch sein sollen. Jede Hügellinie, jedes Tal, seine Tiefe und Weite, alles muss stimmen, auch jede Farbnuance.»

«Welche Technik benützen Sie denn?», mischte sich Carlo ein. Lear blieb stehen und wandte sich zu ihm um. «Ich skizziere zuerst mit Bleistift vor Ort, mache mir ganz genaue Notizen über die Farben oder male eine kleine Farbenprobe. Das Aquarell fertige ich dann zu Hause im Atelier an, wo ich ungestört bin; in Öl mache ich nur wenig, für Ausstellungen, zum Geldverdienen.»

«Carlo ist, oder besser war, der Zeichner in unserer Familie», sagte Emma. «Er hat schöne Porträts von uns allen angefertigt, aber leider hat er das aufgegeben.» Emma klappte ihren Sonnenschirm zu, die Sonne war untergegangen. «Eigentlich schade, Carlo, du könntest doch hier in Euböa wieder damit anfangen.»

«Jetzt fehlt mir dazu die Zeit und Ruhe. Wenn ich dann mal hier lebe, warum nicht?»

«Geben Sie auch Zeichenunterricht?», wollte Emma von Lear wissen und spazierte weiter. Dieser schien die Frage nicht gehört zu haben.

«So sag es doch, du darfst stolz darauf sein», munterte Church seinen Freund auf, doch Lear schwieg betreten.

«Er gibt Königin Viktoria seit zwei Jahren Zeichenunterricht, will sich aber damit nicht brüsten.»

«Oh, das ist eine grosse Ehre! Und Sie, Herr Church, was machen Sie?», wandte sich Emma an Lears Reisegefährten, um die Verlegenheit des Malers zu überbrücken.

«Ich werde Lear begleiten, in den Norden der Insel, dann wollen wir noch Nordgriechenland bereisen. Anschliessend werde ich wohl wieder nach England zurückkehren. Vielleicht publiziere ich dort meine Reisenotizen, wer weiss.»

Sie näherten sich wieder dem Haus. «Ich an Ihrer Stelle würd mir das mit Nordgriechenland noch mal überlegen», sagte Charles. «Dort ist's zurzeit grad ziemlich gefährlich, Räuberbanden treiben ihr Unwesen, nehmen Fremde gefangen, erpressen Lösegelder. Vielleicht wär's klüger, direkt nach Athen zurückzukehren.»

«Sie dürfen auch gern ein paar Tage hierbleiben.» Emma zog fröstelnd ihren Schal über die Schultern.

«Das geht leider nicht. So gut es uns hier gefallen würde, nicht wahr Edward?» Dieser nickte. «Wir sind mit unserem Programm schon ziemlich in Verzug. Morgen geht es in aller Frühe weiter. Aber vielen Dank für die Einladung. Und für die Warnung, wir werden uns vorsehen.»

Wiedersehen in Hofwyl
1849

Die Familie Müller-von Fellenberg mietete für den Sommer 1848 wieder ein Haus in Piräus. Die Rückkehr nach Achmetaga im Herbst verzögerte sich allerdings ständig, da einerseits nun auch auf Euböa Räuberbanden ihr Unwesen trieben, andererseits waren durch die zu warme Witterung Epidemien ausgebrochen. Emma verbrachte die heissen Tage mit den Kindern am Strand. Seit Königin Amalia angefangen hatte, hier an der ihrer Residenz am nächsten gelegenen Küste dem Meerbaden zu frönen, hatten andere Couragierte diese neue Sitte übernommen. Die vornehmen Griechen rümpften allerdings die Nase, fanden es unschicklich und zogen es vor, die Sommermonate wie immer in ihren Landhäusern oberhalb der Stadt zu verbringen, in den Dörfern Patissia, Maroussi oder Kephisia.

So trafen sich in Piräus an der herrlichen Passalimani genannten Bucht hauptsächlich die in Athen lebenden Ausländer mit ihren Kindern und badeten in den nach Geschlechtern getrennten Strandabschnitten. Dieses Jahr gab es neu sogar Badehäuschen sowie eine Aufsicht, und um den Strand herum war die alte Hecke durch einen blickdichten Holzzaun ersetzt worden. Offenbar hatten sich letzte Saison mehrere Damen über Neugierige beklagt, welche die leicht bekleideten Frauen durch das arg zerzauste Gebüsch beäugten. Emma hatte sich eines dieser zwar mondänen, aber umständlichen Badekostüme schneidern lassen, um nicht nur sittsam am Strand hin- und herspazieren, sondern entsprechend bekleidet auch im Meer schwimmen zu können. In Hofwyl aufgewachsen, konnte sie das gut, im Gegensatz zu den meisten anderen Frauen hier, und laut den medizinischen Verlautbarungen war das Baden im Salzwasser äusserst gesund. Nur deshalb, und weil sie keinen Männerblicken ausgesetzt war, hatte Charles zähneknirschend seine Einwilligung zu dieser neumodischen Narretei gegeben; er fand ihr Badekleid, das Knöchel und Füsse nackt liess, aufreizend. Überhaupt konnte er dem Strandleben wenig abgewinnen, verbrachte seine Zeit lieber in einem der Hafencafés, die nun wie Pilze aus dem Boden geschossen waren, las die «Allgemeine Zeitung» aus Augsburg, reiste geschäftlich nach Athen hinauf und hatte Musse, seinem Schwager zu schreiben. Carlo war Anfang Sommer zu Olympe und den Töchtern nach Diemerswyl zurückgekehrt und hatte sein neu gekauftes Landgut Koullouro ebenfalls Charles' Cousin Karl von Wild anvertraut, der nun zeitweise beide Güter betreute:

Der Sommer 1848 ist hier heisser gewesen als der letztjährige, und infolgedessen hatten wir auch überall viele Krankheiten, sogar hier in Piräus hatten viele Fieber, wir sind aber alle verschont geblieben. Nur Edgar hatte einen schwachen Anfall, den ich aber gleich mit Chinin kurierte. Du wirst gehört haben, dass wir einige Zeit in grosser Gefahr schwebten, von der Cholera heimgesucht zu werden. In Smyrna und Konstantinopel hat sie grässlich gewütet. Es ist deshalb besser, die kalte Witterung abzuwarten, ehe wir verreisen. Wir haben – und es ist jetzt Ende Oktober – immer noch morgens 15 bis 16 Grad und mittags 20 bis 21 Grad. In Athen hörte ich, dass sich Königin Amalia auf ihrer Reise auf Euböa ein tüchtiges Fieber geholt hat, ebenso einige ihrer Suite, und sie leiden noch daran. Es ist doch gut, dass Ihre Majestät auch einmal etwas mitbringt von ihren unvernünftigen Reisen, sie hetzt immer wie verrückt vorwärts, ohne an ihre Umgebung zu denken. Politisch weiss ich von hier nichts zu erzählen, als dass das Ministerium endlich die beiden Kammern, die ihm nicht mehr gehorchen wollten, aufgelöst hat. Die jetzige Ruhe ist ein grosses Glück für Griechenland, denn was würde aus uns werden, wenn wir hier europäische Demokraten hätten oder wie sie sonst noch heissen mögen! Vor einer Woche hat in Athen der Oberst Hahn die Marie Des Granges geheiratet, was mir viel Vergnügen bereitete, denn obwohl ich wenig Anteil mehr an des Vaters Tun und Lassen nehme, nehme ich desto grösseren an der Familie. Ob der Hahn gut daran tat, sich in einem vorgerückten Alter zu verehelichen ohne weiteres Vermögen als die Besoldung eines so armen Staates wie Griechenland, das geht natürlich bloss ihn an, aber es freut mich sehr für die Marie, dass sie einen so braven Mann bekommt; sie ist aus der fatalen und traurigen Umgebung ihres Vaters gerissen. Sie sollen mit dem griechischen Dampfschiff nach Chalkida zurückkehren, das zufällig dorthin fährt, um Truppen abzulösen.

Von Emil haben wir kein Wort mehr gehört. Ich fürchte, er und seine Frau haben mir irgendetwas in meinem Brief übel genommen. Ich hätte gerne gewusst, wie man mit dem Schliessen der Anstalten in Hofwyl zurechtgekommen ist. Wird man dieses Jahr etwas auf die Seite legen können?

Die Probleme in Hofwyl rissen nicht ab. Zum Jahreswechsel 1848/49 war beschlossen worden, die bewegliche Habe unter den Geschwistern zu verteilen, so dass nur noch die Immobilien im gemeinsamen Besitz verblieben. Charles und Emma sahen sich gezwungen, im Juni 1849, nach einem langen und sehr strengen, schneereichen Winter in Achmetaga, mit der ganzen Familie wieder in die Schweiz zu fahren, um nach dem Rechten zu sehen. Wilhelm hatte seine Arbeit als Schuldirektor von Hofwyl an den Nagel gehängt und war in Richtung Saarland, der Heimat seiner Frau Virginie, verschwunden. Er hatte seinen abwesenden Schwägern Müller und Leutwein nicht garantieren wollen, dass Hofwyl keine Verluste mehr einfahren würde, und vor seiner Abreise auch das Institut für Söhne höherer Stände geschlossen. In Hofwyl war nur noch die Armenschule in Betrieb. Als Schuldirektor amtete mit dem Einverständnis der Geschwister einstweilen der Jurist Eduard Müller, Charles' Bruder. Alle kannten ihn, auch er war ein Hofwyl-Zögling gewesen.

Der Zufall wollte es, dass in diesem Sommer Edward Noel mit seinen drei Kindern anreiste. Er wollte ihnen Hofwyl zeigen, wo er glückliche Jahre verbracht hatte, Bern war der Schlusspunkt ihrer Reise durch die Schweiz. Danach plante die Familie wieder nach England zurückzukehren. Das unverhoffte Wiedersehen von Charles und Edward nahm dann aber eine überraschende Wendung.

Die beiden Familien verstanden sich gut. Während die Männer in Jugenderinnerungen schwelgten, die Hofwyl, der Gutshof, die altbekannten Gebäude, die Landschaften in ihnen weckten, eroberten die Kinder gemeinsam die Umgebung. Nur Edwards Älteste, Irene, die offenbar ein wenig die Mutterrolle übernommen hatte, stand etwas abseits. Sie war erst zehn, benahm sich gegenüber ihren jüngeren Geschwistern Alice und Francis aber wie eine Gouvernante, schimpfte mit ihnen, lobte sie und verteidigte sie, wenn sie von anderen Kindern geplagt wurden. Den Erwachsenen gab sie altkluge Antworten, sie achtete auf perfektes Französisch und tadellose Manieren. Emma amüsierte sich, wenn sie die Kleine beobachtete, wie sie vor dem Spiegel ihre widerspenstigen blonden Locken straff in die Haarschleife zu zwingen versuchte und den Rock hinunterzog, damit er länger wirkte. Sie war ein blasses, kränkliches Mädchen, das viel hustete. Edward machte sich Sorgen und fürchtete, dass sie die Krankheit ihrer Mutter Fanny geerbt hatte. Auch deswegen hatte er diese Reise unternommen. Er hoffte, dass der Aufenthalt in Hofwyl Irenes Gesundheit stärken würde. Aber sie spielte kaum mit den anderen Kindern im Freien, setzte sich trotz des warmen Wetters lieber in den Salon ans Fenster, tat, als ob sie lesen würde, oder beschäftigte sich mit einer Handarbeit, doch wie es Emma schien, mit der immer gleichen.

Ganz anders ihre jüngere Schwester. Die sechsjährige, dunkelhaarige Alice rannte mit der gleichaltrigen Viki um die Wette. Die robusten Mädchen standen den beiden ein Jahr jüngeren Buben Francis und Edgar in Sachen Mutwilligkeit und Unternehmungslust in nichts nach. Alle vier entwischten bisweilen ihren Lehrern und Erzieherinnen, und der entsetzte Edward fand sie im Moossee schwimmen. Er war der Meinung, dass sich das für Mädchen nicht gehörte und dass die Buben für solche Eskapaden zu jung waren. Emma und Charles nahmen es gelassener; sie fanden, dass die Kinder gut auf sich selbst aufpassen konnten und eigene Erfahrungen sammeln mussten.

«Die Kinder verstehen sich erstaunlich gut untereinander, findest du nicht auch, Charles?» Es war ein schöner, warmer Sommerabend, und Emma sass mit Charles und Edward bei einer Tasse Tee auf der Veranda. Es war bereits dunkel, ein paar Kerzen brannten, die Kleinen waren zu Bett gebracht worden.

«Ja, da sie alle Französisch sprechen, haben sie keine Verständigungsprobleme», sagte Charles zerstreut. Er las im Schein einer der neu angeschafften Petroleumlampen die «Allgemeine Zeitung» aus Augsburg. Nur selten noch war dort von Griechenland die Rede, man brachte dem jungen Land und seinen ständigen Regierungswechseln und Finanzproblemen kein Verständnis mehr entgegen; die frühere philhellenische Begeisterung hatte die Realität nicht überlebt und war längst verpufft.

«Das meine ich doch gar nicht», sagte Emma und wandte sich an Edward. Der Freund aus Jugendtagen hatte sich verändert. Obwohl erst 38 Jahre alt, war sein Haar schütter und an den Schläfen schon ein wenig grau. Er war mager und sah ungesund aus. Das Leben in Leamington schien ihm nicht besonders gut zu tun, was erstaunlich war, denn das war doch ein viel gepriesener Kurort mit Solebädern. Aber Emma glaubte zu sehen, dass er hier in Hofwyl ein wenig zugenommen hatte und seine Wangen rosiger geworden waren. Vielleicht fehlte ihm in Leamington die Gesellschaft. Sie wusste, dass er alleine lebte, lediglich mit einer Haushälterin, die sich um die Kinder kümmerte.

«Du hast Recht», sagte Edward, «das finde ich auch. Und», mit einem Seitenblick auf Charles, «es ist sicher nicht nur die Sprache. Hast du übrigens gemerkt, dass Irene versucht, Edgar und Viki Englisch beizubringen, ist das nicht lustig?» Emma lächelte. «Dieses Mädchen, wie kommt sie überhaupt in eure Familie?»

«Das fragst du am besten den Charles.»

«Was? Wie ...? Viki? Ach, das ist eine lange Geschichte ..., und ich lese da grad einen höchst interessanten Artikel über Englands Politik gegenüber Griechenland, das musst du unbedingt lesen, Edward, das ist wichtig.» Charles verschwand wieder hinter der Zeitung. Edward blickte fragend zu Emma, diese zuckte mit den Achseln und nahm einen Schluck Tee.

«Wann wollt ihr denn zurückreisen?», wechselte sie das Thema.

«Ich weiss nicht.» Edward zögerte. «Ich wage es nicht recht zu sagen ... Ich habe mir überlegt, ob wir statt nach England zurück nicht nach Achmetaga weiterreisen wollen. Das Leben dort ist so viel günstiger.» Charles liess die Zeitung sinken, sah Edward aufmerksam an, sagte aber nichts.

Emma blickte erstaunt auf. «Ja, wieso nicht? Ich meine, Achmetaga gehört dir genauso wie Charles. Und gerade für unsere Kinder wäre es eine Abwechslung, die würden sich sicher freuen, dort mehr Spielkameraden zu haben. Sie kennen zwar im Dorf ein paar Buben, aber das ist halt ein rauer Umgang. Viki macht uns sowieso ein wenig

Sorgen. Sie ist so wild, hat keine Freundin, ist ständig mit den Buben unterwegs. Ich habe Mühe, sie zum Lernen zu bringen, eigentlich gehorcht sie nur Charles. Mit Alice ginge das vielleicht besser. Und Irene hätte sicher auch einen guten Einfluss auf sie. Was meinst du, Charles?»

Charles nickte bedächtig. «Wir müssten aber vorher schon die Modalitäten aushandeln. Ich nehme nicht an, dass du dich neuerdings für Landwirtschaft und Bergbau interessierst und mitarbeiten willst. Du möchtest mit deinen Kindern lediglich in Achmetaga wohnen, oder?»

«Genau. Keine Angst, ich will mich nicht einmischen, möchte eigentlich – vorläufig wenigstens – alles beim Alten lassen, wenn es dir recht ist. Wir reduzieren meinen Anteil, weil ich und die Kinder ja in Achmetaga Kost und Logis beziehen. Es ist einfach so, dass ich in England auf keinen grünen Zweig komme und das Leben dort teurer und teurer wird. Ich muss etwas ändern, vielleicht finde ich in Achmetaga mit der Zeit eine mir zusagende Arbeit.»

Und so geschah es. Die beiden Familien, drei Erwachsene und sechs Kinder mit ihren Betreuerinnen, reisten im Herbst 1849 nach Euböa. Während aber die Müller-von Fellenbergs jeden Sommer nach Hofwyl zurückkehrten, liessen sich die Noels definitiv in Achmetaga nieder. Edward verkaufte sein Haus in Leamington, lebte sich auf dem Gutshof wieder ein und übernahm in Charles' Abwesenheiten die Leitung. Dieser war auf der Insel jetzt häufig unterwegs. Sein Erfolg hatte sich in der Schweiz herumgesprochen und in den folgenden Jahren ausser den Leutweins noch andere Berner nach Euböa gelockt. Vor allem die mit Charles verwandte Familie von Wild kaufte gleich mehrere Ländereien im Norden der Insel. Die Brüder Karl, Rudolf und Adolf von Wild bewirtschafteten die Güter Gerakiou, Kourbatsi und Xerochori. Charles war mit seinen langjährigen Erfahrungen und mittlerweile perfekten Griechischkenntnissen ein gefragter Berater und stand seinen Verwandten beim Aufbau ihrer Landgüter gern zur Seite.

CHAOS IN GRIECHENLAND

1847 starb Ioannis Kolettis, Ministerpräsident und Symbolfigur der Megali Idea. Für wenige Jahre war es ihm mit Hilfe eines gesteigerten Nationalismus gelungen, die drei auseinanderstrebenden Grossparteien an einem Strick ziehen zu lassen. Nun zerfiel die vordergründige Einigkeit. Unruhen ergriffen das Land. Dennoch schwappte das europäische Revolutionsjahr 1848 nicht nach Griechenland über. Einzig die Stellung der Krone sollte in den folgenden Jahren empfindlich erschüttert werden. Die türkisch-russischen Grenzstreitigkeiten, von denen sich Griechenland an der Seite Russlands eine Gebietserweiterung erhofft hatte, endeten im Krimkrieg, der 1853 begann und drei Jahre später mit der Niederlage Russlands und damit auch Griechenlands endete. Dies schadete dem Ansehen von Otto I. empfindlich.

Es folgte die schmachvolle englisch-französische Okkupation Griechenlands (1854–1857), deren Blockierung der Meerhäfen die ohnehin darbende Wirtschaft vollends lahmlegte. Die für den Krieg ausgehobenen Truppen kehrten geschlagen zurück und verwandelten sich, da arbeitslos, einmal mehr in marodierende Räuberbanden, die das Land drangsalierten. Ihnen schlossen sich griechische Flüchtlinge an, die aus den noch immer türkischen Regionen Epirus und Thessalien hatten fliehen müssen.

Entscheidend für die Absetzung des Monarchen im Jahr 1862 war weniger die katastrophale innen- und aussenpolitische Lage als vielmehr die Kinderlosigkeit des königlichen Paares. Bedingung der Griechen bei der Installierung der Monarchie war es gewesen, den zukünftigen Thronfolger in griechisch-orthodoxem Glauben zu erziehen. Diese Verpflichtung konnte offensichtlich nicht eingelöst werden.

Otto I. war an der Unmöglichkeit gescheitert, die Wünsche aller zu erfüllen: Die seiner Frau, die seiner Untertanen und Minister und die der drei Grossmächte, die den jungen Staat, den sie geschaffen hatten, weiterhin als ihren je eigenen Spielball im Orient betrachteten.

Die Katastrophe

Achmetaga, 1855

Die heftigen Unruhen auf dem griechischen Festland schienen vorerst nicht auf Euböa überzugreifen, nur hin und wieder wurden ein paar Schafe geklaut. Die beiden Familien lebten Jahr für Jahr einträchtig, fast idyllisch auf ihrem weitläufigen Landgut. Edward malte, Charles bewirtschaftete die Felder und Wälder, Emma kümmerte sich um Haus und Garten, um den Hühnerhof und die Ziegenherde, wobei alle Kinder – wie früher in Hofwyl üblich – nach und nach kleine Aufgaben übernehmen mussten. Natürlich zierte sich Irene. Sie wollte weder Kühe noch Ziegen und schon gar keine Schweine hüten, fürchtete sich vor den Tieren und war das einzige von Edwards Kindern, das sich nach England zurücksehnte. Die Buben wie auch Alice und Viki ergriffen hingegen freudig jede Gelegenheit, der Schulstube zu entfliehen. Edward und Emma hatten nun begonnen, die Kinderschar regelmässig zu unterrichten.

Jeden Frühsommer packte die Familie Müller-von Fellenberg ihre Koffer und zog der prekären Situation in Hofwyl wegen für vier Monate in die Schweiz, eine jeweils strapaziöse und kostspielige Reise. Charles hatte sich mittlerweile verpflichtet, dort die Landwirtschaft zu leiten, weil Emil sich zurückgezogen hatte; seine Frau Elisa hatte eine Erbschaft gemacht, die ihm das erlaubte. Charles' regelmässige Anwesenheit in Hofwyl war unumgänglich, und Emma, obwohl jede Schiffsreise für sie nach wie vor eine Tortur war, wollte sich nicht Jahr für Jahr monatelang von ihrem Mann trennen. Sie hatte gelernt, dass die Seekrankheit zwar entsetzlich war, aber sofort endete, wenn sie festes Land unter den Füssen verspürte.

Im Herbst 1854 kehrte Charles allerdings allein nach Achmetaga zurück. Emma blieb mit den Kindern in Hofwyl, weil Charles' Bruder Eduard das «Höhere wissenschaftliche Institut» wiedereröffnet hatte. Der mittlerweile zehnjährige Edgar war einer der ersten Schüler. Damit ihm die Trennung von der Familie nicht allzu schwer fiel, hatte Emma beschlossen, diesen Winter in der Schweiz zu verbringen. Ein weiterer Grund waren die schlechten Nachrichten aus Griechenland, die eine Reise mit Frau und Kindern nicht angeraten erscheinen liessen. Räuberbanden vom Festland hatten nun Euböa und seine reichen Grossgrundbesitzer ins Visier genommen. Nicht nur hatten die Plünderungen dramatisch zugenommen, auch das Gefangennehmen und Erpressen von hohen Lösegeldern waren an der Tagesordnung. Charles wollte seine Familie dieser Gefahr nicht aussetzen.

Schon bei seiner Ankunft in Chalkida spürte er, dass sich etwas verändert hatte. Im Hafen war ungewohnt wenig Betrieb. Über dem Ort lastete eine merkwürdige Stille, die Menschen eilten mit gesenkten Blicken rasch durch die Gassen, man grüsste ihn zwar freundlich, aber deutlich zurückhaltender als früher. Er machte einige Besorgungen in der Stadt und setzte sich schliesslich in ein Kaffeehaus, wo ihm der Wirt von einem Überfall auf das Gutshaus der Boudouris in Vatonda berichtete. Die Räuber hätten alles kurz und klein geschlagen, die Familie sei aber Gott sei Dank gerade in Mantoudi gewesen. Charles verbrachte die Nacht im Stadthaus eines befreundeten englischen Gutsbesitzers, der in Athen weilte. Die Magd, die ihm die Schlafkammer richtete, schwieg zuerst beharrlich auf seine Fragen, erzählte ihm dann aber mit stockender Stimme, dass das junge Ehepaar Leeves, das in Nordeuböa bei Kastaniotissa ein kleines Gut besass, Ende August ermordet worden sei.

«Die Leeves? O Gott! Von Banditen? Wie die Boudouris?», fragte Charles entsetzt. Er kannte das Paar natürlich. Henry Leeves, der Sohn des vor Jahren in Beirut ermordeten Missionars, hatte erst kürzlich geheiratet, seine Frau Harriet hatte im Januar einem kleinen Buben das Leben geschenkt. Die Familie war offensichtlich vom Unglück verfolgt.

«Nein!», rief die Dienerin aufschluchzend, «es war der Sohn des Dorfpopen!»

«Was ...?!» Nach und nach entlockte Charles der Frau die schreckliche Geschichte: Henry Leeves hatte den Jungen des griechischen Popen von Kastaniotissa adoptiert und wollte für seine Ausbildung in Athen sorgen. Der Knabe ging im Hause ein und aus. Man vertraute ihm. Er sah offenbar viele für ihn unerreichbare Dinge – Bücher, Bilder, Silberbesteck, Porzellan – und beschloss, mit ein paar jungen Männern aus dem Dorf einiges zu entwenden. Der nächtliche Einbruch wurde von den Leeves bemerkt, weshalb der Junge, den sie natürlich erkannten, keinen anderen Ausweg sah, als beide zu erschiessen.

Charles war schockiert, Harriet war etwa zehn Jahre jünger als Emma gewesen.

«Und das Baby?», fragte er leise.

«Das hat geschlafen, man hat es nach Athen gebracht.»

Charles atmete auf. «Hat man den Jungen geschnappt?»

«Ja, er hat alles gestanden.» Die Magd zögerte. «Gestern wurde er in Xerochori hingerichtet, die ganze Insel hat von nichts anderem geredet.» Sie wandte sich rasch ab und verliess die Kammer.

Das war aber nicht das einzige Ereignis, das einem die Haare zu Berge stehen liess. Der in der Nacht aus Athen zurückgekehrte Hausherr erzählte Charles beim Frühstück von einem weiteren Drama, das vor ein paar Wochen stattgefunden hatte. Der berühmt-berüchtigte Räuberhauptmann Hadgi Stavros sei aus den Bergen Attikas nach Chalkida herübergekommen. «Hier hat er sich einen vermögenden Viehhändler ausgesucht – du kennst ihn nicht – und ihn am Abend besucht. Die ganze Familie sass am Tisch und spielte Karten mit einem Notar, der zufällig zu Besuch war. Hadgi Stavros schlug dem Notar mit vorgehaltener Pistole freundlich vor, um sein Leben zu spielen. Was blieb dem armen Kerl anderes übrig? Er musste einwilligen.»

«Und, wer hat gewonnen?», fragte Charles ungläubig.

«Der Notar verlor und musste sich vor den Augen der Kinder erschiessen! Aber die sonderbare Geschichte ist damit nicht zu Ende: Stavros nahm den Viehhändler mit, der schwere Herzprobleme hatte, dazu die junge Tochter, die gerade fieberte, und auch den kleinen Sohn, ein zartes, bleiches Bürschchen. Die Mutter liess er zurück, damit sie das Lösegeld besorgte. Zwei Monate hat sie gebraucht, es muss unglaublich hoch gewesen sein.»

«Hauptsache, sie haben alle überlebt, oder?»

«Nun, Stavros hat niemandem ein Haar gekrümmt, nach zwei Monaten war die Familie wieder vereint. Und, stell dir vor: Der Vater ist seine Herzprobleme los, die Tochter ist aufgeblüht, der Bub kräftig geworden, hat endlich gesunde Farbe im Gesicht. Sie seien in den Bergen herumgewandert, erzählten sie, immer an der frischen Luft, mit nur kargem, einfachem Essen.»

«Aber der Viehhändler ist bankrott.»

«Ach, weisst du, das ist ein schlauer Fuchs, der rappelt sich schon wieder hoch. Man sagt übrigens, dass Stavros es nur auf die Reichen abgesehen habe, die Armen interessieren ihn nicht. Seht euch also vor, ihr da in Achmetaga.»

«Wie wenn wir reich wären», entgegnete Charles unwirsch.

«Natürlich seid ihr das! Ihr habt vielleicht nicht viel Bares, aber eine Menge Land, mittlerweile grosse Herden, und wie man so hört, soll das Geschäft mit diesem Magnesit ganz ordentlich laufen.»

Charles beeilte sich, nach Achmetaga zu kommen, hatte jedoch nicht im Sinn, dort lange zu bleiben, obwohl: Diese Geschichten beunruhigten ihn. Weil aber in Hofwyl das neue Institut eröffnet worden war, verlangten die Geschwister Fellenberg endlich eine definitive Regelung der Aufgaben und Pflichten, er musste also bald wieder zurück. So ritt er nur schnell über die Felder, gab Anweisungen zur bevorstehenden Mais- und Traubenernte, zur Wässerung der Olivenhaine und versuchte, Edward zu überreden, seinen Sohn ebenfalls nach Hofwyl ans neue Institut zu schicken. Er könne ihn gleich mitnehmen. Aber Edward wollte Francis nicht hergeben. Er werde ihn weiterhin selbst unterrichten, und später wäre es für ihn besser, gleich an ein englisches College zu wechseln oder an eine Militärakademie. Und was die bösen Geschichten und Gerüchte betreffe, so mache er sich keine Sorgen. «Wir haben hier viele Männer, die Achmetaga nötigenfalls verteidigen. Die Bauern, die Schäfer und Waldarbeiter, alle stehen zu uns, sei unbesorgt.»

Charles war nicht überzeugt. Er wusste, dass es unter ihren Landarbeitern welche gab, die undurchsichtigen Geschäften nachgingen.

Aber er hatte keine Zeit, Edward umzustimmen. Er musste gehen, bevor die Winterstürme eine Schiffsreise verunmöglichten.

Charles' böse Ahnungen trogen ihn nicht: Die nächsten Nachrichten, die Hofwyl im April 1855 erreichten, waren entsetzlich. Edward schrieb:

Die letzten Tage haben mein Haar grau werden lassen. Wir waren vier Stunden lang Gefangene einer Räuberbande, die das Haus und das ganze Dorf überfallen haben. Glücklicherweise hatte ich eine grössere Summe Bargeld im Haus, die das Schlimmste verhütete. Die Räuber drohten, mich zu verbrühen oder zu erschlagen, einem Bauern wurde der Schädel gespalten, ein anderer mit kochendem Öl gefoltert, das Geld hat uns gerettet und natürlich die reiche Beute, die sie hier gemacht haben. Vier Stunden lang haben sie jede Schublade aufgerissen, jeden Schrank geleert, was sie nicht mitnehmen konnten, haben sie zerbrochen, zerrissen. Alle Bettwäsche ist weg, die Fensterscheiben sind kaputt, die Möbel zerhackt. Am Schluss tanzten sie in ihren Fustanellas auf den Tischen, bis diese zusammenkrachten. Meine Angst, dass meine Kinder gefoltert oder getötet würden, hat mich schier umgebracht. Alice und Francis waren so klug, sich zu verstecken, sie kennen ja hier unzählige Möglichkeiten zu verschwinden. Aber Irene wollte bei mir bleiben, sie haben sie in die Küche geschleppt.
Auch die Dorfhäuser wurden geplündert, auch dort ist alles weg! Obwohl wir in der Überzahl waren, konnten wir, die Bauern, Landarbeiter und Holzfäller, uns nicht verteidigen, weil wir keine Waffen hatten. Was nützen ein paar Äxte und Heugabeln gegen Gewehre? Wir waren vollkommen hilflos.

Charles raufte sich die Haare. Er hatte es doch geahnt! Warum war er nicht geblieben? Wo sich doch auch seine Heimreise als nutzlos erwiesen hatte. Die Geschwister konnten sich nämlich weiterhin nicht einigen, eine Lösung der Probleme mit der Schule und dem Landgut lag in weiter Ferne. Es war wieder einmal beschlossen worden, alles beim Alten zu lassen.

Emma und Charles beeilten sich, nach Achmetaga zu kommen. Sie fanden dort einen sichtlich gealterten Edward vor. Bereits in Athen hatten sie von Scouloudi erfahren müssen, dass Irene nur wenige Monate nach dem Überfall in Piräus gestorben war. Genaueres wusste er nicht. Man hatte sie in Athen auf dem Friedhof für Ausländer bestattet. Emma und Charles hatten das schlichte Grab besucht und einen Strauss weisser Rosen niedergelegt. Was war mit ihr in Achmetaga geschehen?

«Willst du uns nicht berichten, vielleicht erleichtert es dir das Herz?», fragte Emma eines Abends, als sie mit Edward vor dem Kaminfeuer sass und er nur niedergeschlagen ins Feuer starrte. Edward seufzte. Eine Weile hörte man nur das Knistern des Feuers, Emma spürte, wie er mit den Worten rang.

«Es war einfach furchtbar. Jedes Mal, wenn ich die Augen schliesse, sehe ich, wie sie Irene packten und in die Küche stiessen. Sie hat sich gewehrt, hat geschrien und sich an mich geklammert. Aber die Räuber haben mich niedergeschlagen und festgehalten … ich war wehrlos, konnte ihr nicht helfen …» Edward schluckte, Emma schwieg, wartete. Nach einer Weile fuhr er stockend fort.

«Ich weiss nicht genau, was in der Küche passiert ist, Irene hat nie etwas erzählt. Wie hätte sie auch, ihr fehlten die Worte für das, was ihr widerfahren war. Aber ich kann es mir ja denken. Ich habe ihre furchtbaren Schreie gehört, und jedes Mal, wenn einer der Kerle rauskam und ein anderer reinging, konnte ich sie sehen. Sie lag auf dem Küchentisch, die Röcke hochgeworfen.» Edward barg sein Gesicht in den Händen. Emma war erschüttert. Edward weinte. Sie reichte ihm ihr Taschentuch und legte sanft ihre Hand auf seinen Arm.

«Es dauerte so lange … so lange. Und dann hörte ich nichts mehr, ihr Schreien und Wimmern hatte aufgehört, und ich fürchtete, dass sie sie umgebracht hatten. Endlich liessen mich die Räuber los, zogen ins Dorf hinunter, um dort weiterzuplündern. Lange habe ich nicht gewagt, in die Küche zu gehen.» Wieder verstummte er, nahm Emmas Hand und presste sie, wie um Kraft für seinen Bericht daraus zu ziehen. «Irene lag am Boden, mit zerrissenen Kleidern, besudelt. Sie weinte nicht, kein Wort kam über ihre Lippen. Sie hat nie mehr geredet, weisst du, nichts, keine Silbe. Dämmerte nur noch vor sich hin, ass kaum, in der Nacht plagten sie Albträume, aus denen sie schreiend erwachte. Ich habe sie in eine Klinik nach Piräus gebracht, hoffte, dass sie sich fern von Achmetaga und dieser Küche erholen könnte.» Edward schnäuzte sich. «Aber sie wollte nicht mehr leben. Vielleicht ist es ja so besser für sie.»

«Dort, wo sie jetzt ist, bei Gott im Himmel, hat sie auf jeden Fall ihren Frieden.» Emma stand auf, schürte das Feuer, legte ein Holzscheit nach. Edward richtete sich auf.

«Kannst du mir sagen, warum wir uns hier abmühen? Für dieses Land arbeiten, auf dem offenbar Gottes Fluch liegt? Es lief doch so gut, ein paar hundert Menschen haben dank uns ein Auskommen, wir lebten friedlich und ehrlich. Die Kinder waren glücklich. Womit haben wir das verdient? Ich weiss nicht, wie das weitergehen soll.»

Die Ereignisse in Achmetaga hatten Folgen. Viele ausländische Grundbesitzer in Euböa verkauften ihre Ländereien oder übergaben sie einem Verwalter und zogen weg. Auch die Des Granges verliessen die Insel. Carlo seinerseits stiess Koullouro ab, nahm das Angebot des alten Scouloudi an und kaufte Anavrita, das, nördlich von Athen gelegen, sicherer war. Er liess sogar seine Frau und seine beiden Töchter aus Diemerswyl nachkommen; Laura, die Älteste, die vor kurzem Karl von Wild geheiratet hatte, richtete sich mit ihrem Mann ebenfalls dort ein.

Edward und Charles kamen überein, Achmetaga trotz der Geschehnisse nicht aufzugeben. Sie hatten zu viel investiert – nicht nur finanziell – und wollten den Betrieb aufrechterhalten. Das Magnesitgeschäft und auch der Verkauf von Holz für den Schiffsbau versprachen weiterhin gute bis sehr gute Renditen.

Aber Charles ärgerte sich. Die griechische Regierung unternahm nichts zu ihrem Schutz. Die Schuldigen von Achmetaga wurden nie zur Rechenschaft gezogen, obwohl Gerüchte zirkulierten, die alle auf die gleiche Räuberbande zielten, man also wusste, wer es gewesen war und wo man ihrer hätte habhaft werden können. Ihm kam sogar zu Ohren, dass der Regierungsvertreter in Chalkida gesagt habe, man habe in Athen kein Interesse an landbesitzenden Ausländern und wolle diese lieber loswerden.

Auf sein inständiges Drängen hin wurde Achmetaga dann doch eine ständige Bewachung zugesichert, vier Mann sollten stationiert werden. Weil das Versprechen aber nie eingelöst wurde, stellte Charles schliesslich auf eigene Kosten ein paar bewaffnete Wachmänner an.

Edward blieb mit Alice auf dem Gut, schickte aber Francis zur Ausbildung nach England. Charles und Emma setzten ihre jährlichen Ortswechsel fort, während die drei Kinder die lange Reise nur noch selten unternahmen. Frank, ihr Jüngster, wurde nun ebenfalls im Institut in Hofwyl unterrichtet, während Viki gegen ihren Willen in Bern eine Haushaltschule besuchen musste. Das junge Mädchen war aufsässig geworden und hatte Mühe, sich in das geregelte Leben von Hofwyl einzufügen.

Weil sich die Situation auf Euböa nicht beruhigen wollte, kehrte Edward 1861 schliesslich doch nach England zurück und kaufte für sich und die Kinder in Hampstead ein Haus. Er und Alice kamen nun, wie die Müller-von Fellenbergs, nur noch im Winterhalbjahr nach Euböa, Francis blieb das ganze Jahr über in seiner Schule in England. Ebenfalls 1861 verliessen auch Carlo und seine Familie ihr Gut Anavrita. Ihre jüngste Tochter Helene war dort der Tuberkulose erlegen. Sie wurde in Athen ganz in der Nähe von Irene Noel und Marie Hahn-Des Granges beerdigt, der jungen, im Kindbett verstorbenen Frau von Oberst Hahn. Carlo und Olympe kehrten in die Schweiz, nach Diemerswyl, zurück; 1864 verkaufte Carlo das Landgut Anavrita.

EIN NEUER KÖNIG FÜR GRIECHENLAND 1863

Im Jahr 1862 wurden König Otto I. und Amalia nach einem Putsch gezwungen, das Land zu verlassen, wobei eine förmliche Abdankung nicht stattfand. Vorausgegangen waren die griechische Niederlage im Krimkrieg und eine Revolution. Die Polarisierung zwischen dem Hof und der wachsenden Opposition regimefeindlicher Offiziere hatte zu einem Aufstand geführt, der erneut schwere, bürgerkriegsähnliche Unruhen über das Land gebracht hatte. Otto kehrte gebrochen nach Bayern zurück, wo er in Bamberg nur vier Jahre später, 1867, verstarb.

1863 inthronisierten die Grossmächte, die nach wie vor die Geschicke des hellenischen Staates lenkten, nach vielem Hin und Her Prinz Wilhelm von Dänemark als Georg I. Der nur siebzehnjährige, unerfahrene Regent war jedoch nicht fähig, das im Chaos versunkene Land zu ordnen, obwohl 1864 eine neue, weitgehend demokratische Verfassung in Kraft gesetzt worden war. Diese sogenannte königliche Demokratie schränkte die Rechte des Monarchen erheblich ein und betonte die Volkssouveränität. Die sich nun jagenden Parlamentswahlen und die immer neuen Regierungsmannschaften schufen immer neue Staatsstellen, die aber nicht als Arbeitsstellen verstanden wurden, sondern als lukrative Gunstbeweise. Sie dienten – wie bereits zuvor – nicht der Erfüllung einer Pflicht gegenüber dem Staat, sondern der Repräsentation. Der Staatsapparat, bereits unter Otto I. wichtigster Arbeitgeber im Land, blähte sich weiter auf. In der Verwaltung herrschten jedoch zunehmend anarchische Zustände.

Der protestantische Georg I. heiratete 1867 die russische Grossfürstin Olga, was dem griechischen Wunsch nach einer orthodoxen Herrscherfamilie näherkam. Er war der bevorzugte Kandidat Englands gewesen, weshalb Grossbritannien dem jungen Staat die erste Gebietserweiterung «erlaubte», das heisst: Es «schenkte» ihm die Ionischen Inseln. Grossbritannien blieb bis in die Zeit nach dem Zweiten Weltkrieg die dominierende Schutzmacht Griechenlands.

Ablösung in Achmetaga
1866

«Woran denkst du?», fragte Charles. Vor Emma lag ein aufgeschlagenes Buch, doch sie blickte abwesend in die Bäume. Seufzend klappte sie es zu und zog ihren blauen Merinoschal enger um die Schultern. Ich muss ihr unbedingt einen neuen schenken, dachte Charles. Der Fetzen, ein Hochzeitsgeschenk von Tante Lise, wenn ihn nicht alles täuschte, wärmte doch schon lange nicht mehr, so fadenscheinig, wie er nach all den Reisen geworden war. Seit 23 Jahren fuhren sie nun im Winterhalbjahr mehr oder weniger regelmässig nach Achmetaga. Verwundert stellte er fest, dass ihn bei diesem Gedanken eine gewisse Müdigkeit, eine gewisse Sehnsucht nach Ruhe, nach Beständigkeit ergriff. Wurde er alt? Er war erst 56. Oder war es vielleicht eher das Bedürfnis nach Klarheit, was ihre Zukunft betraf? Sie konnten doch nicht ewig hin- und herreisen. Auch wenn immer weitere Strecken mit dem Zug statt der Kutsche gefahren werden konnten und die Meeresüberfahrten mit den neuen Dampfschiffen schneller wurden, die Reise blieb strapaziös. Er fühlte, dass es Emma zunehmend schwerer fiel, die Koffer zu packen, obwohl sie nicht klagte. Nun hatte vor ein paar Tagen auch der jüngere ihrer Söhne, Frank, das Institut verlassen, um seinen eigenen Lebensweg einzuschlagen. Die ungewohnte Leere in der Hofwyler Wohnung machte ihm und Emma zu schaffen.

Der Herbst kam früh dieses Jahr. Die Kirschbäume in der Allee hatten ihr sattes Dunkelgrün bereits verloren, ihre Blätter waren durchscheinend geworden, obwohl es erst Anfang September war. Der Sommer war kurz und kühl gewesen, es hatte viel geregnet, im Schatten der Haselsträucher roch es bereits modrig feucht. Dennoch hatten Emma und Charles beschlossen, Tee und Kuchen noch einmal im Garten an der Sonne einzunehmen.

Eigentlich freute sich Charles dieses Jahr besonders wegzukommen. Die Stimmung in Hofwyl war an einem Tiefpunkt angelangt. Die Erbengemeinschaft Fellenberg hatte sich in zwei Parteien gespalten, und am meisten schmerzte ihn, dass sich sein Freund Carlo zur gegnerischen Seite geschlagen hatte, allerdings vermutlich nur seiner Frau Olympe zuliebe. Seit das Paar wieder hier in der Schweiz lebte, neigten Olympe und ihre Schwester Elise zum Pietismus, was weder er noch Emma verstehen konnten. Die beiden Schwägerinnen wollten Hofwyl unbedingt in eine frömmelnde Richtung drängen, was nun gar nicht im Sinne des Gründers Emanuel von Fellenberg gewesen wäre. Zudem waren sie mit Charles' monatelangen Abwesenheiten in Griechenland und mit der Schulleitung durch seinen Bruder Eduard, der nicht die geringsten pietistischen Neigungen zeigte, immer weniger einverstanden. Wilhelm und Emil, Emmas Brüder, versuchten unparteiisch zu bleiben. Nur Hugh Montgomery, der Marias Teil geerbt hatte, aber in Irland lebte, half auf Charles' Seite mit, wollte wie er, dass alles beim Alten blieb. Der jetzige Zustand war jedoch nicht mehr haltbar, das wusste auch Charles. Die ganze Schule litt unter diesen familiären Zwistigkeiten. Die Geschwister hatten deshalb beschlossen, Hofwyl unter sich zu versteigern. Die Auktion sollte im nächsten Sommer stattfinden, wenn er und Emma aus Euböa zurück sein würden. Dann endlich mussten die Würfel fallen. Er hatte also noch diesen Winter Zeit, sich zu überlegen, was er machen wollte. Wieder einmal lautete die Frage: Achmetaga oder Hofwyl? Was dachte Emma? Er wusste es nicht genau. War sie in Griechenland, fehlten ihr Bern, Hofwyl und das betriebsame Leben am Institut; war sie in Hofwyl, sehnte sie sich nach der Ruhe und dem angenehmen Klima Nordeuböas. Auch sie litt unter dem Gezänk, dem frömmelnden Ton, der hier überhandzunehmen drohte.

«Sinnierst du über unsere Zukunft, ob wir hier in Hofwyl bleiben sollen oder auf Achmetaga?»

«Nein, eigentlich nicht», sagte Emma. «Im Moment macht mir Viki mehr Sorgen. Es ist Zeit, dass wir sie verheiraten, findest du nicht? Sie ist jetzt 23. Aber mit ihren Manieren, ihrem Freiheitsdrang, ihrer betonten Unabhängigkeit von allem und jedem wird sie immer mehr Mühe haben, einen Mann zu finden.»

«Du hast Recht. Sie ist in letzter Zeit oft ins Dorf gegangen, allein.»

«Eben! Obwohl du es ihr verboten hast. Sie gehorcht nicht einmal mehr dir. Und was tut sie dort? Weisst du das?»

«Nein, keine Ahnung.»

«Was auch immer, es gehört sich jedenfalls nicht für eine junge Dame. Man wird anfangen, schlecht über sie zu reden. Wenn ich an die jungen Männer denke, die wir die letzten Sommer nach Hofwyl eingeladen haben, an keinem einzigen hat sie das geringste Interesse gezeigt. Obwohl weiss Gott passende Kandidaten darunter gewesen wären. Der Apothekersohn aus Burgdorf zum Beispiel, erinnerst du dich? Ich habe seinen Namen vergessen.»

«Ich weiss auch nicht mehr, aber ja, der war jung, hübsch, nett – und sehr interessiert.»

«Auch dieser Jurastudent aus Basel. Aber immer hatte sie etwas auszusetzen. Jetzt will sie wieder mit uns nach Griechenland gehen, grad gestern hat sie mir deswegen eine Szene gemacht, aber das kommt nicht in Frage.»

«Nein, sie bleibt da, in Achmetaga verlieren wir ganz die Kontrolle über sie. Aber hier in Hofwyl, mit deinen bigotten Schwestern, eckt sie immer mehr an. Seit sie den jungen von Erlach nicht bekommen hat, ist sie bockig. Sie kann und will nicht verstehen, dass sie nie einen Patrizier kriegen wird, weil sie halt nur unsere Adoptivtochter ist.» Charles schwieg und drehte die Teetasse in den Händen.

«Ist sie das?» Emma sah ihren Mann herausfordernd an. «Ich finde, es ist an der Zeit, dass du mir klaren Wein einschenkst, meinst du nicht auch?»

«Ich weiss nicht, wovon du redest.» Charles stellte die leere Tasse ab, der Löffel klirrte. Er wollte aufstehen, doch Emma hielt ihn am Ärmel zurück.

«Nein, du bleibst jetzt hier!»

Charles sank auf die Gartenbank zurück, betrachtete eingehend das farbige Blümchenmuster auf dem Baumwolltischtuch, wischte ein paar Kuchenkrümel weg. «Da du es ja schon weisst», meinte er ausweichend, nahm die Teetasse, führte sie an die Lippen, stellte sie aber unverrichteter Dinge wieder ab, als er feststellte, dass sie bereits leer war.

«Ich will es aber von dir hören!»

«Wenn's unbedingt sein muss ... Viki ... also Vassiliki ist meine Tochter ... ziemlich sicher ist sie das. Man kann das ja nie so genau wissen.» Er spürte, wie er rot geworden war. «Und, bist du zufrieden?» Vorsichtig sah er aus den Augenwinkeln seine Frau an.

«Es geht doch nicht darum, ob ich zufrieden bin oder nicht. Es geht darum, dass wir keine grossen Geheimnisse voreinander haben sollten. Du trägst eines seit über zwanzig Jahren mit dir herum und hast es nie geschafft, mit mir darüber zu reden. Das enttäuscht mich natürlich. Aber nun, ich habe mich daran gewöhnt. Ich hätte ja blind sein müssen, um nicht zu merken, wie der Hase läuft. Ich habe gesehen, wie du sie reiten und schiessen gelehrt hast, du hast sie behandelt wie deine Söhne, hast sie immer in Schutz genommen. Doch es steht mir nicht zu, dich zu verurteilen, das ist Gottes Sache. Aber willst du mir nicht ein wenig mehr erzählen?»

Charles schloss erleichtert die Augen. Warum hatte er das nicht schon viel früher hinter sich gebracht? «Es war vor deiner Zeit, 1840 oder 1841, ich weiss nicht mehr genau. Edward hatte mit seiner Fanny Achmetaga verlassen, war nach Athen gezogen. Ich war plötzlich wieder allein in dem grossen Haus und hab dann eine Witwe aus dem Dorf, Tassia, angestellt, damit sie mir das Nötigste im Haushalt besorgt. Witwen haben, wie du weisst, in Griechenland ein schweres Los. Zurück in ihre Familie können sie nicht. Sie müssen wieder heiraten, einen Bruder ihres verstorbenen Mannes oder einen Witwer oder sonst irgendwen. Aber Tassia wollte nicht. Sie wies alle Anträge ab und wurde deswegen im Dorf schikaniert. Ich hatte Erbarmen mit ihr. Sie kam dann jeden Tag vom Dorf herauf, kochte, flickte. Manchmal brachte sie Eleni mit, ihre Tochter, sechzehn und ... nun ja ... eine dunkle Schönheit.» Charles räusperte sich, bevor er fortfuhr. «Ich habe in meiner Naivität zu spät gemerkt, dass die beiden es auf mich abgesehen hatten. Tassia hat es mir leicht gemacht, Eleni zu verführen, sie hoffte wohl, dass ich sie zur Frau nehmen würde. Und ja ... nach einer Weile war Eleni halt schwanger, und es setzte ganz unschöne Szenen ab. Denn eine Heirat kam natürlich nicht in Frage.»

«Aber du wolltest dich doch sicher um Mutter und Kind kümmern, oder?»

«Natürlich. Ich versprach, grosszügig für alle zu sorgen. Aber es ging um die Ehre. Eleni sei entehrt, würde nie mehr einen Mann finden und so weiter. Aber auch das wäre kein Problem gewesen. Ich hätt schon einen jungen Schäfer oder Bauern gefunden, der das noch so gern übernommen hätte. Aber nein. Sie hatten sich eben in den Kopf gesetzt, in das grosse, schöne Haus zu ziehen.»

Charles holt tief Luft. Es fiel ihm einerseits schwer, das alles zu erzählen, andererseits war er froh, es endlich loszuwerden. Er hatte in den letzten Jahren nicht mehr oft daran gedacht, erst der Anblick der heranwachsenden Viki, die immer mehr ihrer schönen Mutter glich, hatte ihm alles wieder in Erinnerung gerufen. Das Mädchen bewegte sich mit der gleichen stolzen Anmut, mit einer katzenhaften Grazie, die den jungen Berner Frauen völlig abging. Dass die Männer hier das bemerkten und sich nach ihr umsahen, verstand er vollkommen.

«Und weiter?»

«Ich machte keine Anstalten, meine Meinung zu ändern, und die beiden wussten, dass im Dorf der Teufel los sein würde, wenn sich Elenis Zustand nicht mehr verbergen liess. Man hätte sie mit Schimpf und Schande weggejagt. So sind sie eines Nachts klammheimlich weggegangen, ich habe nie erfahren, wohin. Im Dorf sagte man, sie seien nach Athen gezogen. Ich konnte ihnen nicht einmal Geld zustecken. Und natürlich konnte ich keine Nachforschungen anstellen, sonst wäre alles herausgekommen. Ich bin dann in die Schweiz gefahren, wir haben geheiratet, sind nach Euböa zurückgereist, du wurdest nicht sofort schwanger, hattest Heimweh. Und eines Tages sass da ein kleines Mädchen vor der Tür, allein, an einer Schnur hing ihr ein Brief um den Hals.»

«Von diesem Brief hast du mir nie erzählt.»

«Nein, natürlich nicht. Dort drin stand, sie sei meine und Elenis Tochter, Eleni sei bei der Geburt gestorben. Ich habe das natürlich erst nicht geglaubt, es wär ein Leichtes gewesen, das alles zu erfinden. Allerdings hatte das Mädchen für ein Griechenkind schon ungewöhnlich blaue Augen, die es aber auch von einem bayerischen Soldaten haben konnte. Weil du so unglücklich gewesen bist, hab ich mir gedacht, die Kleine könnte dich ablenken.»

«Ja, das hat sie. Und nun? Warum bist du jetzt sicher, dass sie deine Tochter ist?»

«Findest du nicht, dass sie auch ein wenig was von mir hat? Die hohe Stirn, das spitze Kinn? Ich habe ein wenig gerechnet, es könnte von der Zeit her schon passen. Am meisten gleicht sie aber ihrer Mutter, schön, wie sie ist.»

«Was ja kein Beweis ist.»

«Nein, aber da ist auch noch mein Bauchgefühl.»

«So, so. Und was willst du weiter tun?»

«Nichts. Wir müssen ihr einen guten Mann finden. Ich möcht, dass sie ein sorgenfreies Leben hat, du nicht auch?»

«Doch, solange es die Ansprüche unserer Söhne nicht schmälert, bin ich einverstanden. Von meinem Geld aus Hofwyl wird sie aber nichts erben, das musst du mir versprechen.»

«Gut. Das wäre also erledigt.» Zufrieden legte Charles seine Hand auf die seiner Frau und streichelte sie. Aber Emma zog ihre zurück und stand auf. «Lass uns hineingehen, ans warme Kaminfeuer.» Charles half ihr, den Schal zurechtzuziehen, und wollte seinen Arm um ihre Schulter legen, was Emma mit einer kleinen, aber bestimmten Bewegung verhinderte.

«In Achmetaga braucht man jetzt noch kein Kaminfeuer, aber einen Sonnenschirm zum Spazieren ... Ich freue mich so auf die Wärme.» Sie wandte sich ab und ging ins Haus.

Am anderen Morgen fand Emma ihren Mann ganz in Gedanken versunken am kleinen Frühstückstisch sitzen, vor ihm lag ein offener Brief. Charles war wie immer früh aufgestanden, um die Gepäckstücke bereitzumachen, die heute noch nach Triest abgehen sollten. Er hatte sich auch schon die Post bringen lassen.

«Ist was, Charles?» Emma setzte sich und schenkte sich eine Tasse Kaffee ein. «Reichst du mir bitte die Milch?»

«Hier. Ein Brief von Edward.»

«Danke. Und? Was will er?» Emma nahm sich eine Scheibe Zopf, Butter und Birnenkonfitüre.

«Nichts, er will nichts. Er lässt uns bloss wissen, dass er Ende Jahr seinen Besitz in Griechenland an Francis überschreiben wird.»

«Oh! Das ist eine Überraschung. Warum denn?»

«Francis hat die Ausbildung an der Militärakademie beendet, studieren wolle er nicht, also müsse er eine Aufgabe haben, um sein Auskommen zu sichern.»

«Und er selber? Was will er tun?»

«Er will definitiv mit Alice in Hampstead wohnen bleiben. Die Reiserei sei ihm in seinem Alter zu mühsam geworden, zudem scheine die Situation in Griechenland auch mit dem neuen König nicht besser zu werden. Da hat er wohl Recht. Diesen Herbst will er mit Francis noch einmal nach Achmetaga kommen, um alles zu regeln. Und er warnt mich zwischen den Zeilen, dass sein Sohn in Zukunft auf dem Gut werde mitreden wollen. Du verstehst, dass mir das zu denken gibt. Edward hat sich ja um die landwirtschaftlichen Belange Achmetagas nie gekümmert.»

«Aber du wusstest, dass das eines Tages auf uns zukommen würde. Er hat es hin und wieder leise angedeutet.»

«Schon, aber nicht so bald. Edward ist doch in meinem Alter. Gut, er hat mehr gesundheitliche Probleme als ich, das Fieber ist er nie ganz losgeworden.» Charles zuckte unwillig mit den Schultern und nahm einen Schluck Milchkaffee. «Ich hab es halt einfach verdrängt.»

«Es gibt da nicht viele Möglichkeiten, Charles. Entweder du arbeitest mit dem jungen Francis zusammen, oder du überschreibst an Edgar und Frank. Oder du verkaufst den Noels deinen Anteil.» Emmas Stimme war leise geworden. Sie legte die angebissene Brotscheibe auf den Teller zurück, ihr war der Appetit vergangen.

«Würdest du das wollen?», fragte Charles verblüfft.

«Nein, nein, überhaupt nicht. Ich möchte Achmetaga sicher nicht verkaufen», sagte Emma rasch. «Noch nicht. Ich freue mich jeden Herbst, nicht auf die Reise, aber auf die Wärme, die Gerüche, die Nächte mit den vielen Sternen, die Stille. Ich kann mir nicht vorstellen, das nicht mehr zu haben. Das Blumenmeer im Frühling, den Duft der Pinien.» Emma presste die Lippen aufeinander.

Charles drehte den Brief in den Händen. «Edward hätte uns ein wenig vorwarnen können. Das kommt jetzt so plötzlich.»

«Wenn Francis in Achmetaga wohnen will, könntest du den Verwalter sparen, den braucht es dann nicht mehr», meinte Emma, um Sachlichkeit bemüht.

Charles schnaufte durch die Nase. «So einfach ist das nicht. Unser Verwalter weiss, wie Achmetaga funktioniert, Francis hat keine Ahnung, so ein typisch englischer aristokratischer Müssiggänger. Seine Ausbildung an der Militärakademie dürfte ihm kaum was Nützliches zur Landwirtschaft vermittelt haben. Jetzt will er übernehmen und den Landjunker spielen. Nach Achmetaga ist er ja immer nur zu seinem Vergnügen gekommen, er ging auf die Jagd, machte wilde Ausritte, besuchte Tanzereien auf den umliegenden Gütern, versuchte dort, die Töchter zu verführen, und überliess uns dann die Scherereien mit den Vätern. Um den Betrieb hat er sich nie gekümmert.»

«Vielleicht, weil du alles erledigt hast?»

«Ach was. Manchmal kam er, sah eine Weile zu und sagte dann: ‹In England macht man das ganz anders, viel effizienter; ihr solltet die Wirtschaft hier endlich modernisieren!› Charles äffte das näselnde Englisch von Francis nach, Emma schmunzelte. «Einmal, ich kann mich erinnern, erzählte er was von dampfbetriebenen Dreschmaschinen, die in England angeblich seit Jahren im Einsatz seien, das müsse man endlich anschaffen. Er hat noch nicht mal begriffen, dass viele Bedingungen in Griechenland ganz anders sind als in England!»

«Er ist halt jung, voller Energie, will etwas ändern, ist vielleicht aufgeschlossener für Neues als du.»

«Aber das reicht doch nicht, Erfahrungen sind wichtiger. Er müsste zuerst mal lernen, und dafür ist es jetzt zu spät. Seit er diese Akademie besucht, legt er so eine arrogante Art an den Tag, so ein englisches Landadelgetue, das mir gewaltig auf die Nerven geht. Ihm hätte die Erziehung in Hofwyl gut getan. Sein Umgang mit den Bediensteten zum Beispiel. Sein Pferd hat es besser als sein Knecht.»

«Sei nicht so streng, Charles. Auch deine Söhne haben Fehler.»
«Ach ja?»
«Ja. Und ihr grösster ist, dass sie für Achmetaga nicht das geringste Interesse haben. Weder Edgar noch Frank studieren Landwirtschaft. Das verdrängst du. Sie werden Achmetaga nicht bewirtschaften wollen.»
«Das kann sich noch ändern. Frank ist erst zwanzig, Edgar zwei Jahre älter. Sie können beide Griechisch, sind auch mit den Leuten im Dorf immer gut zurechtgekommen und gern nach Achmetaga gefahren. Gut, in letzter Zeit nicht mehr, das stimmt. Aber mit diesem Francis kann ich jedenfalls nicht zusammenarbeiten, das ist ausgeschlossen!»

Emma zuckte mit den Achseln. Sie wusste, dass sich ihr Mann bezüglich seiner Söhne täuschte. Keiner würde sich für Achmetaga entscheiden. Sie als Mutter spürte besser, wofür das Herz ihrer Söhne schlug, und das war nicht Hellas.

Achmetagas Zeit schien abgelaufen, das Griechenlandabenteuer an sein Ende gelangt. An eines, wie sie es sich nicht gewünscht hatten, indes: Das lag in Gottes Hand. Charles würde das mit der Zeit akzeptieren müssen. Aber sie verstand, dass er haderte, nach einem Ausweg suchte. Das Gut bedeutete ihm alles, war sein Lebenswerk. Er hatte es aufgebaut, und nun, da es blühte, sollte er es in Francis' Hände legen? Natürlich musste ihm das das Herz brechen. Francis seinerseits hatte gar keine Wahl. In England besass seine Familie kein Land, nur in Griechenland konnte er Gutsherr sein.

Seufzend stellte Emma das Frühstücksgeschirr zusammen und klingelte nach dem Mädchen.

Epilog

1866/67 wurde für Emma und Charles der letzte Winter in Achmetaga. Sie beschlossen, ihren Anteil vorerst zu behalten, die Bewirtschaftung aber ganz in Francis' Hände zu legen. Charles widmete sich der Landwirtschaft in Hofwyl, das er im Sommer 1868 für sich hatte ersteigern können. Die übrigen Geschwister Fellenberg, die zum Teil weiterhin dort wohnen blieben, musste er auszahlen. Wie sein Schwiegervater ging er in die Politik und wurde Berner Grossrat.

Mit den Jahren drängte Emma ihren Mann, seinen Anteil an Achmetaga an Francis zu verkaufen und damit das Griechenlandabenteuer zu einem Abschluss zu bringen. Es hatte sich definitiv herausgestellt, dass keiner der beiden Söhne Interesse für dieses ferne Landgut aufbringen konnte oder wollte. Aber Charles hatte Mühe loszulassen, sein Verhältnis zu Francis hatte sich nicht gebessert, im Gegenteil. Eine gütliche Teilung war so nicht möglich. Zudem waren die Nachrichten, die ihn aus Euböa erreichten, beunruhigend. Mit den Erträgen aus Achmetaga, die Francis mit der Familie Müller-von Fellenberg und auch mit seinem Vater Edward und seiner Schwester Alice teilen musste, war der grossartige Lebensstil, wie ihn Francis führen wollte, nicht zu finanzieren. Am schlimmsten war jedoch, dass er in den skandalösen Dilessi-Mord verwickelt zu sein schien, der in den Zeitungen Griechenlands und Englands hohe Wellen warf, wie Edward seinem Freund nach Hofwyl berichtete.

Es war im April 1870, als sich eine Gruppe vornehmer Reisender aus England und Italien von Athen aus auf den Weg machte, um die Ebene von Marathon zu besichtigen. Dort hatte 490 vor Christus die berühmte Schlacht zwischen Griechen und Persern stattgefunden. Die Gruppe wurde von vier berittenen Schutzleuten begleitet. Bei der Rückfahrt gerieten die Kutschen in einen Hinterhalt, die Ausländer wurden von einer zwanzigköpfigen Räuberbande nach Dilessi am Golf von Euböa verschleppt, Anführer war das Brüderpaar Takos und Christos Arvanitakis. Die Briganten liessen Frauen und Kinder bald frei, verlangten aber für die vier Männer ein Lösegeld von 50 000 englischen Pfund, unbehelligten Abzug und Freispruch. Francis

Noel wurde in die Sache hineingezogen, weil zwei weitere Arvanitakis-Brüder als Schafhirten in seinen Diensten standen. Man bat ihn, mit den Entführern zu verhandeln, was Francis tat. Es schien, dass er sich mit ihnen einigen konnte, aber unglücklicherweise hatte die griechische Regierung unterdessen Truppen in Marsch gesetzt, um der Verschleppung mit Gewalt ein Ende zu setzen. Das Eingreifen der Soldaten liess die Sache aus dem Ruder laufen. Die Banditen ermordeten alle Gekidnappten, bevor die meisten von ihnen selbst in den Gewehrsalven fielen. Auch Christos Arvanitakis wurde erschossen, seinem Bruder Takos hingegen gelang die Flucht in die Türkei. Wer welchen Fehler gemacht hatte, war später nicht mehr zu eruieren, jedenfalls musste ein Sündenbock gefunden werden: Francis Noel. Man warf ihm vor, mit den Arvanitakis unter einer Decke zu stecken, und er wurde angeklagt. Da er – warum auch immer – eine Verurteilung befürchtete, floh er ungeschickterweise in die Berge Euböas und kehrte erst zwei Monate später, nachdem sich die Wogen geglättet hatten, nach Achmetaga zurück. Die Gerichtsverhandlungen begannen im Januar 1871 in Athen, es kam zu unschönen Briefwechseln und Friktionen, die bis in die Diplomatie reichten, denn Francis Noel war Brite, die Richter hingegen Griechen. Ruchbar wurde, dass Francis bei einem der Arvanitakis-Kinder Pate gestanden hatte und an der Hochzeit eines weiteren Bruders Trauzeuge gewesen war. Diese familiären Verbindungen, die in der griechischen Gesellschaft zu strikter Loyalität verpflichteten, wurden ihm angelastet. Man verdächtigte ihn, den Banditen auf seinem Landgut Unterschlupf gewährt zu haben. Die Gerichtsverhandlungen endeten mit einer folgenlosen Verurteilung von Francis Noel. Er konnte seine Unschuld nicht beweisen, wurde aber, im Gegensatz zu einigen zum Tode verurteilten Mitangeklagten, freigelassen und fuhr zu seinem Vater nach England.

Obwohl Edward versuchte, seinen Sohn reinzuwaschen, bestärkten diese Vorkommnisse Charles in seinem Misstrauen Francis gegenüber. Im August 1873 schrieb er an Edward nach England:

Dein letzter Brief vom 21. Juni bringt uns der Auflösung unserer Zusammenarbeit in Achmetaga nicht weiter. Guter Rat ist teuer. Du schreibst, dass du für deinen Anteil eine viel geringere Summe verlangen würdest, als ich es für meinen Anteil tue. Vielleicht bringt uns das der Lösung des Problems näher. Schreib mir doch, wie viel du verlangen würdest, und ich überlege mir, ob ich statt zu verkaufen eher deinen Anteil kaufen könnte. Allerdings wäre ich lieber der Verkäufer als der Käufer, da ich hier, seit die Hofwyl-Sache geregelt ist, genug Land habe. Aber manchmal ist man halt gezwungen, Dinge zu tun, von denen man weiss, dass sie keinen Profit abwerfen, nur um eine unbefriedigende Situation endlich zu beenden. Aber um eine Sache zu kaufen, muss man über ihren tatsächlichen Wert im Bilde sein. Und da ich ja seit sechs oder sieben Jahren nicht mehr in Griechenland gewesen bin, kann ich den aktuellen Wert unserer Ländereien nicht abschätzen. Ich müsste reisen. Nun, das ist möglich. Aber nachdem, was zwischen Francis und mir geschehen ist, möchte ich lieber nicht in Achmetaga wohnen, wenn er dort ist. Wir würden uns nur gegenseitig Vorwürfe machen, was völlig zwecklos wäre, nun da wir übereingekommen sind, unsere Partnerschaft zu beenden. Francis sollte also für die Monate, die ich gedenke, dort zu wohnen, Achmetaga verlassen. Bis die Sache zwischen uns geregelt ist, könnte ich das Gut bewirtschaften und ihm den gleichen Betrag aus der Rendite zukommen lassen, den er mir zurzeit überweist. Das würde ihm auch Zeit geben, seine privaten Angelegenheiten zu regeln. Diese gehen mich ja nichts an. Er hat, seit ich nicht mehr nach Achmetaga reise, stets seine eigenen Ideen verfolgt und meine Wünsche und Ansichten ignoriert, die ich als sein Partner hatte. Ich möchte ihn deshalb auch nicht als Verwalter einsetzen. Ich hätte es vorgezogen, wenn wir uns im Frieden hätten trennen können, und finde es schade, dass wir nun vielleicht einen anderen Käufer finden oder das Landgut versteigern müssen.

Charles, er war nun 65 Jahre alt, nahm die Mühe auf sich und reiste 1875 noch einmal nach Euböa. Er wohnte dabei hauptsächlich auf Kurbatsi, dem Gut seines Cousins Rudolf von Wild, ganz im Norden der Insel, da Francis offenbar seinem Wunsch nicht nachgekommen war. Was mit Achmetaga geschehen sollte, blieb unklar. Wie es scheint, konnten Francis und er sich nicht einigen, und Edward gelang es nicht zu vermitteln; er starb vier Jahre später, 1879, worauf Charles die Sache auf sich beruhen liess.

Erst nach Charles Müllers Tod im Jahr 1884 verkauften seine Söhne Edgar und Frank ihren geerbten Anteil an Francis, der damit alleiniger Besitzer von Achmetaga wurde. Um die beiden Schweizer auszahlen zu können, war dieser allerdings gezwungen, die lukrativen Schürfrechte am Magnesit zu verkaufen.

Francis Noels Tochter, die das Gut später erbte, heiratete den Briten Philip Baker; sie lebten abwechslungsweise in England und in Achmetaga. Der Familie Noel-Baker gehört das Gut Achmetaga noch heute, es wird von Philip Francis Noel-Baker, einem Ururenkel Edwards, bewirtschaftet.

Charles und Emmas Sohn Edgar trat später in die Fussstapfen seines Vaters; er übernahm Hofwyl, während Bruder Frank sein Glück in Deutschland suchte. Emma verstarb 1892; sie ruht neben Charles in der Fellenberg-Gruft im Park von Hofwyl, wo schon ihre Eltern Emanuel und Margarethe von Fellenberg begraben sind. Vassiliki heiratete gegen den Willen ihrer Eltern einen Bäcker namens Flückiger aus Münchenbuchsee; sie hatte mehrere Kinder und starb 1917.

Charles und Emma waren keine Schweizer Auswanderer, wie man sie sich in der Regel vorstellt. Trieb es im 19. Jahrhundert vor allem Mittellose nach Übersee, die sich dort eine Verbesserung ihrer in der Schweiz aussichtslosen Situation erhofften, entstammten unsere beiden Protagonisten der Berner Oberschicht, das heisst, sie waren gut situiert, hatten finanzielle Ressourcen, eine gute Ausbildung und starken familiären Rückhalt. Es waren weder Hunger noch Arbeitslosigkeit, die sie in die Fremde trieben, eher vielleicht der Mangel an einer sinnvollen Lebensperspektive. Charles konnte in der Schweiz kein Landgut sein Eigen nennen und hatte offenbar auch keine Aussichten, eines zu erben oder zu kaufen. Eine Laufbahn im Militär verwarf er ebenso wie diejenige als Kaufmann. Für die Landwirtschaft entschied er sich vielleicht, weil sie seinem Drang nach Unabhängigkeit und seinem Wunsch nach geistiger wie körperlicher Betätigung entsprach, und möglicherweise, weil er sich in diesem Arbeitsgebiet als Hofwyl-Schüler sicher fühlte. Für Emanuel von Fellenberg waren

Kenntnisse über Anbaumethoden und Landwirtschaft fundamental, und sie wurden auch von den Söhnen höherer Stände erwartet, die später als Gutsbesitzer ihren Teil an der Verbesserung der gesamten Gesellschaft zu leisten hatten.

Eine Mitbeteiligung an Hofwyl – welcher Art auch immer – konnte sich Charles hingegen nicht vorstellen. Unter der Fuchtel Emanuel von Fellenbergs wollte er nicht leben, was vielleicht sein doch sehr ungewöhnlich langes Zögern erklärt, um die Tochter Emma zu werben. Nachdem zu Beginn der 1830er Jahre sein erster «Fluchtversuch» nach Spanien misslungen war – das mit Oberst Victor Theubet aus Porrentruy in Aranjuez gestartete landwirtschaftliche Projekt scheiterte offenbar an der Spielsucht Theubets –, erlaubten ihm erst eine einigermassen gefestigte Situation in Griechenland und der sich anbahnende Erfolg mit dem Landgut Achmetaga, dem alten Fellenberg als zukünftiger Schwiegersohn gegenüberzutreten.

In einigen Briefen wurde als Auswanderungsland auch Brasilien in Erwägung gezogen, und seine Mutter empfahl Charles, es doch in Algerien zu versuchen. Bei der Wahl Griechenlands spielte sicher die Idee mit, in diesem neu gegründeten Staat etwas aufbauen zu können, was anderenorts so nicht möglich war. Der Philhellenismus zu Beginn des 19. Jahrhunderts war ein fruchtbarer Nährboden für spätromantische Ideale, und die Begeisterung für alles Hellenische war den Hofwyl-Zöglingen quasi in die Wiege gelegt. Für jemanden wie Charles, der sich nicht zu schade war, selbst Hand anzulegen, bot das junge Griechenland in seiner euphorischen Aufbruchsstimmung zudem Abenteuer und vor allem Freiheit. Voraussetzung war allerdings, man brachte etwas Kapital mit. Mittellose Einwanderer hatten im dysfunktionalen, von Anfang an ständig in Finanznöten steckenden griechischen Staat kein Brot; für das Gros der Auswanderungswilligen im 19. Jahrhundert kam Hellas deshalb nie in Frage.

Charles – konservativ, paternalistisch und demokratischen Ideen abhold – blieb auch in der neuen Heimat Patrizier. Er kaufte – zusammen mit seinem Freund und Schulkollegen Edward Noel – sehr viel Land und liess «seine» Bauern unter seiner Anleitung dort arbeiten. Damit importierte er das im Ancien Régime herrschende

Feudalsystem, das in der Schweiz weitgehend überwunden war, nach Griechenland, wo es nahtlos an die osmanische Gesellschaftsordnung anschloss. Er war nicht der Einzige. Weitere kapitalkräftige Immigranten aus der Schweiz, aus Deutschland und Frankreich kauften von den abziehenden türkischen Grossgrundbesitzern günstig Boden und übernahmen auch gleich die dort ansässigen Landarbeiter, die von den aufmüpfigen neuen Revolutionsideen, wie sie in Frankreich leidenschaftlich diskutiert wurden, noch nie gehört hatten.

Die ausländischen Grossgrundbesitzer waren der griechischen Regierung verständlicherweise ein Dorn im Auge. Man hatte nicht die Türken aus dem Land gejagt, um sie durch neue Ausländer zu ersetzen. Deshalb versuchte die Regierung noch bis ins 21. Jahrhundert, die neuen Besitzverhältnisse in der Schwebe zu halten, legte den fremden Feudalherren Steine in den Weg oder versagte ihnen jedwede Unterstützung, zum Beispiel gegen das schlimm grassierende Räuberunwesen. Viele gaben deshalb auch bald wieder auf, Noel und vor allem Müller hielten durch.

Charles, der eine selbst gewählte Aufgabe übernommen hatte und reüssieren wollte, verstand, dass er sich bis zu einem gewissen Grad assimilieren musste, ohne deswegen ein Grieche zu werden, wie es offenbar sein preussischer Nachbar, Baron Moritz Des Granges, anstrebte. Er lernte rasch Griechisch, verkehrte mit Griechen seiner Gesellschaftsschicht und engagierte sich in kleineren politischen Ämtern in der Inselhauptstadt Chalkida. Sein Schweizertum scheint er nicht besonders gepflegt zu haben, er suchte auch nicht bevorzugt den Umgang mit anderen Eidgenossen. Seine Briefe lassen nie Heimweh erkennen, sind aber allgemein dürftig an Emotionen und deshalb in dieser Beziehung wohl wenig aussagekräftig. Die politischen Erschütterungen in der alten Heimat – Kulturkampf, Sonderbundskrieg oder neue Bundesverfassung 1848 – scheinen ihn weit weniger beschäftigt zu haben als die griechischen Parlamentswahlen oder das Gebaren des Königspaares im Land. In Rechnung stellen muss man allerdings die Tatsache, dass Charles auch britischer Staatbürger war, wie die auf der britischen Botschaft ausgestellten Reisepässe beweisen. Er verbrachte seine Kindheit in Indien und England, fühlte sich also vielleicht gar nie ausschliesslich als Schweizer respektive Berner.

Es ist gut möglich, dass er, hätte er nicht eine Bernerin geheiratet, nie in die Schweiz zurückgekehrt und – wie sein Kompagnon Edward Noel – in Achmetaga geblieben wäre. Denn das Gut florierte, das Magnesitgeschäft war ein Erfolg.

Für Charles war die Situation nicht einfach. Er hatte in Griechenland eine neue Heimat, Glück, Zufriedenheit und Anerkennung gefunden. Obwohl ihn das chaotische Wesen der Griechen bisweilen zur Weissglut trieb, befriedigte ihn die Arbeit auf seinem Gutshof. Das Wirtschaften um guten Profit stand dabei allerdings bald im Vordergrund, die hehren philhellenischen wie pädagogischen Ideale der Anfangszeit scheint er rasch hinter sich gelassen zu haben. Dennoch, wohl seiner Frau und seinen Söhnen zuliebe, vielleicht auch wegen des mit den Jahren geänderten Verhältnisses zu seinem Partner Noel respektive zu dessen Sohn Francis, kehrte er schliesslich in die Schweiz zurück.

Emma hatte deutlich mehr Mühe, in Griechenland heimisch zu werden. Nie gelang es ihr, die gleiche Begeisterung für das südliche Land aufzubringen wie ihre ältere Schwester Olympe bei ihrem Aufenthalt in Anavrita bei Athen einige Jahre später. Der Romanfigur Emma habe ich deshalb in schriftstellerischer Freiheit einige Wesenszüge und Empfindungen angedichtet, die eigentlich ihre Schwester betreffen. Obwohl die beiden Frauen unter den gleichen Verhältnissen aufgewachsen waren, vermisste Emma ihre Familie und die ganze Berner Verwandtschaft weit stärker als Olympe, die sich mehr emanzipiert hatte und auch ihrem Vater souveräner gegenübertrat als ihre jüngere Schwester. Olympe konnte der griechischen Landschaft und dem Leben in Griechenland einiges abgewinnen, sie fand es «poetischer» als die Schweiz. Für Emma hingegen war und blieb vieles in der neuen Heimat suspekt, wenn nicht gar abstossend. In ihren Briefen nach Hause scheint kaum Positives auf. Sie bemühte sich zwar und lernte fleissig die neue Sprache, schrieb aber immer wieder von der Rückkehr in die Schweiz. Es schien für sie klar gewesen zu sein, dass das Abenteuer Griechenland ein befristetes war – sie bezeichnete sich in einem ihrer Briefe als «oiseau migrateur» –, und sie war überzeugt, dass sich ihr eigentliches Zuhause in der Schweiz befand. Als gute Ehefrau folgte sie ihrem Mann, sei es nun nach Griechenland oder anderswohin. Ihr weibliches Lebensmuster blieb, obwohl sich mit der Auswanderung eine Möglichkeit der Veränderung aufgetan hätte, konventionell und der Tradition verpflichtet. Von der damals im Zeichen der Verbreitung demokratischer Rechte aufkeimenden Frauenbewegung Ende der 1840er Jahre, von neuen Ideen, neuen Frauenrollen, davon spürt man in ihren Briefen nichts, obwohl sie beispielsweise die gleichaltrige Berner Patrizierin Julie von May von Rued (1808–1875) gekannt haben muss. Die Frauenrechtlerin hatte sich schon früh für die Rechtsgleichheit der Schweizerinnen eingesetzt, lebte allerdings seit ihrer Heirat 1827 auf Schloss Rued im Kanton Aargau. Auch die schwedische Feministin Fredrika Bremer, die eine Zeitlang in Athen lebte und 1860 bei Carlo und Olympe in Anavrita zu Besuch war, hat in Emmas Briefen keine Spuren hinterlassen.

Emma fügte sich den Wünschen ihres Mannes. Dass die ganze Familie dennoch in die Schweiz zurückkehrte, dürfte wohl ihrem sanften, aber steten Druck zuzuschreiben sein, denn ein Verkauf des Gutes Achmetaga drängte sich aus Charles' Sicht weder aus politischen noch wirtschaftlichen, lediglich vielleicht aus persönlichen Gründen auf; er verstand sich schlecht mit Noels Sohn, Erben und nunmehr Mitbesitzer Francis.

Die Möglichkeit, 1868 Hofwyl zu ersteigern, war dann für Charles nicht nur ein Ausweg, sondern eine Verlockung, der er nicht widerstehen konnte. Sie bewog ihn, dem Griechenlandabenteuer, das ihm wohl die für die Ersteigerung nötigen finanziellen Mittel geliefert hatte, ein Ende zu setzen. Er war vermutlich am Ziel seiner Träume, als er in Hofwyl alleiniger Gutsbesitzer wurde.

Das gegenwärtige Anwesen Achmetaga (heute Candili Estate) ist deutlich kleiner als zu seinen Anfangszeiten. Im 19. Jahrhundert hatten Noel und Müller ihren Besitz durch zusätzliche Landkäufe abgerundet. Zur Zeit seiner grössten Ausdehnung umfasste es gegen 6000 Hektar Land, zum grössten Teil Wald. Dieses riesige Latifundium in englischem Besitz weckte im 20. Jahrhundert Neid und Missgunst in der lokalen Bevölkerung.

Eine erste geringfügige Enteignung erfolgte aufgrund der Landreform von Premierminister Eleftherios Venizelos im Jahr 1911. Schmerzhafter für die Noels war die Expropriation 1924, als infolge der griechischen Niederlage in der Türkei 1922 auch Euböa von Türkisch sprechenden Griechen überflutet wurde. Die Familie Noel musste den Flüchtlingen 1200 Hektaren Ackerland abtreten; der Wald blieb unangetastet. Der Ort vergrösserte sich auf einen Schlag. Und weil die in Achmetaga gestrandeten Immigranten zum grössten Teil aus Prokopi bei Ürgüp in Kappadokien stammten und nun die Mehrheit im Dorf bildeten, wurde dieses konsequenterweise in Prokopi umbenannt; so heisst es noch heute.

Weitere Versuche, den englischen Grossgrundbesitz zu schmälern, endeten in langwierigen Prozessen und Rekursen. Es scheint, dass 2004 der letzte Richterspruch gefällt wurde: Von den verbleibenden 4500 Hektaren, davon nur noch 35 Hektaren landwirtschaftlicher Boden, musste die Familie ein Drittel an den Staat abtreten. Dennoch gehört die Familie Noel, beziehungsweise Noel-Baker, nach wie vor zu den Grossgrundbesitzern Griechenlands. Ihr Land besteht allerdings heute zum grössten Teil aus Wald. Der Vorschlag der Familie, rund die Hälfte des ausgedehnten Waldbesitzes in einen Naturpark umzugestalten, scheiterte am griechischen Widerstand.

QUELLEN

Originale Briefe aus der Burgerbibliothek in Bern und der British School in Athen.

Literatur zu Hofwyl

Louisa Mary Barwell: Letters from Hofwyl. London 1842.

Kurt Guggisberg: Philipp Emanuel von Fellenberg und sein Erziehungsstaat. Bern 1953.

Aimé Victor Huber: Erinnerungen an Fellenberg und Hofwyl. Bern 1971.

Denise Wittwer Hesse: Die Familie von Fellenberg und die Schulen von Hofwyl. Bern 2002.

Literatur zu Achmetaga

Barbro Noel-Baker: An Isle of Greece. The Noels in Euboea. Procopi 2000.

Karl Reber: Briefe aus den Familienarchiven «von Fellenberg» und «von Wild» als Quelle genealogisch-historischer Forschung. Schweizer Siedler auf der griechischen Insel Euböa im 19. Jahrhundert. Jahrbuch Familienforschung Schweiz 2000, 55–90.

Auswahl weiterer Titel

Edmond About: Le Roi des Montagnes. Paris 1857.

Hans Christian Andersen: Griechenland und der Orient. Eine märchenhafte Reise. Athen 2011 (modernisierter und ergänzter Nachdruck von 1853).

Henri Belle: Trois années en Grèce. Paris 1881.

Bremer Fredrika: Greece and the Greeks. A Winter Residence and Summer Travel. London 1863.

Alexandre Buchon: Voyage dans l'Eubée en 1841. Paris 1911.

George Cochrane: Wanderings in Greece. London 1837.

Gustav Fiedler: Reise durch alle Theile des Königreiches in den Jahren 1834–1837 (Bd. 1). Leipzig 1840.

Christina Lyt: Μιά Δανέζα στήν Αυλή του Όθωνα (Mia Danesa stin Auli tou Othona). Athen 2011.

Christina Lyt: Στήν Αθήνα του 1847–1848 (Stin Athina tou 1847–1848). Athen 1991.

Julia Markus: Lady Byron and her Daughters. New York/London 2015.

Hans Müller: Griechische Reisen und Studien. Leipzig 1887.

Ludwig Ross: Reisen des Königs Otto und der Königin Amalia in Griechenland. Halle 1848.

Amand von Schweiger-Lerchenfeld: Griechenland in Wort und Bild. Leipzig 1882/1887 (Nachdruck 1992).

Herbert Speckner: Griechenland aus erster Hand. Königin Amalie berichtet ihrem Vater. Ottobrunn 2013.

Otto Magnus von Stackelberg: Trachten und Gebräuche der Neugriechen. Berlin 1831.

Ruth Steffen: Leben in Griechenland 1834 bis 1835. Bettina Schina, geb. von Savigny. Briefe und Berichte an ihre Eltern in Berlin. Münster 2002.

Pavlos Tzermias: Neugriechische Geschichte. Basel 1993.

Wilhelm Vischer: Erinnerungen und Eindrücke aus Griechenland. Basel 1857.

Michael W. Weithmann: Griechenland. Regensburg 1994.

Ioannis Zelepos: Kleine Geschichte Griechenlands. München 2014.

Eingangszitat Lord Byron zugeschrieben, gemäss einem Zitat von Lady Byron in Markus 2015.

BILDNACHWEIS

Seite 1: Stiftung Schloss Jegenstorf; Burgerbibliothek Bern, Porträtdok. 4237 (Gerhard Howald) und Porträtdok. 4268.

Seite 2: Privatbesitz; Burgerbibliothek Bern, Porträtdok. 1654 und 1671 (Gerhard Howald).

Seite 3: Burgerbibliothek Bern; Porträtdok. 3585 und 3586 (Gerhard Howald).

Seite 4: Burgerbibliothek Bern, D.1008.

Seite 5: Burgerbibliothek Bern, Gr.B. 676 (Jürg Bernhardt). Burgerbibliothek Bern, Neg. 11662.

Seite 6: Burgerbibliothek Bern, Gr.B. 615 (Jürg Bernhardt). Burgerbibliothek Bern, FA von Fellenberg, Neg. 3623 (Gerhard Howald).

Seite 7 und 8: Universitätsbibliothek Bern. Aus: Schweiger-Lerchenfeld 1882, Taf. 6, 24, 26, 136. Sig. BeM ZB Geogr XIV 54.

Seite 9: Privatbesitz. Mit freundlicher Genehmigung des «Otto-König-von-Griechenland-Museum» in Ottobrunn, Gudrun Heinrich.

Seite 10: Privatbesitz; Philip Noel-Baker. Candili, Prokopi, Euböa, Griechenland.

Seite 11: Universitätsbibliothek Bern. Aus: Schweiger-Lerchenfeld 1882, Taf. 184. Sig. BeM ZB Geogr XIV 54. Privatbesitz.

Seite 12: Aus: Schweiger-Lerchenfeld 1887 (Reprint 1992); Taf. 184 und Taf. 180. Privatbesitz.

Seite 13: Privatbesitz; Philip Noel-Baker. Candili, Prokopi, Euböa, Griechenland.

Seite 14: Burgerbibliothek Bern, FA von Wild 34.

Seite 15: Burgerbibliothek Bern, FA von Fellenberg 56, 16. The Granger Collection / Alamy Stock Foto.

Seite 16: Burgerbibliothek Bern, Porträtdok. 4260 und 4238 (Martin Hesse) und Foto Heinz Winzenried, Archiv Campagne Hofwil.

Teilweise konnten die Inhaberinnen und Inhaber der Bildrechte trotz grosser Bemühungen der Autorin nicht ermittelt werden. Bei Fragen wenden Sie sich bitte an den Verlag oder die Autorin.

Stammbäume

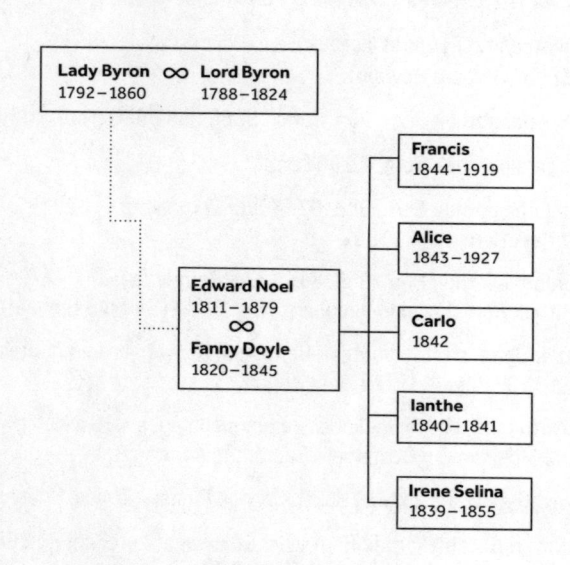

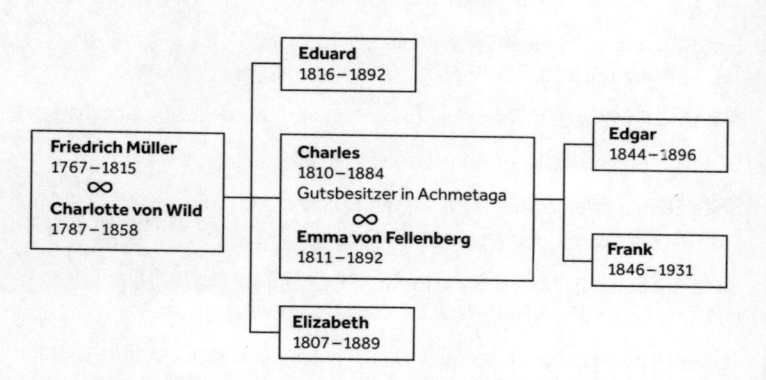

Lady Byron ∞ **Lord Byron**
1792–1860   1788–1824

Edward Noel
1811–1879
∞
Fanny Doyle
1820–1845

- **Francis** 1844–1919
- **Alice** 1843–1927
- **Carlo** 1842
- **Ianthe** 1840–1841
- **Irene Selina** 1839–1855

Friedrich Müller
1767–1815
∞
Charlotte von Wild
1787–1858

- **Eduard** 1816–1892
- **Charles** 1810–1884
  Gutsbesitzer in Achmetaga
  ∞
  Emma von Fellenberg 1811–1892
  - **Edgar** 1844–1896
  - **Frank** 1846–1931
- **Elizabeth** 1807–1889

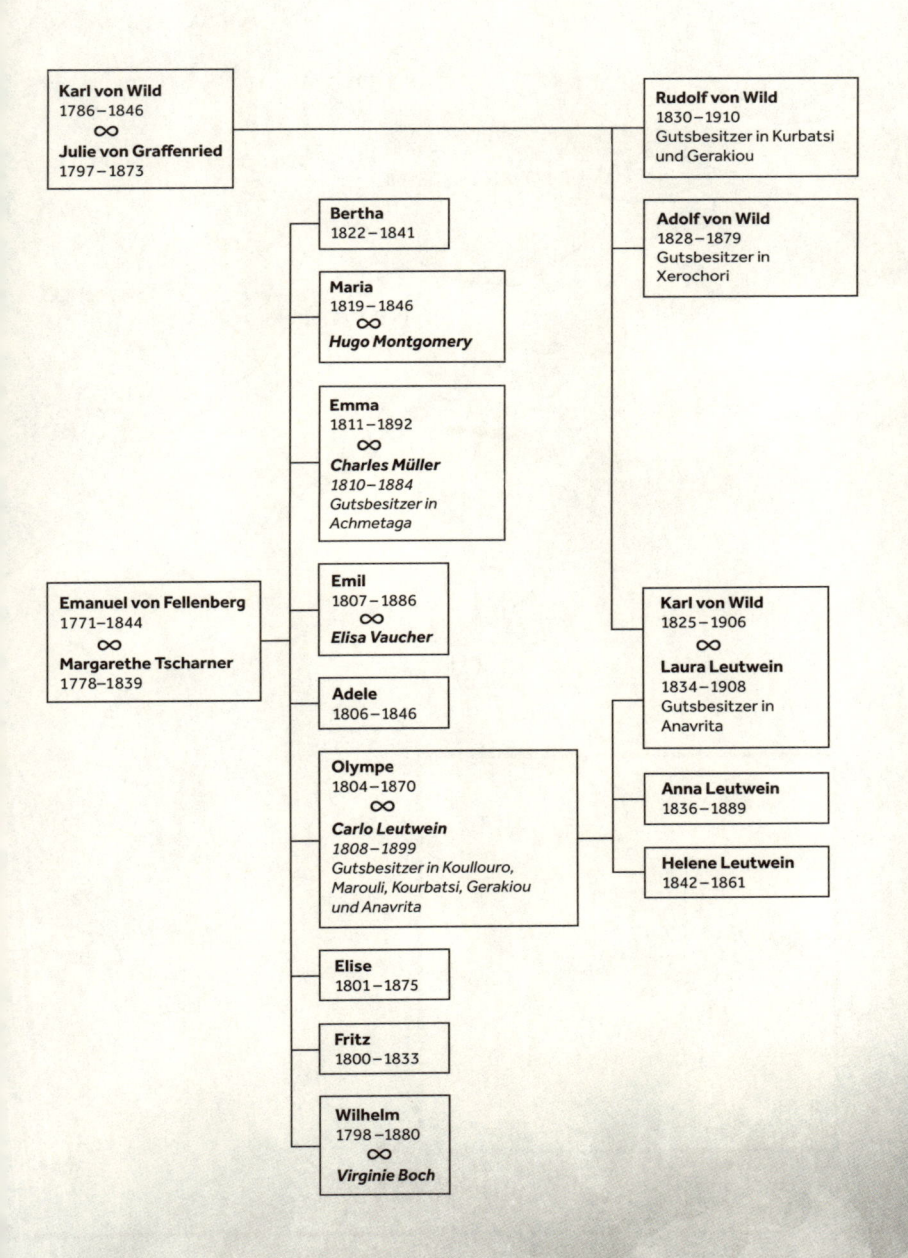

Karl von Wild
1786–1846
∞
Julie von Graffenried
1797–1873

Emanuel von Fellenberg
1771–1844
∞
Margarethe Tscharner
1778–1839

Bertha
1822–1841

Maria
1819–1846
∞
Hugo Montgomery

Emma
1811–1892
∞
Charles Müller
1810–1884
Gutsbesitzer in
Achmetaga

Emil
1807–1886
∞
Elisa Vaucher

Adele
1806–1846

Olympe
1804–1870
∞
Carlo Leutwein
1808–1899
Gutsbesitzer in Koullouro,
Marouli, Kourbatsi, Gerakiou
und Anavrita

Elise
1801–1875

Fritz
1800–1833

Wilhelm
1798–1880
∞
Virginie Boch

Rudolf von Wild
1830–1910
Gutsbesitzer in Kurbatsi
und Gerakiou

Adolf von Wild
1828–1879
Gutsbesitzer in
Xerochori

Karl von Wild
1825–1906
∞
Laura Leutwein
1834–1908
Gutsbesitzer in
Anavrita

Anna Leutwein
1836–1889

Helene Leutwein
1842–1861

Kurbatsi
Gerakiou
Xerochori
Marouli
Kastaniotissa
Ag. A
Koullouro
Agio-Iannako
Rovies
Kech
Nordeuböischer Golf
Limni
Athen
0
25km
5

Peleki
● **Kimasi**
oudi

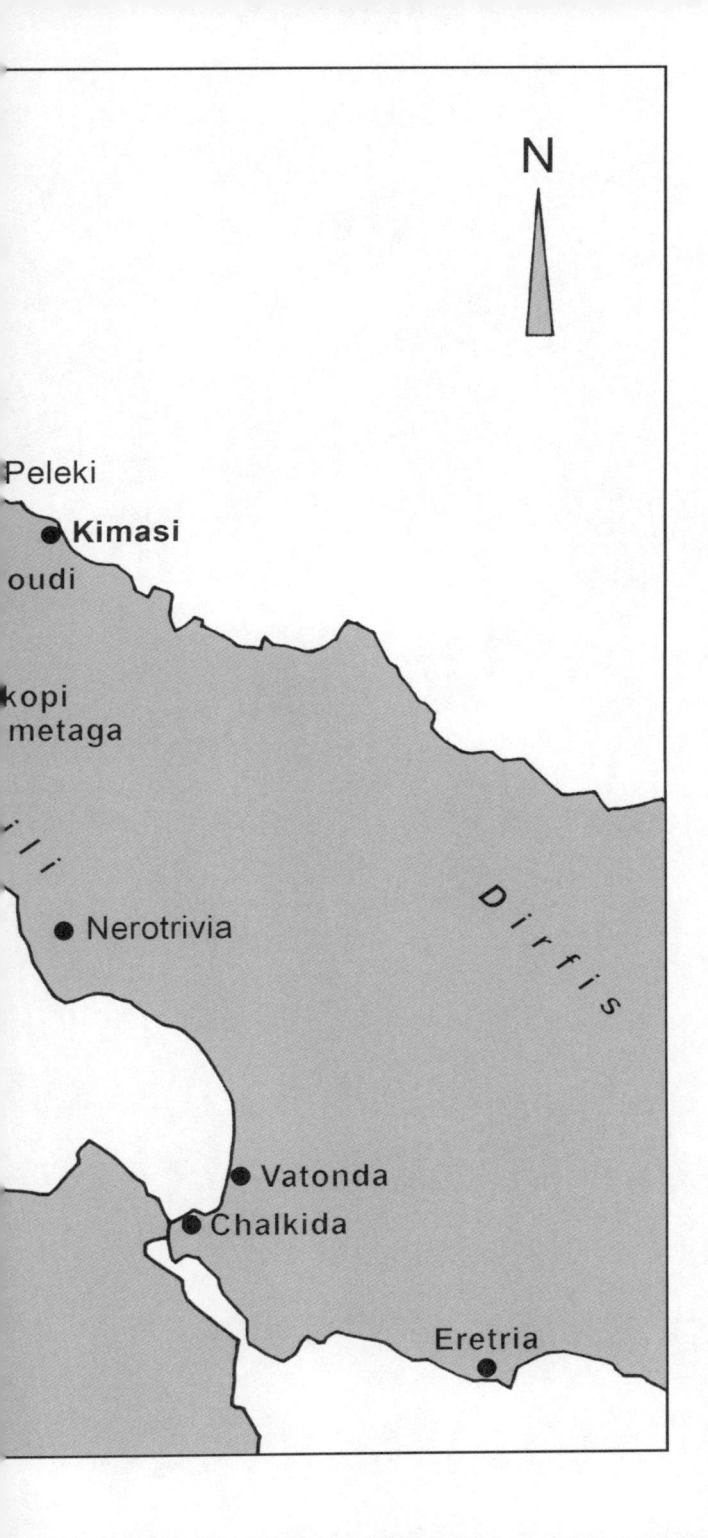

kopi
metaga

● Nerotrivia

D i r f i s

● Vatonda
● Chalkida

Eretria

Geneviève Lüscher

Die blaue Katze
Ein Frauenleben in römischer Zeit

320 Seiten, gebunden
Stämpfli Verlag 2015
ISBN 978-3-7272-1374-8

Vindonissa (heutiges Windisch b. Brugg), 69 n. Chr., von den Römern besetzt: Bürgerkriege erschüttern das Imperium, vier Kaiser besteigen nacheinander den Thron. Auch die Helvetier sehen ihre Chance gekommen, doch ihr Aufstand wird blutig niedergeschlagen. Dabei verliert Mara nicht nur ihren Vater und ihre kleine Schwester, sondern gerät mit dem Rest der Familie in die Sklaverei und wird über Rom nach Alexandria verschleppt.

Doch für Mara hätte es schlimmer enden können. Ihr Besitzer ist ein Gelehrter und hat sie als Lehrerin für seine Tochter gekauft. Nach und nach gelingt es Mara, die Gräueltaten und ihre Liebe zu Marcianus, zum Reiterhauptmann aus Aventicum, zu vergessen und ihr altes Leben hinter sich zu lassen. Doch da taucht Marcianus in Alexandria auf...

Pressestimmen

«Geneviève Lüscher stützt sich in ihrem Roman minutiös auf die Quellen aus römischer Zeit. Und wie sie das tut: sinnlich und mitreissend, in zahllosen farbigen Details.»
Lukas Hartmann, Schriftsteller

«Statt in trockenen Zahlen bekommt der Leser im Roman ‹Die blaue Katze› Geschichte als Erlebnis serviert.»
Andrea Grgic, Aargauer Zeitung

«Geneviève Lüscher hat viele lokale Bezüge in ihren Text eingebaut und skizziert so ein Bild des Alltags im schweizerischen Mittelland.»
Gisela Feuz, Der Bund

Thomas Vaucher

Der Löwe von Burgund
Ein historischer Roman zur Zeit Karls des Kühnen

360 Seiten, Hardcover mit Schutzumschlag
Stämpfli Verlag 2010
ISBN 978-3-7272-1304-5

Als der junge Adrian von Bubenberg dem Grafen Karl von Charolais am burgundischen Hof das Leben rettet, legt er dabei den Grundstein für eine lebenslange Freundschaft. Doch durch widrige Umstände stehen sich die beiden dreissig Jahre später bei Murten auf dem Schlachtfeld gegenüber. Und während der Stern Karls des Kühnen unaufhaltsam sinkt, beginnt die glorreiche Zeit der Eidgenossen …

«Der Löwe von Burgund» erzählt die Geschichte vom Aufstieg und Niedergang des burgundischen Reiches unter Karl dem Kühnen im 15. Jahrhundert. Doch es ist auch die Geschichte von Rudolf Stalder und Georg Wyler, zwei Berner Soldaten, die in die Wirren der Burgunderkriege geraten und letztlich das Schicksal ganz Europas verändern.

Pressestimmen
«Man merkt dem Autor seine Fachkenntnis an, seine Schreiblust und sein Talent, Fiktives mit Realem zu vermischen.»
Patricia Twellmann; www.literatopia.de

«Wer sich für diese Epoche interessiert, wird wohl nicht um dieses Buch herumkommen.»
Jean-Pascal Ansermoz; www.hysterika.de

Thomas Vaucher

Winterhelden
Historischer Roman

208 Seiten, Hardcover mit
Schutzumschlag
Stämpfli Verlag 2013
ISBN 978-3-7272-1361-8

Winter 1478, die Burgunderkriege sind vorbei. Doch schon befindet sich die Eidgenossenschaft im nächsten Konflikt: Das grosse Herzogtum Mailand rückt mit einem riesigen Heer gegen Yrnis (heutiges Giornico, Leventina TI) vor, wo sechshundert Eidgenossen und Liviner ihre Heimat zu verteidigen suchen. Hoffnungslosigkeit macht sich breit, doch ein Mann stellt sich der lombardischen Armee entgegen: der Luzerner Söldner Teiling.

«Winterhelden» erzählt die Geschichte von Sturmhans und Teiling. Die beiden Reisläufer erhalten vom Luzerner Gericht den Auftrag, zwei flüchtige Mörder zu suchen, und gelangen so nach Yrnis. Dort stehen sie wenig später einer Übermacht gegenüber, die ihre Vorstellungskraft zu sprengen droht. Doch Vauchers Roman ist auch die Geschichte zweier Freunde, die sich in dieselbe Frau verlieben und so ihre Freundschaft auf die Probe gestellt sehen ...

Pressestimme
«Schweizer Geschichte, anschaulich in einen Roman verpackt, mit exakten, echten Fakten und vielem Wissen, einem kleinen Schuss Fiktivem, das ist gelungen, und es ist ein spannendes Heldenepos entstanden.»
Manuela Hofstätter, www.lesefieber.ch

Thomas Vaucher

Tell
Mann. Held. Legende.
Historischer Roman

324 Seiten, Hardcover
Stämpfli Verlag 2017
ISBN 978-3-7272-7900-3

Nach dem Mord an seinem Vater wächst Wilhelm als Müllergehilfe bei seinem tyrannischen Onkel in Burgelon (heutiges Bürglen UR) auf. Als die hübsche Anna eines Tages bei ihm Korn zum Mahlen in Auftrag gibt, ist es um Wilhelm geschehen. Doch als er sie am Johannisfest zum Tanz ausführt, kommt es zu einer folgenschweren Schlägerei mit dem reichen Hermann von Spiringen. Wilhelm sieht sich gezwungen, seine Heimat zu verlassen und sich als Söldner zu verdingen. Er erlernt in einer Söldnerkompanie das Armbrustschiessen, verschafft sich unter den rauen Burschen rasch Respekt und steigt in der Hierarchie bis zum dritten Stellvertreter des Hauptmanns auf. Doch dann begegnet er eines Tages dem Mörder seines Vaters ...

Dieser packende Roman erzählt einerseits die bisher unbekannte Geschichte der Jugend Wilhelm Tells und andererseits die bekannte Legende vom sagenhaften Rütlischwur und vom Apfelschuss – aber in neuem Licht.

Pressestimme
«Wieder einmal ist es Thomas Vaucher glänzend gelungen, mir ein grossartiges Stück Schweizer Geschichte nahe zu bringen. Obwohl Wilhelm Tell eine fiktive Person ist, konnte man das in diesem Buch beinahe vergessen, denn genau so könnte es gewesen sein.»
Rotraud Tomaske, Leserwelt.de